古典文獻研究輯刊

七 編

潘美月・杜潔祥 主編

第 9 冊

唐代禮典的編纂與傳承——以《大唐開元禮》爲中心

張 文 昌 著

國家圖書館出版品預行編目資料

唐代禮典的編纂與傳承——以《大唐開元禮》為中心／張文昌
著 — 初版 — 台北縣永和市：花木蘭文化出版社，2008〔民
97〕
目 2+188 面：19×26 公分
（古典文獻研究輯刊 七編：第 9 冊）

ISBN：978-986-6657-59-7（精裝）
1. 通禮　2. 唐代
532.04　　　　　　　　　　　　　　　　　97012668

ISBN - 978-986-6657-59-7

9 789866 657597

古典文獻研究輯刊
七 編 第 九 冊　　　　　　　　　ISBN：978-986-6657-59-7

唐代禮典的編纂與傳承——以《大唐開元禮》爲中心

作　　者　張文昌
主　　編　潘美月　杜潔祥
總 編 輯　杜潔祥
企劃出版　北京大學文化資源研究中心
出　　版　花木蘭文化出版社
發 行 所　花木蘭文化出版社
發 行 人　高小娟
聯絡地址　台北縣永和市中正路五九五號七樓之三
　　　　　電話：02-2923-1455／傳眞：02-2923-1452
電子信箱　sut81518@ms59.hinet.net
初　　版　2008 年 9 月
定　　價　七編 20 冊（精裝）新台幣 31,000 元　　版權所有・請勿翻印

唐代禮典的編纂與傳承——以《大唐開元禮》爲中心

張文昌　著

作者簡介

張文昌，臺灣彰化人，民國 58 年 12 月生，畢業於國立臺灣大學歷史學系、歷史學研究所，曾任國立臺灣大學、明志技術學院兼任講師，國家科學委員會人文學研究中心博士後研究員，東海大學兼任助理教授。現任中央研究院歷史語言研究所博士後研究學者，東吳大學兼任助理教授。研究領域為中國中古史、中國禮儀史、中國法律史，與古代東亞史。學位論文為《唐代禮典的編纂與傳承——以《大唐開元禮》為中心》（碩士論文，1997）、《唐宋禮書研究——從公禮到家禮》（博士論文，2006）。研究論著與報告，包括〈李絳對元和中興的貢獻〉（1992）、〈敬老優齒——試探唐代的優老措施〉（1997）、〈《唐律疏議》與「三禮」〉（1999）、〈唐宋時代における礼書の意義を論ずる——中国における儀礼発展の視角から〉（2008）等數十篇。

提　　要

　　本書之論旨，乃在透過考察漢唐間國家「禮典」的編纂與禮儀的傳承，藉以探討「禮」與「禮典」在國家所扮演的角色與功能，以及「禮典」在中國禮學與歷史上的地位。中國現存最早的國家禮典，是在唐玄宗開元二十年由蕭嵩所領銜編修之《大唐開元禮》，本書便是以《大唐開元禮》為中心而展開討論。

　　相應於封建時代的古典中國，以皇帝為權力頂端的郡縣制國家，是傳統中國最重要的國家性格。「禮」在封建國家中，原本是貴族的權力來源與身分象徵；但在郡縣國家中，國家最高的權力來自於皇帝，官僚是依附皇帝的權力而存在，皇權掌控了「禮」的建構權與解釋權。國家禮典的編纂，最重要之目的在象徵皇權與國家的禮儀權威。

　　禮典的建構過程，則是由漢代開始，至西晉完成第一部五禮兼備的國家禮典《新禮》，直到隋代《開皇禮》才真正確立國家禮典的建制。唐代亦承襲隋代修纂國家禮典的政策，經過「貞觀」、「顯慶」二禮的過渡，終於在國力達到頂峰的玄宗開元年間，完成了中國禮典傳統最具代表性的國家禮典《大唐開元禮》。但之後旋即遭逢安史之亂，唐室在亂平後已無力再行編纂禮典。其間雖有「開元禮舉」的設立，並修撰補充《開元禮》之禮書，但終未能恢復《開元禮》所象徵之盛世。

　　《開元禮》地位的重要性，不僅是唐代國家禮典的代表，它還是一部彙集中國公家禮制發展的禮學結晶。除了對後世與鄰邦的禮儀典制產生影響外，《開元禮》應合當代現實的需求，與藉由律令達到懲治違禮者之功能，更是中國禮典傳統最重要的特色。

目

次

第一章　緒　論

第一節　課題的提出

> 子張問：「十世可知也？」子曰：「殷因於夏禮，所損益，可知也；周因於
> 殷禮，所損益，可知也；其或繼周者，雖百世可知也。」(《論語‧爲政》)

〔註1〕

　　孔子在《論語‧爲政》指出：禮是一個傳承的過程，只要能夠秉持這個原則來探訪禮儀，雖然文獻史料不足以還原諸禮的面貌，但是每個時代的禮及其所象徵的精神與意義，還有歷代禮儀的因革變遷，「雖百世可知也」。

　　中國是一個講究「禮儀」文化的國度，中國人亦以悠久綿延的禮儀傳統而感到自豪。但禮儀傳統並不是一蹴可幾，而是要經過長時間的文化薰陶、教育感化，乃至政令推行，才能使人們真正意識到禮儀的存在與價值，並從每個人的行爲中表現出來。但是一個國家若無豐厚的歷史文化與道德教養，那就沒有辦法形成禮儀傳統。因此禮儀是具有傳承性的，並且是在歷史的脈絡中不斷繁衍變化，以符合各個時代的需求。

　　禮儀是透過行爲表現出來的，因此禮儀是一個抽象的價值觀。禮儀不能單靠身教或口耳相傳等行爲示範來完成禮儀的傳遞，禮儀還要透過成文化的文字記錄，使

〔註1〕見（南宋）朱熹《四書章句集注》(點校本，臺北：長安出版社，民80-2)，頁59。
按，本書所引用《四書》文字，均是根據此版本，故後文凡引據《四書》之處，除
非特別援引其他版本，或是朱熹的集注文字，否則將僅於正文標示《四書》之書名
與章名，並不再另行出注，及標示頁碼。

後代能輕易掌握禮儀的精髓。透過世代之間的累積與傳播，禮儀才能夠長期地流傳，並成為文化的一部分。再者，每個人所表現的禮儀必須具有一致性。換言之，禮必須是社會所共同認定與接受的行為模式與價值，如此才能界定行為是否有禮。但要使人民認知並肯定禮的價值，進而具有禮儀的教養，這責任往往落在國家的身上。

國家教育人民認知禮儀的方法，除了透過教育制度來教導人民之外，同時也進行國家禮儀規範的編訂，讓人民有依循的標準。國家所編訂的禮儀規範，就是國家的禮典。這個禮典是經由國家的機制來推行，並透過國家的力量來確保其權威性。

目前所見最早的國家禮典，是唐玄宗時所編纂的《大唐開元禮》。在此之前的國家禮典，今天雖然見不到，但是從史料文獻中仍可找到些許的蛛絲馬跡。因此，本書擬以《大唐開元禮》為中心，針對《開元禮》的編纂過程、《開元禮》對前代禮典的繼承，以及《開元禮》對後世的影響等問題進行討論。

根據字面的意義，「禮典」通常是指禮書而言。但本書為使何用「禮典」一詞作為標題，而不用「禮書」一詞，此處實有說明的必要。「禮典」一詞雖出自古典經籍之中，但是最早的意義並非指稱禮書。《周禮注疏》卷2〈天官冢宰‧太宰〉：

> 太宰之職，掌建邦之六典，以佐王治邦國：……三曰禮典，以和邦國，以
>
> 統百官，以諧萬民。〔註2〕

在先秦的文獻中，「禮典」一詞似乎只見於《周禮‧太宰》，〔註3〕在其他的經籍中並未見到。鄭玄注曰：「典：常也，經也，法也。」〔註4〕此處所說的「典」，解釋為「法則」、「常道」。相同的見解，在《爾雅》中也可見到。〔註5〕但《說文解字》中說：「典，五帝之書也；……莊都說：典，大冊也。」〔註6〕可見許慎將「典」解為「書」、「冊」；另如《尚書》中有〈堯典〉篇，由「堯典」之名，可知是指記載堯事之簡冊。〔註7〕事實上，在先秦的經籍中，「典」一般都作這兩種解釋。〔註8〕

〔註2〕 見（東漢）鄭玄注，（唐）賈公彥疏《周禮注疏》（（清）阮元刻十三經注疏本，臺北：藝文印書館，民82-9），頁26上a。

〔註3〕 關於《周禮》編纂修成的年代，古來爭議所在多有，本書第二章第二節中將會加以討論。然目前學界多支持《周禮》所載之內容，大致仍是先秦之史事，此當無大誤。

〔註4〕 見《周禮注疏》卷2〈天官冢宰‧太宰〉，頁26上a。

〔註5〕 見（晉）郭璞注，（北宋）邢昺疏《爾雅注疏》（（清）阮元刻十三經注疏本，臺北：藝文印書館，民82-9）卷2，頁8下b；卷4，頁46上a。

〔註6〕 見（東漢）許慎撰，（清）段玉裁注《說文解字注》（經韻樓本，臺北：天工書局，民81-11）卷10，頁200上a

〔註7〕 見屈萬里《尚書集釋》（臺北：聯經出版事業公司，民72-2），頁3～4。

〔註8〕 茲再舉《左傳》為例：如昭公十五年十二月中言「數典而忘祖」，此「典」解為「典籍」，亦可解為「典故」；《左傳》於該月又言「言以考典」，此「典」則解為「典則」

　　漢代的文獻，管見所及，「禮典」一詞尚屬罕見。「禮典」一詞開始較常出現於文獻的時間，應是在魏晉以後。正史中最先出現「禮典」一詞者，當屬《三國志》。《三國志》卷 4〈魏書・陳留王曹奐傳〉：

　　　（魏元帝景元元年，260A.D.）十一月，燕王（曹宇）上表賀冬至，稱臣。

　　　（曹奐）詔曰：「古之王者，或有所不臣，王將宜依此義。表不稱臣乎！又當回報。夫後大宗者，降其私親，況所繼者重邪！若便同之臣妾，亦情所未安。其皆依禮典處，當務盡其宜。」〔註9〕

燕王曹宇是曹奐生身之父，〔註10〕故有此論。此處所言之「禮典」，究其實義，當是指禮書所載之法則，此法則主要載於《儀禮》與《禮記》中，〔註11〕故此處之「禮典」，不論解爲「禮書」或「禮法」皆可。又，《三國志》卷 5〈魏書・武宣卞皇后傳〉：

　　　黃初中，（魏）文帝欲追封太后（卞氏）父母，尚書陳群奏曰：「陛下以聖德應運受命，創業革制，當永爲後式。案典籍之文，無婦人分土命爵之制。在禮典，婦因夫爵。秦違古法，漢氏因之，非先王之令典也。」帝曰：「此議是也，其勿施行。以作著詔下藏之臺閣，永爲後式。」〔註12〕

卞太后是魏文帝曹丕的親生母，但卞氏原本只是曹操諸妾之一。後來之所以能被立爲后，是因爲曹操的原配丁夫人因事被廢，而且曹丕被立爲太子之故。曹丕即位之後，欲追封其外祖父母，也就是卞氏之父母，但爲陳群所阻。至文帝子明帝曹叡即位後，卞太后之父母才獲得追諡。〔註13〕〈卞皇后傳〉所說的「禮典」，很明顯地就是指「禮書」；更明確地說，應是指《禮記》，因爲陳群「在禮典，婦因夫爵」之語，乃是出於《禮記》的〈郊特牲〉與〈雜記上〉等篇。可見早在三國西晉之時，「禮典」一詞有指稱《禮記》之意。〔註14〕

　　（參見楊伯峻《春秋左傳注（修訂本）》第四冊，北京：中華書局，1993-2，頁 1373～4）。

〔註9〕見（晉）陳壽《三國志》（點校本，臺北：洪氏出版社，民 73-8），頁 148。

〔註10〕見《三國志・魏書・陳留王曹奐傳》，頁 147；卷 20〈魏書・燕王曹宇傳〉，頁 582。

〔註11〕見（東漢）鄭玄注，（唐）賈公彥疏《儀禮注疏》（（清）阮元刻十三經注疏本，臺北：藝文印書館，民 82-9）卷 30〈喪服〉，頁 357 下 b～358 上 a；（東漢）鄭玄注，（唐）孔穎達疏《禮記注疏》（（清）阮元刻十三經注疏本，臺北：藝文印書館，民 82-9）卷 34〈大傳〉，頁 621 上 b～下 a。

〔註12〕見《三國志》卷 5〈魏書・武宣卞皇后傳〉，頁 158。

〔註13〕見《三國志》卷 5〈魏書・武宣卞皇后傳〉，頁 156～158。

〔註14〕劉宋時人裴松之注《三國志》也有二處提到「禮典」：一是引孫盛《魏氏春秋》，其意亦指禮書（頁 134）；另一是引虞預《晉書》，其意則是禮法（頁 653）。陳壽撰《三國志》，事在西晉初年，故本書稱三國西晉。

《後漢書》卷35〈鄭玄傳〉中亦言及「禮典」一詞：

（鄭玄）以書戒子益恩曰：「……入此歲（漢獻帝建安元年，196A.D.）來，
已七十矣。宿素衰落，仍有失誤，案之禮典，便合傳家。」〔註15〕

唐之李賢注曰：「傳家謂家事任子孫也。曲禮曰：『七十老而傳。』」由李賢的注文，
可知〈鄭玄傳〉中所言之「禮典」，即指《禮記・曲禮》。〔註16〕史文中所述雖是鄭
玄予其子益恩之書信，可是並不能就此完全證明「禮典」一詞，就是鄭玄在「戒子
書」中所用之辭彙，因有可能是《後漢書》作者范曄之代用詞。但若結合前文所引
《三國志》之史文，鄭玄在「戒子書」中使用「禮典」一詞，當是可信。范曄是劉
宋時人，如此更可肯定「禮典」一詞已行於南朝。〔註17〕由這條史料亦可看出鄭玄
之行事是循禮而爲的。

　　成書於南朝的《文心雕龍》，其卷15〈諧讔〉云：

又蠶蟹鄙諺，貍首淫哇，苟可箴戒，載於禮典。〔註18〕

此處所說的「禮典」就是《禮記》。「諧讔」是指詼諧文及隱語而言，其文字的功能，
是在隱寓嘲諷以資龜鑑。而「蠶蟹」與「貍首」之典故，則是出於《禮記・檀弓》。
《文心雕龍》此段文字的意思，是說可供箴戒的諧讔，於禮典中是有所載錄的。

　　因爲《三國志》、《後漢書》與《文心雕龍》等所提及之「禮典」一詞，因爲都
是指稱《禮記》，未免讓人懷疑在魏晉南北朝時，「禮典」一詞是專指《禮記》而言。
〔註19〕

　　其實，「禮典」一詞於魏晉南北朝時並不單指「禮書」一義，也常泛指「禮法」，

〔註15〕見（劉宋）范曄《後漢書》（點校本，臺北：洪氏出版社，民67-10），頁1209～1210。
〔註16〕見《禮記注疏》卷1〈曲禮上〉曰：「七十曰老，而傳。」（頁16下b）
〔註17〕據蕭梁時人劉昭爲《續漢書・禮儀志中》作注中所引，於東漢靈帝建寧四年（171）
　　　　之詔書中有「敬宗禮典」一詞，但此處「禮典」之義，應是指遵從禮法，而非禮書
　　　　（見《續漢書》卷5〈禮儀志中〉，頁3122）。
〔註18〕見（梁）劉勰撰，周振甫注《文心雕龍注釋》（臺北：里仁書局，民73-5），頁275。
〔註19〕透過中央研究院歷史語言研究所「廿五史全文檢索系統」的檢索，在兩晉南北朝的
　　　　正史文中引及「禮典」二字者，扣除指稱《周禮・太宰》之外，在《晉書》（點校本，
　　　　臺北：鼎文書局，民81-11）有18處；《宋書》（點校本，臺北：鼎文書局，民82-10）
　　　　有7處；《南齊書》（點校本，臺北：洪氏出版社，民63-7）有2處；《陳書》（點校
　　　　本，臺北：洪氏出版社，民63-7）有1處；《魏書》（點校本，臺北：鼎文書局，民
　　　　82-10）有3處；《北齊書》（點校本，臺北：洪氏出版社，民63-7）有1處；《周書》
　　　　（點校本，臺北：洪氏出版社，民63-7）有3處；《南史》（點校本，臺北：洪氏出
　　　　版社，民66-6）有3處；《北史》（點校本，臺北：洪氏出版社，民64-1）有1處。
　　　　其中較特殊者，僅《宋書》一處是指禮儀之典禮而言（頁204），其餘「禮典」之意
　　　　大都是指禮書或禮法而言。當中可明確判斷是指《禮記》者共有9處，至於禮法部
　　　　分之討論，請詳見下文。

且看下列二例。《漢書》卷 20〈古今人表〉唐人顏師古注引張晏言曰：

> 老子玄默，仲尼所師，雖不在聖，要爲大賢，文伯之母達於禮典，動爲聖
>
> 人所歎，言爲後世所則，而在第四。〔註20〕

此處所言之「禮典」，當是以「禮法」解之爲宜。張晏係何人，史無明文。但顏師古除了在注《漢書・古今人表》中曾引張晏之語外，在《漢書》卷 69〈趙充國傳〉中，也曾引張晏之語，來說明漢宣帝時車騎將軍張安世的事蹟；〔註21〕在《梁書》中亦有提及張晏爲《張安世傳》作注。〔註22〕可知張晏所處之時代，至少是在蕭梁以前。〔註23〕

又《晉書》卷 49〈阮籍傳〉曰：

> （阮籍）性至孝，母終，……裴楷往弔之，籍散髮箕踞，醉而直視，楷弔
>
> 唁畢便去。或問楷：「凡弔者，主哭，客乃爲禮。籍既不哭，君何謂哭？」
>
> 楷曰：「阮籍既方外之士，故不崇禮典。我俗中之士，故以軌儀自居。」
>
> 時人歎爲兩得。〔註24〕

此處說明阮籍不願以限拘於名教的方式來表現母喪，裴楷卻仍秉持禮教行儀，兩人的行爲模式雖然不同，但皆符合兩人所欲抒發之情感，故爲當時人所讚歎。這裏的「禮典」並非指禮書，當以「禮法」來解釋爲妥。

據前文所論，可知「禮典」一詞，大約在魏晉之後方成爲常用之辭彙，其意義或指禮法，或稱禮書。亦有許多場合，則以禮典指稱《禮記》。魏晉南北朝時雖然佛道盛行，但是禮學在當時士族學術中仍佔有重要地位，禮類著述亦夥，〔註25〕論事更常依據禮書來論斷。〔註26〕「禮典」一詞成爲當時人常用之辭彙，實可理解。

下至唐代，「典」字雖然尚循《周禮》之解法，而代表常道、法則等之意義，但唐代已把經道禮儀的規範，完全落實於政法制度中，〔註27〕更已行諸文字，故「典」

〔註20〕見（東漢）班固《漢書》（點校本，臺北：鼎文書局，民80-9），頁862。

〔註21〕見《漢書》卷 69〈趙充國傳〉，頁 2981、2994。

〔註22〕見（唐）姚思廉《梁書》（點校本，臺北：洪氏出版社，民69-11）卷 50〈劉杳傳〉，頁716；《南史・劉杳傳》亦同，頁1223。

〔註23〕另在《後漢書》（頁2927）、《晉書》（頁2946）、《宋書》（頁2077）等均有張晏的名字出現，但皆未能提供足夠的證據，來說明顏師古所引之張晏究竟是爲何人。

〔註24〕見《晉書》卷 49〈阮籍傳〉，頁1361。

〔註25〕可參考錢穆〈略論魏晉南北朝學術文化與當時門第之關係〉（收入氏著《中國學術思想史論叢（三）》，臺北：東大圖書公司，民66-7）；林麗眞〈從隋志之著錄看魏晉清談及學術之跡象〉（《國立編譯館館刊》14-2，民74-12）。

〔註26〕見《晉書》卷 50〈庾純傳〉，頁1398～1399；詳細討論可見本書第二章第二節。

〔註27〕參考高明士〈政治與法治〉（收入王仲孚等《中國文明發展史》上冊，蘆洲：國立空

更被普遍地拿來當作禮法與政制之載冊，如《唐六典》、〔註 28〕《通典》等，均是明確標示以「典」爲書名。因此，廣義而言，唐代已將「禮典」解釋爲泛稱包含禮法的經典，「禮典」所載者，不只是禮儀之文，同時也是世人共同遵循的禮法。故以「禮典」來稱國家所頒行的禮書，更能符合唐代之實態與時代意義。

第二節　研究史的回顧與檢討

　　學界對禮的研究，大部分的論著，均是直接就禮的功能與效用而加以論述，〔註 29〕或針對制禮的原則予以說明，〔註 30〕或從禮儀教化功能對人性所帶來的制約展開批判。〔註 31〕以宏觀的的角度來論述禮的意義與功用，這對瞭解禮的整體性會有所幫助，但這類成果對禮的源流與歷史性的說明，相對而言明顯不足，而且不易釐清禮在發展過程中的時空關係。

　　學界對於唐代禮典的討論，目前尙無通論性的專著問世，以《大唐開元禮》爲題的研究亦不多。（日）池田溫〈大唐開元禮解說〉〔註 32〕一文，是爲日本古典研究會，影印出版東京大學東洋文化研究所所藏「洪氏唐石經館叢書」本之《大唐開元禮》而作，文中分別就《開元禮》的成立、內容、流傳，及對日本的影響等課題

中大學，民 77-5）第四節「律令制度」部分。

〔註 28〕關於《唐六典》的編纂與以「典」爲書名的部分，可參見嚴耕望〈略論唐六典之性質與施行問題〉（收入氏著《嚴耕望史學論文選集》，臺北：聯經出版事業公司，民80-5）；（日）內藤乾吉〈唐六典の行用に就いて〉（收入氏著《中國法制史考證》，東京：有斐閣，1963-3）；韓長耕〈關於《大唐六典》行用問題〉（《中國史研究》1983-1，1983-2）。

〔註 29〕諸如（日）西晉一郎、（日）小糸夏次郎《禮の意義と構造》（東京：畝傍書房，1941-9）；孔德成〈論儒家之「禮」〉（《幼獅學報》1-1，民 47-10）；潘重規〈儒家禮學之精義〉（《人生》22-4，民 50-7）；王禮卿〈禮說〉（《孔孟月刊》1-9，民 52-5）；呂佛庭〈釋禮〉（《臺中商專學報》1，民 58-6）；羅宗濤〈談禮〉（《孔孟月刊》13-2，民 63-10）；吳巨卿〈讀禮記要〉（《天然》1-12，民 69-12）；蔡仁厚〈禮的涵義與功能〉（收入劉述先編《儒家倫理研討會論文集》，新加坡：東西哲學研究所，1987）；孔德成〈儒家的禮教〉（《孔孟月刊》25-12，民 76-8）；吳賢哲〈從禮經看禮的起源、功用及其在中國文化史上的地位〉（《孔子研究》1996-2，1996-6）等文皆是按此架構來論禮。

〔註 30〕如繆鳳林〈談談禮教〉（《國風半月刊》3，民 21-9）；高明〈原禮〉（收入氏著《高明經學論叢》，臺北：黎明文化事業公司，民 67-7）等文。

〔註 31〕如吳虞〈禮論〉（《新青年》3-3，民 6-5）認爲禮是限制行爲的束縛，導致人心不古；顧曉鳴〈對「禮」的文化機制本身的批判〉（《復旦學報（社會科學版）》1988-3，1988-5）則是指出禮是箝制自由的最大因素，並造成中國文化的僵滯。

〔註 32〕（日）池田溫〈大唐開元禮解說〉（收入《大唐開元禮》書末，東京：古典研究會，1972-11）。

進行討論。文字雖然不是很長，但事實上對《開元禮》的說明相當明確扼要。池田氏指出，《開元禮》是集結中國古代文化諸要素而完成，特色是在總結上古以來之禮制，成爲後代創制禮典與論禮之原則，是研究中國國家儀典最重要的文獻。其文並指出《開元禮》傳入日本後，日本在禮制儀式上，多有參照採用唐禮之處。1981 年池田氏藉再版的機會，又撰寫了〈大唐開元禮第二版附記〉，〔註33〕該文針對 1978 年臺灣商務印書館所刊行四庫珍本版的《開元禮》，與洪氏公善堂本進行版本和文字的校勘比較，使學界對《開元禮》的認知更加深入。

　　趙瀾〈《大唐開元禮》初探——論唐代禮制的演化歷程〉〔註34〕一文，則指出《開元禮》是開元盛世下的產物，而《開元禮》的修撰是以折衷《貞觀禮》與《顯慶禮》爲原則，其內容則具有總結性、全面性與系統性等三大特色。趙文對《開元禮》的編撰與意義雖然已有初步的論述，然因篇幅較小，故論述稍嫌單薄。

　　關於《開元禮》細部的研究，討論最多者是喪禮的部分。邱衍文《唐開元禮中喪禮之研究》〔註35〕一書，主要是針對《儀禮》與《開元禮》中所載的喪服及喪禮儀節進行比較，並認爲較之《儀禮》，《開元禮》最大的優點，是在論述上較具系統化與條理化；但是在內容上，卻仍有分類不密、敘述欠詳、多有遺漏等缺點。不過張長臺氏在《唐代喪禮研究》〔註36〕中，則補充並刊正了邱衍文氏的看法，認爲《開元禮》中所載的喪禮，實得儒家之正學，且能本於《儀禮》而有所損益，是一部優點遠多於缺點的禮典。（日）藤川正數〈魏晉時代の喪服禮說と開元禮との關係〉〔註37〕一文，指出《開元禮》喪服禮的特色，是在喪服儀制中確立了正服、加服、義服、降服的設計，同時將《儀禮・喪服傳》條文系統化，這些都是受魏晉以下士人議論喪服的影響。

　　（日）西岡市祐〈『大唐開元禮』「薦新于太廟」の儀禮復元〉〔註38〕一文，是對《開元禮》卷 51〈薦新于太廟〉的儀文部分，做細部的考證與補充。姜伯勤〈唐禮與敦煌發現的書儀——《大唐開元禮》與開元時期的書儀〉〔註39〕一文，則對《開

〔註33〕（日）池田溫〈大唐開元禮第二版附記〉（收入《大唐開元禮》書末，東京：古典研究會，1981-8）。

〔註34〕趙瀾〈《大唐開元禮》初探——論唐代禮制的演化歷程〉（《復旦學報（社會科學版）》1994-5，1994-9）。

〔註35〕邱衍文《唐開元禮中喪禮之研究》（臺北：財團法人郁氏印書及講學基金會，民73-1）。

〔註36〕張長臺《唐代喪禮研究》（臺北：私立東吳大學中國文學研究所博士論文，民79-6）。

〔註37〕（日）藤川正數〈魏晉時代の喪服禮說と開元禮との關係〉（收入氏著《魏晉時代における喪服禮の研究》，東京：敬文社，1960-3）。

〔註38〕（日）西岡市祐〈『大唐開元禮』「薦新于太廟」の儀禮復元〉（《國學院中國學會報》40，1994-12）。

〔註39〕姜伯勤〈唐禮與敦煌發現的書儀——《大唐開元禮》與開元時期的書儀〉（收入氏著

元禮》與開元時敦煌的書儀進行比較，指出開元時期的「書儀」將《開元禮》的儀文庶民化與簡約化，使禮儀較從前更普及於民間。姜氏另文〈沙州儺禮考〉，〔註40〕則是比較了《開元禮》與敦煌文書中的儺禮；姜氏認為敦煌的儺禮加入了許多現世的色彩，並漸朝向宋代的儺戲發展，從而漸減少了禮的成分。

至於對唐代其他國家禮典的研究，目光大多是集中在《貞觀禮》上。高明士〈論武德到貞觀禮的成立——唐朝立國政策的研究之一〉〔註41〕一文，是對唐初武德與貞觀二朝的制禮工作進行討論，指出有唐一代的典章制度是奠定於貞觀年間，而《貞觀禮》則是禮制上的成果。《貞觀禮》雖是繼承隋代之《開皇禮》，建立以皇帝為頂點的中央集權體制，但《貞觀禮》也修正了《開皇禮》，並將李唐的立國政策直追《周禮》。雷慶、鄭顯文〈貞觀時期的禮制改革〉〔註42〕一文，則認為唐太宗為了鞏固統治階層的封建秩序，而進行禮制的改革，並完成了《貞觀禮》；不過在改革禮制之後，禮學卻漸趨世俗化。此文引證之史料不多，在論證與推理方面亦嫌不足。

趙瀾〈武則天時代的禮儀與政治〉〔註43〕一文，則是敘述武則天稱制後，為建立政權之正當性所施行的禮儀措施；但因女子稱帝與禮制不符，而武則天又無法擺脫禮制宗法的制約，終在晚年將政權回歸於李唐。姜伯勤〈唐貞元、元和間禮的變遷——兼論唐禮的變遷與敦煌元和書儀文書〉〔註44〕一文，則是考察《開元禮》之後，在德宗、憲宗時所完成的國家禮典。姜氏指出貞元到元和年間，因為藩鎮與私家不斷逾越禮制，國家有必要整頓禮制，尤其是在強調君權的絕對化與禮儀的實用化，於是貞元、元和年間，遂為成唐代禮制變動最劇烈的時代。為應付「變禮」，因而出現了《大唐郊祀錄》、《禮閣新儀》、《曲臺新禮》、《續曲臺禮》及《元和新定書儀》等禮書。

英國學人 David McMullen（麥大維）"Bureaucrats and Cosmology: the Ritual Code of T'ang China." 〔註45〕一文，則是從禮典的角度，來討論唐代的官僚制和宇宙論。

《敦煌藝術宗教與禮樂文明》，北京：中國社會科學出版社，1996-11）。

〔註40〕姜伯勤〈沙州儺禮考〉（收入前引氏著《敦煌藝術宗教與禮樂文明》）。

〔註41〕高明士〈論武德到貞觀禮的成立——唐朝立國政策的研究之一〉（收入中國唐代學會主編《第二屆國際唐代學術會議論文集》下冊，臺北：文津出版社，民82-6）。

〔註42〕雷慶、鄭顯文〈貞觀時期的禮制改革〉（《複印報刊資料·魏晉南北朝隋唐史》1993-6，1993-7；原刊於《松遼學刊（社會科學版）》1993-2，1993-5）。

〔註43〕趙瀾〈武則天時代的禮儀與政治〉（《福建學刊》1998-2，1998-4）。

〔註44〕姜伯勤〈唐貞元、元和間禮的變遷——兼論唐禮的變遷與敦煌元和書儀文書〉（收入前引氏著《敦煌藝術宗教與禮樂文明》）。

〔註45〕（英）David McMullen, "Bureaucrats and Cosmology: the Ritual Code of T'ang China." in D. Cannadine and S. Price ed., *Rituals of Royalty: Power and Ceremonial in*

第三節　本書之章節安排與探討主題

本書乃欲附隨學界諸位前輩的腳步，繼續針對唐代禮典進行探討。首先在第二章，擬由禮的起源、發展，以至意義完成，作為脈絡來進行探討，希冀對禮在歷史上的演變，能夠獲致概括性的認識，並藉此來說明禮與國家之關係，以及禮典傳統的成立。

第三章是對國家禮典的編纂與流傳進行考察。本章主要分成三個部分：第一部分是論述《開元禮》之前各朝代國家禮典的編纂經過；第二部分則是探討《開元禮》編纂的背景、經過；第三部分是考察《開元禮》的流傳，並比較現存《開元禮》之版本。

第四章是對《開元禮》的內容進行討論，探討的重點是放在《開元禮》的編排，以及《開元禮》中對國家權力，與緣情入禮等部分展開論述。

第五章則是探究《開元禮》對後世的影響，主要的討論焦點，是放在「開元禮舉」的產生，以及《開元禮》對後世禮典、禮制，還有鄰邦的影響。

第六章是對本書所探討的課題，作最後的結論，並揭示本書之不足，與日後所應努力的方向。

另外，在中國「禮樂」二者在運作上是不可分割的，但限於學力與篇幅，關於「樂」的部分，本書暫不討論。

Traditional Societies, Cambridge: Cambridge University Press, 1987.

第二章　禮學的內涵與禮典的成立

第一節　「禮」的內涵及其意義

　　「禮」是中國文化的核心，學界論之者眾矣。不過「禮」所涵攝的範圍相當廣泛，《中庸》對此曾道：「優優大哉！禮儀三百，威儀三千。」《禮記》亦言：「經禮三百，曲禮三千。」〔註1〕諸如此類文字，皆在說明禮的內容繁多，故司馬談才會發出人在「當年不能究其禮」〔註2〕的批評。正因禮的內涵與意義太過廣泛，致使論禮之學者或單見一端，或偏執一詞，所以談禮之著作雖多，議論雜出，但能統整而得其精髓之論著並不多見。〔註3〕更甚者，乃固執於自己的立場，作出昧於史實之論述，反而扭曲禮的精神與真諦。

　　「禮典」是將禮的儀式予以成文化規範，所以不知禮的內涵，或不明瞭歷代禮義的擴展，實難針對禮典展開研究。學界對禮的研究，大多偏重在禮的功能與效用等方面，不過關於禮之源流及歷史性等課題，則罕見論著。因此本書不揣疏陋，欲於本節探討禮的起源和禮義擴大的過程，論述的鋪敘，則採取從禮的起源、發展，以至意義完成作為脈絡。本節所論者，實乃整理學界先進之論見，再依己

〔註1〕見（東漢）鄭玄注，（唐）孔穎達疏《禮記注疏》（（清）阮元刻十三經注疏本，臺北：藝文印書館，民82-9）卷23〈禮器〉，頁459上b。
〔註2〕見（西漢）司馬遷《史記》（點校本，臺北：宏業書局，民76-6）卷130〈太史公自序〉，頁3290。
〔註3〕黃侃氏在〈禮學略說〉（收入氏著《黃侃論學雜著》，樹林：漢京文化事業公司，民73-7）一文中，就指出禮學之所以難治，是因古書殘缺、古制茫昧、古文簡奧、異說紛紜等四個原因所導致（頁444～448）。

意安排於論述中，希望通過本節的論述，能對禮在歷史上的演變，能有概括性的認識。

一、禮的起源

「禮」由何而產生？又是依靠何種因素而發展？這是自古以來探討禮學者亟欲探究的課題。就現有的研究成果來看，根據研究的方法與材料，大略可將研究路徑分為四大取向：一是利用傳統文獻及甲骨金石等古文字來考察禮的起源，更進一步則探討禮在思想上的超越與突破；二是透過民族學的調查報告，結合傳說神話與經籍所載之內容，以社會風俗的角度來說明禮的產生，並論及禮在政治社會上的作用；三是依據考古發掘的報告，由考古遺址、墓葬與考古文物來解釋禮的出現及功能；四是美學與藝術的取向，認為禮是發自個人的情感，再透過音樂與舞蹈等所凝聚而成的集體共鳴，所以採此取向的學者認為：人類集體意識的內在〔註4〕機制即是為禮。事實上，此四條路徑的研究方法並非全然不同，研究禮的學人，往往不拘限於研究方法與材料，來進行禮的探討。正因為禮所牽涉的問題點實在太廣，不同的切入點，反而可從各種不同的角度，來顯現禮的多樣面貌。限於主題與個人能力，從藝術角度來討論的部分暫不予詳述。〔註5〕

以典籍或古文字來考察者，主要是由字義來探求禮的起源，其中又多以字書《說文解字》為入手處。《說文解字注》卷1〈示部〉：

　　禮，履也，所以事神致福也。從示，從豐。〔註6〕

段玉裁注曰：「禮有五經，莫重於祭，故禮字從示。豐者，行禮之器。」〔註7〕「禮」在許慎的解釋中，是指實際從事敬拜神祇以求致福果的行為，故禮可謂是實行祭祀之事。而歷代亦常以「履」來解釋禮，以強調禮的實踐性。〔註8〕但是將禮解釋

〔註4〕本書以下所言之「內在」大多是指思想或觀念上的演變，「外在」則是指人與所處之社會環境間的互動關係，詳論請參見黃俊傑〈思想史方法論的兩側面〉（收入黃氏所編譯之《史學方法論叢》，臺北：臺灣學生書局，民73-10）。

〔註5〕楊志剛氏在〈中國禮學史發凡〉（《複印報刊資料‧中國哲學與哲學史》1996-1，1996-3；原刊於《復旦學報（社會科學版）》1995-6，1995-11）一文中，則是將禮學史研究的內容分為禮經學、禮儀學、禮論和泛禮學四類（頁4）。本書在本節之論述是以時間為脈絡，故不取之。

〔註6〕見（東漢）許慎撰，（清）段玉裁注《說文解字注》（經韻樓本，臺北：天工書局，民81-11），頁2下b。要注意的是，許慎是東漢時人，其看法應是代表漢代人的觀念，而非禮字原始的意義。

〔註7〕見《說文解字注》卷1〈示部〉，頁2下b。又段注「禮有五經，莫重於祭」一語出自《禮記‧祭統》，見《禮記注疏》卷49〈祭統〉，頁830上a。。

〔註8〕可參考田倩君〈釋禮〉（《中國文字》17，民54-9），頁1～4；邱衍文《中國上古禮

為「實行祭祀」，此應屬後起之說，因為在甲骨文裏並沒有禮字，只有「豊」字。
〔註9〕禮字「從示，從豊」，而「豊」則是指祭祀時裝盛祭物之容器，《說文解字注》
卷 9〈豊部〉：

　　豊，行禮之器也。從豆，象形。凡豊之屬皆從豊，讀與禮同。〔註10〕

關於許慎對禮及豊字的解釋，王國維氏於《觀堂集林》卷 6〈釋禮〉中表達了他的
意見：

　　案殷墟卜辭中有豊字，……此諸字皆象二玉在器之形。古者行禮以玉，故
　　《說文》曰：「豊，行禮之器。」其說古矣。惟許君（慎）不知珏字即玨
　　字，故但以從豆象形解之。實則豊從玨在凵中，從豆乃會意字，而非象形
　　字也。盛玉以奉神人之器謂之𧯆若豊，推之而奉神人之酒醴亦謂之醴，又
　　推之而奉神人之事通謂之禮。其初當皆用𧯆若豊二字。其分化為醴、禮二
　　字，蓋稍後矣。〔註11〕

基本上，除了對豊字屬象形或會意之爭議外，許、王二氏皆認為「豊」是祭祀神鬼
時裝盛祭物之容器，王氏則更明確地將「豊」解釋成盛「玉」以奉神人之器，郭沫
若氏亦從此解。〔註12〕另外，與豊字形相近的豐字，《說文解字注》解釋為「豆之
豐滿也；從豆，象形」。〔註13〕可見豊與豐的字義，同樣是指豆（祭祀容器）上盛
有祭祀之物，不過豐字更有強調祭物豐盛的意味。李孝定氏於《甲骨文字集釋》中
言：「豊、豐古蓋一字，豆實豐美所以事神，以言事神之事則為禮，以言事神之器則
為豊，以言犧牲玉帛之腆美則為豐，其始實為一字也。」〔註14〕可見在甲骨文中，

　　　　制考辨》（臺北：文津出版社，民81-4），頁28～29。
〔註9〕　參見李孝定《甲骨文字集釋》（臺北：中央研究院歷史語言研究所，民54-6）第一中
　　　　言：「先秦金文未見禮字，秦漢時器銘所見禮字與小篆同。」（頁49）事實上「禮」
　　　　字在金文已經出現，不過只有一例，且是西周中期以後之金文，參見周法高主編《金
　　　　文詁林補》（臺北：中央研究院歷史語言研究所，民71-5）第一冊（卷1），頁41a。
〔註10〕見《說文解字注》卷9〈豊部〉，頁208上a。
〔註11〕參見王國維《觀堂集林》（北京，中華書局：1959-6），頁291。又另有一說認為禮字
　　　　乃起源自禮之古字「礼」，而非豊，但是此說仍將禮之起源指向祭祀，詳細論述可參
　　　　考前引邱衍文《中國上古禮制考辨》，頁18～28。
〔註12〕參見郭沫若〈孔墨的批判〉（收入氏著《郭沫若全集・歷史編・第二卷・十批判書》，
　　　　北京：人民出版社，1982-9），頁96。
〔註13〕見《說文解字注》卷9〈豊部〉，頁208上b～下a。
〔註14〕參見前引李孝定《甲骨文字集釋》第五，頁1682。又，文字學者對於豊與豐字之本
　　　　意有三種不同之說法，但同指祭祀活動中所使用的物品則無疑問，茲不贅述，詳見
　　　　蕭公彥《禮學之內涵與北宋禮學之發展》（臺北：國立臺灣大學歷史學研究所碩士論
　　　　文，民77-5），頁4～5。

豊與豐兩字是不分的，金文也是如此。〔註15〕至戰國以後，二字的字義才明顯被區別開來。〔註16〕

王國維氏又言「豊」字後來演變而成「醴」（即酒醴）字，再演變成「禮」字。如前述，甲骨文中並沒有見到「禮」，而只有「豊」；至於「醴」字，在甲骨文與金文中皆可以見到，〔註17〕故有學者認為「豊」是「醴」的古字。〔註18〕事實上，酒與酒器早在殷代的祭祀中已常被使用，〔註19〕祭拜神鬼的祭物原來也是以食物為主，故《禮記・禮運》云：「夫禮之初，始諸飲食，其燔黍捭豚，汙尊而抔飲，蕢桴而土鼓，猶若可以致其敬於鬼神。」〔註20〕最簡單的飲食也可以敬神，可見最初的祭物相當原始。祭物與祭器的選擇，往往是以生活中最重要的物品來充當，如此方能表達對神鬼的敬意。

至於「示」，《說文解字注》卷1〈示部〉：

> 天垂象，見吉凶，所以示人也。從二，三垂，日月星也。觀乎天文以察時變，示神事也。凡示之屬皆從示。〔註21〕

示是指由天象之理來顯現吉凶禍福，這些訊息必須透過祭祀或占卜方可得知，所以「示」也是指祭祀之事。

由上述當可得知：「示」、「豊」及「禮」字義的起源，實際上都是由祭祀之事物而來。〔註22〕故從文字來看，至少由商代至周初，禮（豊）之字義僅僅是指祭祀之

〔註15〕 參見周法高主編《金文詁林》（沙田：香港中文大學，1975）第六冊（卷5上），頁3087～3100。

〔註16〕 參見前引周法高主編《金文詁林》第六冊（卷5上），頁3087～3100；陳飛龍《孔孟荀禮學之研究》（臺北：文史哲出版社，民71-3），頁1～15。

〔註17〕 參見前引李孝定《甲骨文字集釋》第十四，頁4401；前引周法高主編《金文詁林》第十四冊（卷14下），頁8361。

〔註18〕 參見李孝定《甲骨文字集釋》第五所引商承祚、容庚之說（頁1681）；又見楊寬〈「鄉飲酒禮」與「饗禮」新探〉（收入氏著《古史新探》，北京：中華書局，1965-10），頁307～309。

〔註19〕 見張光直〈商代的巫與巫術〉（《中國青銅器時代（第二集）》，臺北：聯經出版事業公司，民79-11），頁61～63。

〔註20〕 見《禮記注疏》卷21〈禮運〉，頁416上a。

〔註21〕 見《說文解字注》卷1〈示部〉，頁2下a。

〔註22〕 禮出於祭祀之討論，可以參見劉師培〈古政原始論・禮俗原始論〉（收入氏著《劉申叔先生遺書（二）》，寧武南氏校本，臺北：華世出版社，民64-4），頁807下b～808上b、810上b～812上b；（日）加藤常賢《禮の起源と其發達》（東京：中文館書店，1933-4），頁28～34；（日）小島祐馬〈中國古代の祭祀と禮樂〉（收入氏著《古代中國研究》，東京：筑摩書房，1968-11），頁30～40；（日）武內義雄〈禮の倫理思想〉（收入氏著《武內義雄全集・第三卷・儒教篇二》，東京：角川書店，1979-1），

器，再擴大也只是指祭祀的儀節，並未有行禮的意義。故《禮記‧表記》引孔子之言道：「殷人尊神，率民以事神，先鬼而後禮。」〔註23〕商人對祭祀雖已發展出相當盛大的祭典，且非常注重人與神鬼的溝通，〔註24〕但是尚未將人神之事以禮（豐）來統稱，可以說只有禮的事實，而無禮的觀念。〔註25〕《左傳》謂「國之大事，在祀與戎」；〔註26〕《國語》則曰「夫祀，國之大節也；而節，政之所成也。故慎制祀以為國典」。〔註27〕此二則春秋時代的史料，均指出祭祀是當時國家為政之大事，這應是自商代即相當重視的原則。

　　「禮」字的起源既是由祭器的「豐」而來，而較接近許慎所說的禮，又是在何時所產生的？一般的說法大都指向周初，尤其是周公制禮作樂之時，這留待後文再予詳述。〔註28〕

　　另外有禮起於制欲，〔註29〕或起於義、〔註30〕理、〔註31〕仁〔註32〕等說法，但

頁451～454；（日）栗原圭介〈經典に見える「禮」の概念〉（收入（日）池田末利博士古稀記念事業會實行委員編《池田末利博士古稀記念‧東洋學論集》，廣島：池田末利博士古稀記念事業會，1980-9），頁387～393；徐復觀〈以禮為中心的人文世紀之出現，及宗教之人文化〉（收入氏著《中國人性論史——先秦篇》，臺北：臺灣商務印書館，民79-12），頁42～46、補記頁1～2；前引陳飛龍《孔孟荀禮學之研究》，頁1～15；張端穗〈仁與禮——道德自主與社會制約〉（收入黃俊傑主編《中國文化新論‧思想篇二‧天道與人道》，臺北：聯經出版事業公司，民71-11），頁112～115；趙雅博〈我國古籍有關禮之研究〉（《中國國學》16，民77-11），頁23～24；陳戌國《先秦禮制研究》（長沙：湖南教育出版社，1991-12），頁9～10；羅倬漢〈論禮樂之起源〉（《學原》1-7，民36-11）。另有說法將禮之起源推論至宗教。若單由禮（豐）的原始字義而言，將起源推論為祭祀之儀節當可。但若擴展至宗教，則牽涉到宗教之學術定義問題（可參見呂大吉主編《宗教學通論》之導言與第一編，北京：中國社會科學出版社，1990-10），恐不甚妥當，故此處暫不以宗教名之。

〔註23〕見《禮記注疏》卷54〈表記〉，頁915下b。

〔註24〕參考張秉權〈殷代的祭祀與巫術〉（收入中央研究院歷史語言研究所中國上古史編輯委員會編《中國上古史待定稿‧第二本：殷商編》，臺北：中央研究院歷史語言研究所中國上古史編輯委員會，民74-4）。

〔註25〕參見前引徐復觀〈以禮為中心的人文世紀之出現，及宗教之人文化〉，頁42～43。

〔註26〕見楊伯峻《春秋左傳注（修訂本）》（北京：中華書局，1990-5）第二冊「成公十三年三月」，頁861。

〔註27〕（東周）左丘明《國語》（點校本，臺北：宏業書局，民69-9）卷4〈魯語上〉，頁165。

〔註28〕由文字的意義來考察某時代特定觀念的存在與否，如此會產生認證上的問題。因為就新觀念的產生而言，最先應當是在語言中的出現，於文字出現的時間則會比語言晚。所以就「禮」字的意義而言，「實行祭祀」的意義在語言中出現的時間，應該會比文字早，但現在已經不太可能考察當時的語言，故只能就文字來進行探討。此概念承陳弱水師指教，謹此致謝。

〔註29〕此說實皆引自《荀子‧禮論》（見（清）王先謙《荀子集解》下冊，點校本，北京：

是就禮字義的發展而言，這些均屬後起之義。因為這些說法，都是後世將禮的範疇，擴及至行為與思想層面，使禮的字義具有規範行為，甚至是指導行為的義涵，但這些都不是禮字的真正起源。這部分的演變牽涉到儒家對禮的解釋，下文將會另行討論。

至於由民族學來考察禮之起源者，則是透過對原始社會風俗習慣的研究，指出在日常生活中，人們逐漸把重要的活動規範化、儀式化，並隨時間將原始社會的重要風俗習慣，逐步轉化成禮。轉化成禮的原始風俗，主要有二大方面：一是將傳統的生活習慣加以儀式化後，使之成為社會共同的認知與習慣，〔註33〕從而形成凝聚氏族組織的社會與精神力量，〔註34〕這力量最主要表現在祖先祭祀與圖騰崇拜上。這類祭祀已不再強調神秘性與禁忌性，而是注重儀式的神聖性與世俗性，並使這種信仰成為原始社會的集體意志，〔註35〕藉以建構社會倫理與政治秩序。在這裏，禮雖是人際與人神間關係的代稱，但也具有排他性與階級性等保守特質。〔註36〕另一則是生產領域的交易與交換，這是原始社會拓展物質生活的重要機制，透過原始的交換、交易與饋贈酬報的行為運作，禮因此而萌芽。〔註37〕

這類說法的論據，主要借助於民族學與政治社會學的調查及理論，並著眼於部族社會內部與族群之間關係進行考察，強調為鞏固部族的生存，於是將生活習俗中

中華書局，1992-2，頁 346），此部分待論及荀子時再予敘述。
〔註30〕 此說乃源自《禮記·禮運》（頁 439 下 a～b）。引以為禮之始者，主要有王禮卿〈禮說〉（《孔孟月刊》1-9，民 52-5）；呂佛庭〈釋禮〉（《臺中商專學報》1，民 58-6）；邱衍文〈禮學述聞〉（《臺北師專學報》3，民 63-12）；盧明〈禮的研究〉（《中國國學》3，民 64-1）；（日）栗原圭介〈禮と思想史的知見〉（《中國關係論說資料》第 31 號第 1 分冊（上），1989；原刊於《大東文化大學紀要（人文科學）》27，1989）等文。
〔註31〕 此說乃源自《禮記·仲尼燕居》（頁 854 下 b）。引之為禮之始者，主要有羅宗濤〈談禮〉（《孔孟月刊》13-2，1974-10）；趙雅博〈先秦論禮〉（《中華文化復興月刊》19-8，民 75-8）等文。
〔註32〕 引之者有朱世龍〈說禮〉（《人生》14-8，1957-9）。援仁入禮乃孔子之詮釋，故此說不甚精審。
〔註33〕 參見前引劉師培〈古政原始論·禮俗原始論〉，頁 808 上 b～810 上 b。
〔註34〕 參見楊寬〈「冠禮」新探〉（收入前引氏著《古史新探》），頁 234；常金倉《周代禮俗研究》（臺北：文津出版社，民 82-2），頁 11～19。
〔註35〕 參見前引（日）加藤常賢《禮の起源と其發達》，頁 58～74；（日）服部武〈禮に見はれた古代支那人の精神〉（《東方學報（東京）》8，1938-1），頁 233～235；（日）貝塚茂樹〈禮〉（收入氏著《貝塚茂樹著作集·第五卷·中國古代の傳承》，東京：中央公論社，1976-9），頁 387～388。
〔註36〕 參見何炳棣〈原禮〉（《二十一世紀》11，1992-6），頁 102～109。
〔註37〕 參見楊向奎《宗周社會與禮樂文明》（北京：人民出版社，1992-5），頁 229、238～244。

的共性加以整理，進而產生共同的儀式與意志。禮便是在此過程中，所產生用以凝聚族人的觀念與儀式，且成爲秩序與文明的象徵。這類原始社會的研究，常常採用傳說史料，並強調這些材料往往先於文字而存在，〔註38〕且有其共通性，故結合神話與文獻，且跨越族群是這類研究的特色。〔註39〕

基於部族社會需要而產生的禮，其中雖有很大的部分仍是以祭祀爲主體（如圖騰或祖先的崇拜），但此時的禮並非單指祭器或祭儀，而是已經擴大到行爲制約與精神信仰的層次。〔註40〕故此時的「禮」，已非甲骨文中的「豊」所可指稱。若仔細觀察採取這類取向的論著，與其說是研究禮的發展，倒不如說是研究中國國家的建構與發展更爲適宜。〔註41〕而這樣的國家建制，要到周代才算眞正完成。〔註42〕其中所論述的禮，主要是行於統治階級或部族當中，因爲只有他們才能掌握對習俗「禮儀化」的權力。〔註43〕

整理一下這種取向的論述，他們是從統治權力來探討禮的形成，並由此得知禮的功能及目的，是在區劃各個以血緣（或其他聯繫因素，如藉婚姻、地緣等足以凝聚人群的力量）爲主體之政治實體，也在區隔實體內不同階層的政治與社會地位，這倒符合《禮記・曲禮上》所述「夫禮者，所以定親疏，決嫌疑，別同異，明是非」〔註44〕之特質。至於禮大致的起源時間，則是隨各個部族的發展而有所不同。因爲這種取向的研究，大都偏重在禮共相的論述，其內容主要是描述激發禮產生的要素與禮形成的經過。若要論及各個部族禮的起源，則可能要依靠遠古的考古資料來說明了。〔註45〕

〔註38〕參見鄒昌林《中國古禮研究》（臺北：文津出版社，民81-9），頁13～15。

〔註39〕重要研究成果可參見丁山《中國古代宗教與神話考》（上海：上海藝文出版社據上海龍門聯合書局1961年版影印，1988-3）；（日）池田末利《中國古代宗教史研究──制度と思想》（東京：東海大學出版會，1981-2）。

〔註40〕參見柳詒徵〈中國禮俗史發凡〉（《學原》1-1，民36-5），頁24～33。

〔註41〕參見章權才〈禮的起源和本質〉（《學術月刊》1963-8，1963-8），頁53～56；吳賢哲〈從禮經看禮的起源、功用及其在中國文化史上的地位〉（《孔子研究》1996-2，1996-6），頁3～5。

〔註42〕參見前引楊寬〈「冠禮」新探〉，頁234；張鶴泉《周代祭祀研究》（臺北：文津出版社，民82-5），頁5～27；前引鄒昌林《中國古禮研究》，頁241～271。

〔註43〕這個課題亦牽涉到身分制的討論，也就是「禮不下庶人，刑不上大夫」（《禮記・曲禮上》，頁55下a）的問題，下文會再進行討論。

〔註44〕見《禮記注疏》卷1〈曲禮上〉，頁14上b。

〔註45〕不過此處必須說明的是，禮與俗之間並不必然存在著依附或前後演進的關係，自周代即有許多辨說（參見前引陳戌國《先秦禮制研究》，頁14～17）。故在討論禮與俗之關係時，並不一定要透過政治權力的運作來解釋，但在進行禮俗的討論時，則必

　　由考古發現來探求禮之起源者，最重要的依據，便是墓葬中的禮器（主要是食器和祭器）與祭祀遺址的出現。一般而言，新石器時代因爲出土文物較多，並具有社會分化與部族組織等特質，故學界大多認爲禮應起源於新石器時代。較早的仰韶文化雖有祈年祭（社祭），但因仰韶文化隨葬品少，質量亦平均，故難以討論禮器的特殊性。〔註46〕目前時間較早，禮器出土較多，且較能討論的新石器考古典型，則有大汶口文化、〔註47〕龍山文化、〔註48〕紅山文化〔註49〕與二里頭文化。〔註50〕

　　到了商代，因爲殷墟的發掘，各種器物（以青銅器爲主流，包括禮器及其他生活用具）不斷出土，故可對禮器有進一步的瞭解。首先，禮器與日常用具間雖有種類與數量的不同，但是差別不大，可見生活所需之物即是禮器的來源；再者，禮器的形態不斷在產生變化，因爲禮的內容也是不斷在改變。〔註51〕

　　　　須較清楚地説明禮與俗之間的區別。若只是單純地討論民俗學，則俗與禮之間就會存在著相當程度的落差，這是必須要注意的。

〔註46〕詳見杜正勝〈中原國家的起源及早期的發展〉（收入氏著《古代社會與國家》，臺北：允晨文化實業公司，民81-10），頁186；高煒〈龍山時代的禮制〉（收入慶祝蘇秉琦考古五十五年論文集編輯組編《慶祝蘇秉琦考古五十五年論文集》，北京：文物出版社，1989-8），頁237；楊群〈從考古發現看禮和禮制的起源與發展〉（《孔子研究》1990-3，1990-9），頁6～8。祈年祭的部分參見張光直〈中國遠古時代儀式生活的若干資料〉（《中央研究院民族學研究所集刊》9，民49-3），頁255。

〔註47〕大汶口文化在中期（3500～2800B.C.）時已有明顯的貧富差距，並出現木質葬具；至晚期（2800～2400B.C.）則在墓型的分化上更加顯著。詳見前引高煒〈龍山時代的禮制〉，頁236。

〔註48〕在龍山文化的呈子二期（2400～2000B.C.）及陶寺（2800～2300B.C.）遺址所發現的禮器中，是以蛋殼陶與漆木器最具特色，其中亦有少數的玉質禮器，且漸趨專業化發展。在墓葬之間則有規模上的差異，用牲祭祀也很普遍，可見禮的發展至龍山文化時已非萌芽階段，而是有了相當程度的發展。詳見前引楊群〈從考古發現看禮和禮制的起源與發展〉，頁6～8；前引高煒〈龍山時代的禮制〉，頁236～242；前引杜正勝〈中原國家的起源及早期的發展〉，頁186～192。

〔註49〕紅山文化（4800～2600B.C.）出現了較早的大型祭祀遺址，主要的發現有女神廟、女神像與積石塚；在祭祀的神像之間存在著等級的差別，這顯示有不同性質的大規模祭祀活動，且有證據證明已有神職人員的出現。墓葬中亦有玉器等類禮器的發現。詳見前引楊群〈從考古發現看禮和禮制的起源與發展〉，頁4～6。

〔註50〕在二里頭文化（2000～1500B.C.）中，不但玉器群大量出現，青銅禮器也最早出現於二里頭遺址中。隨時間的推進，青銅也逐漸地取代玉器，而成爲出土禮器的大宗，這可說是商代主流禮器的前導，因此早期的二里頭文化常被認爲是夏文化的代表者。詳見嚴耕望〈夏代故居與二里頭文化〉（收入氏著《嚴耕望史學論文選集》，臺北，聯經出版事業公司，民80-5）；前引杜正勝〈中原國家的起源及早期的發展〉，頁192～198；杜正勝〈夏代考古與早期國家〉（收入前引氏著《古代社會與國家》）。

〔註51〕參見李濟〈殷墟出土青銅禮器之總檢討〉（收入前引中央研究院歷史語言研究所中國上古史編輯委員會編《中國上古史待定稿・第二本：殷商編》），頁491～492。

　　然而，商代青銅器的發展，並非如郭沫若氏所論般，是完全維繫在生產與奴隸的關係上，〔註52〕而是以昭穆、宗法與封建爲中心來發展，並具體呈現在禮器、城市規劃與國家的形成上。〔註53〕因爲青銅器在當時並非生產工具，而是當作禮器與兵器使用，所以說商代（甚至到周代）的青銅器是被當作象徵政治權力的禮儀性器物。這是因爲少數人運用祭祀與軍政的優勢，奪取了大部分的資源而形成統治階層，再透過青銅禮器等器物來標示政治權力。〔註54〕因此禮器可以說是中國社會與國家起源的象徵，經由政治權力的掌控，發展出較爲精緻的貴族文化。如果說中國古代文明正是在禮器的基礎上發皇，相信也無大過才是。〔註55〕

　　由考古發掘的文物來推論禮的起源，這類研究往往存在著相當大的侷限性，因爲考古發現只能大致推斷出土之器物中何者爲禮器，以及禮器存在的概略時間，並沒有辦法做更細緻的論斷。然而考古發掘的貢獻，在使學界認知：禮的起源與發展，並不是「孤島式」或「一元式」的推衍，而是以多元並進，更是以相互刺激的方式來作爲發展形態。〔註56〕

　　至於由美學來考察者，他們認爲禮不只是藝術的外在形制，因爲禮還是由自然之感官、情感等身心參與所發出的愉悅享受，而這種快樂的具體表現，就是祭祀時的音樂和舞蹈。然而，透過禮的規範與塑造，節制其中狂暴的成分，逐漸將感性中的理性（主要是哀與敬）、〔註57〕自然性中的社會性加以抽出，並給予強調，建立

〔註52〕詳見郭沫若〈青銅器時代〉（收入氏著《郭沫若全集・歷史編・第一卷》，北京，人民出版社，1982-9），頁607～609。

〔註53〕參見張光直〈中國青銅時代〉（收入氏著《中國青銅時代》，臺北，聯經出版事業公司，民72-4），頁21～30。

〔註54〕參見張光直〈從商周青銅器談文明與國家的起源〉（收入前引氏著《中國青銅時代（第二集）》），頁117～126；前引杜正勝〈中原國家的起源及早期的發展〉，頁204～209。關於商代氏族與國家的發展，另可參見丁山《甲骨文所見氏族及其制度》（北京：中華書局，1988-4）。

〔註55〕大陸在1974年時，因爲牽涉到林彪的事件，展開批林批孔的運動，故在《考古》、《文物》與《考古學報》等考古研究刊物，於1974年間所出版的內容中，大量以人牲、人殉等之考古發現來解釋禮的階級性，更藉之批判孔子「克己復禮」的觀念。在商周之時存在著人牲、人殉，據考古發現是確有其事，但是在數量、普遍性等問題上，仍存在著許多爭議，故藉此來統論禮的起源與性質是有問題的。

〔註56〕這些名詞皆是借用張光直氏在〈從夏商周三代考古論三代關係與中國國家的形成〉（收入前引氏著《中國青銅時代》）一文中，論及中國文明史起源與發展時的用語，文中說明夏商周並非如舊有觀念般，是屬前仆後繼式的發展，而是以平行並進的方式，來發展自身的文明（頁53）。

〔註57〕參見李杜〈禮記言禮的本源及其與人生政制的關係〉（《人生》26-8，1963-9），頁8～10。

起情文兼盡，情理交融的價值觀。〔註58〕因此，禮本身就具有表達情理的成分。而祭祀作為禮的主要活動，實際上是在求取情感上的安慰。〔註59〕故《史記・禮書》言道：「緣人情而制禮。」〔註60〕情成為禮的起源之說由此而發。

透過上述的討論，雖然無法明確地看出禮起源的形式與時間，但約略可得出大致的輪廓：「禮」的原始字義，是指祭祀用的容器，其含意隨時間的流轉，再擴大到祭祀之事。不過就其所含攝的社會背景而論，則禮是指將原始社會的習俗與信仰，完成儀式化及政治化之後，再轉變成維繫社群人際網絡的精神力量，和鞏固族群生存運作的規範制度；換言之，禮已經成為政治實體，甚至於國家形成的內在與外在機制，並以集體的力量來呈現。此時，禮已經不是原來的習俗、祭器或神鬼信仰所能解釋的。故禮的起源並非如過去的觀念般，全是由聖人賢者制定禮樂，並自文化中心似風行草偃式地教化到蠻夷地區；而是由各個單元相互脈動刺激後逐漸成形，並成為部族與族群社會的凝聚力，再藉由政治與軍事的力量，將這種規範機制拓展到鄰近之族群中。此時聖人賢者的定位，應是以代表關鍵轉變的時代人物來解釋較為恰當。因此禮起源的過程，是從中國的傳說時代而下，更準確地說，應是由新石器時代中晚期開始，直至周初。

近年來由於考古遺址不斷被發現與挖掘，學界已逐漸將國家形成及其禮制的討論，時間已由周推向商，甚至論及夏（雖說資料仍極度不足）。孔子在《論語・八佾篇》中曾說：「夏禮，吾能言之，杞不足徵也；殷禮，吾能言之，宋不足徵也。文獻不足故也，足則吾能徵之矣。」就文字史料而言，關於夏禮、商禮的史料，的確相當缺乏；但近來不斷出土的上古文物，則為夏商史的研究，提供了許多探索的素材。在這股研究風潮的衝激下，一些針對夏代禮儀為題之論著亦隨著出現，〔註61〕討論的焦點，自然是以二里頭文化為中心，並結合其他考古發現，以及文獻資料而進行討論。下至商代，因甲骨文及商代遺址的大量發掘，研究論著更多。〔註62〕周取代殷之後，將禮制與社會國家之關係更進一步的制度化，造就了所謂「郁郁乎文哉」

〔註58〕參見李澤厚《華夏美學》（臺北：時報文化出版公司，民78-4），頁1～19；張永儁〈「禮」的人文理想與人道關懷〉（收入沈清松編《詮釋與創造——傳統中華文化及其未來發展》，臺北：聯合報系文化基金會，民84-1），頁101～103。

〔註59〕參見馮友蘭〈儒家對於婚喪祭禮之理論〉（收入氏著《三松堂學術文集》，北京：北京大學出版社，1984-12），頁135～143。

〔註60〕見《史記》卷23〈禮書〉，頁1157。

〔註61〕重要的論著，有陳剩勇《中國第一王朝的崛起——中華文明和國家起源之謎破譯》（長沙：湖南出版社，1994-5）第十二章〈夏禮〉；前引陳戌國《先秦禮制研究》第二章〈先殷禮〉。

〔註62〕商代禮最近之整理成果，可見前引陳戌國《先秦禮制研究》第三章〈殷禮〉。

（《論語・八佾》）的禮樂文明。

二、周「禮」

自先周開始，商與周之間的關係就不斷在發展，商在文化上也與先周產生密切的互動。〔註 63〕周之翦商，以至代商而爲天下共主的經過，究其實際，應該是周族以武力征服、殖民，以及實行封建的過程。〔註 64〕而在這武裝殖民的過程中，東土各部血緣氏族的力量仍很強大，相對來說，周本身的實力明顯較爲弱小，故必須結合並懷柔東方舊族，來進行武力的征服與統治，並對這些氏族分行封建，以資籠絡。爲兼顧各部族間的差異，分別是以「夏政」、「商政」、「戎索」等不同的統治制度來管理新土，此制度的主要精神是在承認當地氏族既有之權利，故東方舊族的氏族結構，並未隨周族的征服而瓦解。〔註 65〕因此，新的封國仍保持著宗族族群之性格。

周公在平定三監之亂，定底東方後，營建成周，並對封建與禮樂制度重新進行勘定，這是中國國家與禮制的一大躍進。〔註 66〕如果說訂定制度的工作，全部是由周公一人所完成，這絕對是不可信的。周公的功業雖不是全如文獻所載那般，但周公所象徵的時代意義，則是代表著周人對於當時的政治與社會制度，進行重大變革。〔註 67〕誠如前文所述，在周代之前的部族與國家，仍是以氏族爲其主體，周代雖然沒有打破這樣的機制，並承認舊族的統治權。但是周公封建諸國時，也把周人分封到各地統治，並把各封國內的人口重新組編。一個封國中往往擁有周人、殷民與封地上的原居民等三批屬民，而周更對諸封國進行賜姓、命氏、胙土等儀式，其目的在將政治單位，由原先以血緣爲主的氏族，提升至以地緣結合各氏族的政治實體，亦即以封國作爲統治單位。〔註 68〕單靠政治上的整編，並無法

〔註 63〕 詳見許倬雲《西周史（增訂版）》（臺北：聯經出版事業公司，民 79-2）第二章〈周的起源〉；吳浩坤〈孔子論三代禮制淺析〉（收入氏著《古史探索與古籍研究》，臺北：貫雅文化事業公司，民 79-12），頁 94～111。

〔註 64〕 參見杜正勝〈封建與宗法〉（收入前引氏著《古代社會與國家》）上篇「周代封建的建立」，頁 333～352。

〔註 65〕 參見前引杜正勝〈封建與宗法〉，頁 352～394；前引許倬雲《西周史（增訂版）》，頁 116～138。

〔註 66〕 首載周公制禮之事，當在《左傳》文公十八年（見楊伯峻《春秋左傳注（增訂本）》第二冊，頁 633）；並可參見前引楊向奎《宗周社會與禮樂文明》，頁 277～279。

〔註 67〕 參見錢穆〈周公與中國文化〉（收入氏著《中國學術思想史論叢（一）》，臺北：東大圖書公司，民 65-6），頁 83～86。

〔註 68〕 參見前引許倬雲《西周史（增訂版）》，頁 139～147。

保持長治久安，故除了政治體制的變革外，另一方面，周人也強調統治階層的凝聚力，這就是宗法制度。在周代之前，政治實體雖然大多是以血緣爲基礎，但隨生齒的繁衍，同姓（血緣）但不同族（氏）者間的凝聚力並不強。周人爲求鞏固政治與社會秩序，遂重分姓氏，強調親疏，以達收族敬祖的效果，並凝聚宗族的情感與力量，延續氏族的命脈；更以倫理作爲行事準則，讓社會倫理與政治秩序結合爲一體。其目的在於建立宗主、國君，以至周王的宗法體系，以確保社會的運作與政治的壟斷。〔註 69〕原先維繫宗族的力量，是表現在祭祀的集體性，尤其是在祖先與圖騰的信仰上。這些祭祀雖隨時間而逐漸脫去原先的神秘性，但其間的人文精神仍未凌駕宗教色彩。在周人的變革中，強調敬宗收族，其內蘊是以倫理的尊卑親疏，來統攝政治與社會關係，而非先前的信仰權威。雖說祭祀祖宗仍是收族的主要方式，但其內含的主要精神，已由宗教色彩轉變成社會倫理的性質，亦即強調人文的意義。其具體的表現，就是在禮意義的躍進上，這由「敬德」觀念的出現〔註 70〕與「彝」意義的轉變可以得知。〔註 71〕

將文明的精神由神性漸漸地轉趨於人文化，這是周人的貢獻。〔註 72〕而這些成績，均爲後人歸功於是周公的制禮作樂。「禮」在這種情況下逐漸變成人文的代稱，

〔註69〕 參見前引杜正勝〈封建與宗法〉下篇「周代封建制度的社會結構」；王冠英〈周初的王位紛爭和周公制禮〉（《北京師範大學學報（社會科學版）》1987-1，1987-1），頁80～83。

〔註70〕 「敬德」的觀念起自周初。周人以蕞爾小邦，牧野一戰居然攻克天邑商，因此，「天命靡常」的觀念已經成爲周人的憂患意識；再加上周人歸結商失敗之原由，乃因商人失德，所以失卻了商人所虔奉之上帝的庇佑。周人有鑑於此，將商人敬重宗教神秘之心態，轉換成崇仰自然之天，並自覺性地將行爲的德行，轉換成精神上的德性。周人因恐失德而失天下，故而形成了「敬德」的觀念，強調人得以生存之因，在於人能透過發自理性的敬，藉以自惕。詳見傅佩榮《儒道天論發微》（臺北：臺灣學生書局，民74-10），頁10～62；徐復觀〈周初宗教中人文精神的躍動〉（收入前引氏著《中國人性論史——先秦篇》），頁20～30。而「德」最早是指氏族的習慣法，後來逐漸隨著氏族的擴張，而被解釋爲普遍性的價值規範，形成知識與倫理上不可變易之理。此形成過程是由氏族時代一直延續到西漢。在這過程中，周人可以說是扮演極重要的角色。詳見王健文《奉天承運——古代中國的「國家」概念及其正當性基礎》（臺北：東大圖書公司，民84-6），頁65～90。

〔註71〕 「彝」最初是指宗廟常器，但是在西周的文獻與金文中，彝已經逐漸被引申爲常法規範，亦即較爲抽象的人文制度。同樣的，「禮」義也在西周由祭器、祭儀之意，漸漸統合「彝」抽象的人文意義，總合而成人文與道德性的規範。詳見前引徐復觀〈以禮爲中心的人文世紀之出現，及宗教之人文化〉，頁44～46。

〔註72〕 此轉變亦可由「史」字意義的演變中可得知，參見（日）內藤虎次郎《內藤湖南全集‧第十一卷‧支那史學史》，東京：筑摩書房，1969-11），頁35～36。此承邱添生師指教，謹此致謝。

並成爲周人文化的核心。透過「禮」的人文化與倫理化，造就了燦然的禮樂文明。周代貴族的生活亦大致遵循禮之規範而運作，並漸深入到思想層次。〔註73〕觀乎「周禮」之美盛，孔子因此發出了「吾從周」（《論語・八佾》）的讚歎聲。

　　不過這個過程不是一蹴可幾。在《尚書》成於西周的篇章中，「禮」字基本上還是指商代的祭祀。〔註74〕同樣地，在《詩經》當中，禮字在西周中期左右的詩裏，依舊是指祭祀之事。可見至西周中期「禮」的主要含意，仍是指祭祀之儀，〔註75〕這種情況直到〈小雅・十月之交〉等約在周幽王時的詩中，方有所改變。在〈十月之交〉中所言之「禮」，其實已經含有人際間的倫理關係，甚至有禮分的涵義。在西周晚期以至春秋初期，《詩經》中的禮字，已不斷地出現像這樣的意思，甚至出現「禮」和「儀」分開單稱的情形。〔註76〕可見禮字義顯著擴大，並至意指行事準繩的大略時間，應是在西周末季。

　　下及春秋時代，文字資料較多，透過文獻的記錄，禮的精神確也在《左傳》等典籍的記載中，顯示出「周之所以爲王」〔註77〕的豐盛美德。根據統計，《左傳》對 127 條史事，給予「禮也」或「非禮也」的批評，〔註78〕其中所述的禮包含極廣，可謂吉、凶、賓、軍、嘉五禮全都涵蓋在內，範圍早已超出祭祀。可見禮在春秋時代，除了指稱禮制之外，還代表著行事的準則與規範，《左傳》才能以合禮或非禮來加以評斷。因此從《左傳》的記載可知：禮是春秋時人政治與生活的重心。〔註79〕

〔註73〕 參見錢穆〈論春秋時代人之道德精神〉（收入前引氏著《中國學術思想史論叢（一）》；（日）貝塚茂樹〈威儀──周代貴族生活の理念とその儒教化〉（收入氏著《貝塚茂樹全集・第五卷・中國古代の傳承》，東京：中央公論社，1976-9）；許志剛〈周代的禮與周代貴族的性格〉（《孔子研究》1989-1，1989-3）。

〔註74〕 參見張端穗〈左傳對禮與刑的看法及其意義〉（收入氏著《左傳思想探微》，臺北：學海出版社，民 76-1），頁 137。張氏指出《尚書》中禮字共出現四次，〈洛誥〉中有三處，〈君奭〉中一處。事實上，禮在《尚書》中共出現十七次，除僞古文尚書之篇章外，也在〈堯典〉、〈皋陶謨〉和〈金縢〉等篇。據屈萬里氏之考證，此三篇皆成於戰國之時，而〈洛誥〉和〈君奭〉應是西周時文，見氏著《尚書集釋》（臺北：聯經出版事業公司，民 72-2）各篇之解說。故以〈洛誥〉和〈君奭〉中之禮字，來解釋周初禮字字義的做法，當屬可行。

〔註75〕 參見前引張端穗〈仁與禮──道德自主與社會制約〉，頁 117。

〔註76〕 參見前引徐復觀〈以禮爲中心的人文世紀之出現，及宗教之人文化〉，頁 45～47；前引張端穗〈仁與禮──道德自主與社會制約〉，頁 117～118。

〔註77〕 語出《左傳》昭公二年，見楊伯峻《春秋左傳注（增訂本）》第三冊，頁 1227。

〔註78〕 詳見前引張端穗〈左傳對禮與刑的看法及其意義〉，頁 139～141。

〔註79〕 分類細論可見前引張端穗〈左傳對禮與刑的看法及其意義〉；吳車〈左傳禮學的根本精神〉（《勤益學報》6，民 77-11）；吳車〈左傳論禮之重要性〉（《靜宜人文學報》3，

　　此外，禮在春秋時代的文獻中，還有一個重要的含意，那就是國家與社會的制度，並由此引申為維繫國家命脈的綱紀，這在《左傳》與《國語》中所言甚夥。而在《左傳》對五禮的討論中，以賓禮的討論為最多，〔註80〕顯見當時國家往來頻繁，而且特別注重交際之禮，由此亦可得知在春秋時代，禮已是代表國家身分的象徵。〔註81〕春秋諸國是以禮來區別國家的地位，劃分不同文明的部族，〔註82〕無禮常是征戰討伐的原因。〔註83〕《左傳》中還出現兩則分疏「禮」與「儀」的記載，其內容均指出國君不行善治，卻昏淫失倫，雖行儀得體，仍不能稱其為知「禮」也。〔註84〕

　　因此，禮不只是禮儀制度（因蠻夷之制度也可以稱之為夷禮），而且是文化高低的分野，也是當時人所認為國家得以存續的法則。另外，春秋時禮的觀念，也漸漸地由著重人與天、神的關係，轉變成注重統治者與被統治者的關係。〔註85〕中國以禮為文化象徵的心態與傳統，可以說在春秋時代達到成熟的階段。〔註86〕

民80-6）：顧立三〈左傳中之禮〉（《國立政治大學歷史學報》11，民83-1）。

〔註80〕 參見白慕唐《左傳中關於禮的史料之分析》（臺北：國立臺灣大學歷史學研究所（一般史組）碩士論文，民61-6），頁97。

〔註81〕 茲舉二例說明之。《左傳》莊公十八年春：「虢公、晉侯朝王。王饗醴，命之宥。皆賜玉五瑴、馬三匹，非禮也。王命諸侯，名位不同，禮亦異數，不以禮假人。」（見楊伯峻《春秋左傳注（增訂本）》第一冊，頁206～207）史文所載事情之原委，是虢公醜與晉獻公詭諸偕同朝見周惠王，而惠王賜相同數量的玉和馬給二君，《左傳》譏其非禮也，因為虢公醜與晉獻公兩人，在政治與宗法上的地位並不等同，周王所賜之物，當在種類或數量上會有所差異，以代表名位之不同。此處所言之禮，不但代表人的身分地位，也意味著政治與社會秩序的維繫。又《左傳》僖公二十七年春：「杞桓公來朝。用夷禮，故曰『子』。（僖）公卑杞，杞不共也。」（見楊伯峻《春秋左傳注（增訂本）》第一冊，頁443）傳文之「共」，乃「恭」之意。杞本是周之封國，《春秋》多以杞伯稱之。但是杞以夷禮來朝魯，故僖公鄙夷之，《春秋》遂以子稱之，以示杞之不守禮也。應當注意的是，杞桓公用「夷禮」，禮在此所指的是禮儀制度，亦象徵國家的身分。

〔註82〕 參見前引杜正勝〈封建與宗法〉，頁389～392。

〔註83〕 參見晁福林〈春秋時期禮的發展與社會觀念的變遷〉（《複印報刊資料‧中國古代史（一）》1994-12，1995-1；原刊於《北京師範大學學報（社會科學版）》1994-5，1994-9），頁16。

〔註84〕 參見楊伯峻《春秋左傳注（增訂本）》第四冊，昭公五年（頁1266）、昭公二十五年夏（頁1457～1459）。

〔註85〕 參見前引晁福林〈春秋時期禮的發展與社會觀念的變遷〉，頁24～25。

〔註86〕 參見前引徐復觀〈以禮為中心的人文世紀之出現，及宗教之人文化〉，頁46～51。另外，在《左傳》中對禮詮釋最多者當屬子產，限於篇幅，不多加敘述，詳細討論可參見前引張端穗〈左傳對禮與刑的看法及其意義〉。

三、先秦儒家論禮

　　禮在春秋時代，其意義呈現在四個方面：一是社會層次的政治秩序和生活規範，二是行為層次的善理國事和照料民生，三是文化層次的文明與習俗，四是精神層次的理性自覺。基本上，禮已經包含了實際生活各方面的準則，並且是國家的政治綱紀，大體上已經具備後世「禮」字現實與秩序上的義涵。

　　但是，徒靠現實層面的政治制度與生活規範，是無法讓一個社會正常運轉的，因為每一種制度與規範，一定有其根植之社會結構與政治背景；只要政治社會環境產生轉變，或者是政治社會的結構失去平衡，則制度與規範也會因為不敷所需而隨之變動。禮既然是由祭祀與宗法的政治社會關係繁衍而來，則其內在機制，當然也是維繫在這樣的結構當中。然而，自西周末期以下，周天子的共主地位逐漸鬆動，以其為頂點的宗法權威亦見動搖。降及春秋時代，周王號令不行，雖有齊桓、晉文的尊王攘夷，不過以禮來維繫政治與社會秩序的精神，還是與實況漸去漸遠，社會的變動造成禮失去了往日權威。透過考古發現的列鼎制度，可以得知僭越的情況，自西周末期以至春秋已漸趨明顯，禮壞樂崩的情況可謂表露無遺。〔註87〕

　　孔子面對禮壞樂崩的危機，並不是透過全盤改革的方式來提出他的理想，而是基於古典精神來創發新意。換言之，孔子是繼承周禮的精神，來展開他對禮的討論。〔註88〕

　　關於孔子的對禮的解釋，內容所含極廣，〔註89〕討論之研究甚多，故於此僅提出幾點說明：

　　首先，孔子認為行禮之前必先正名，因為惟有「器與名，不可以假人」。〔註90〕名器是代表身分秩序的象徵，社會的運作必須循名責實，否則社會秩序將無法維持，其秉持之原則乃是根據「周禮」。〔註91〕所謂「名不正，則言不順；言不順，則事不成；事不成，則禮樂不興」（《論語・子路》），後世常以此原則作為行為是否違禮的衡量標準。

〔註87〕見杜迺松〈從列鼎制度看「克己復禮」的反動性〉（《考古》1976-1，1976-1）。
〔註88〕詳參徐復觀〈孔子在中國文化史上的地位及其性與天道〉（收入前引氏著《中國人性論史——先秦篇》），頁 80～90；蕭公權《中國政治思想史》（臺北：中國文化大學出版部，民 74-7）上冊，頁 57～58；馮友蘭《中國哲學史新編・第一冊（1980 修訂本）》（北京：人民出版社，1992-5），頁 139～140。
〔註89〕蔡尚思氏在〈孔子的禮學體系〉（《孔子研究》1989-3，1989-9）一文中，將孔子的禮分成 32 類，庶幾可知矣。
〔註90〕語出《左傳》成公二年，見楊伯峻《春秋左傳注（增訂本）》第二冊，頁 788。
〔註91〕參見前引徐復觀〈孔子在中國文化史上的地位及其性與天道〉。

其次，孔子明確指出，禮的精義在於禮的內在精神，絕不可為求儀式的隆重，而喪失了禮之本義。因為僅存儀式的禮是沒有生命的，維繫並存續具有禮義之禮，方可真正體現禮的存在。〔註92〕孔子甚至說道：

> 麻冕，禮也；今也純，儉。吾從眾。拜下，禮也；今拜乎上，泰也。雖違眾，吾從下。（《論語・子罕》）

孔子於此指出：禮意的存在並非由社會的集體力量來決定，而是取決於理的認定上。孔子的看法，已經將禮的地位提升至「理」的意義上。「理」是互古不變之道，而非單純透過集體的認可即能成理，更要具有人文與哲學層次的意義，禮方能為世人所尊崇。孔子於此已明確將禮提升為具有超越性意義的思想層次，故朱子注「禮」曰：「禮，天理之節文也」。〔註93〕

雖說強調禮意，但孔子卻也認為禮的儀式並不可廢，故在子貢欲去告朔之餼羊時，孔子曰：「賜也，爾愛其羊，我愛其禮。」（《論語・八佾》）孔子認為禮之精神必須由禮儀來呈現，也就是要透過行禮的形式與法度，來達成行禮的目的。

然而禮意與禮儀之間，如何求得平衡兼顧？《禮記・禮器》曰：

> 孔子曰：「禮，不可不省也。」禮不同，不豐、不殺，此之謂也。蓋言稱也。……是故先王之制禮也，不可多也，不可寡也，唯其稱也。〔註94〕

如何在多與少，禮意與禮儀之間求得兼備的答案，就在一個「稱」字。禮只要符合各種場合的需要即可，勿任意增減，「允執其中」（《論語・堯曰》）的權衡尺度，方是孔子禮論之真諦，也是孔子詮釋禮義的一大要點。〔註95〕

孔子禮論最大的躍進，便是援孝與仁入禮。雖說禮的內容，在周初已強調其宗法性，然而並未將禮的意義，真正落實到實際的行為與義理中，仍舊還是停留在國家政治的義涵上。孔子則將宗法制度的凝聚力「親親」之精義，歸結於孝，並將孝的精神融入禮中，所以孔子將「孝」解釋為：「生，事之以禮；死，葬之以禮，祭之以禮。」（《論語・為政》）可知孔子認為孝的德行，是以禮來表現的，從親親發始之情，方是人之本性。孝之始於親，中國之國家亦是起於氏族，所以孝的德性正是維

〔註92〕如《論語・陽貨》：「禮云禮云，玉帛云乎哉？樂云樂云，鐘鼓云乎哉？」〈八佾〉：「祭如在，祭神如神在。子曰：『吾不與祭，如不祭。』」等言，皆可見孔子是注重禮的實際精神，而非形式。

〔註93〕語出《論語集注》卷6〈顏淵〉之朱熹注文，見《四書章句集注》（點校本，臺北：長安出版社，民80-2），頁131。

〔註94〕見《禮記注疏》卷23〈禮器〉，頁455下 b～456下 b。

〔註95〕參見前引陳戍國《先秦禮制研究》，頁18～24。

護國家最基本的道德觀。〔註96〕爲國之君子要能「篤於親」，人民就能「興於仁」（《論語‧泰伯》），治平之道由此始也。

　　至於孔子論仁〔註97〕與禮之關係，孔子在《論語‧八佾》中就已提到：「人而不仁，如禮何？人而不仁，如樂何？」孔子在此已經將仁視爲行禮的內在精神，若內心不仁，則所履行之禮樂可謂是徒具空文。至於以仁行禮的實際內容，要以《論語‧顏淵》的一段話最爲精要：

　　　　顏淵問仁。子曰：「克己復禮爲仁。一日克己復禮，天下歸仁焉。爲仁由

　　　　己，而由人乎哉？」顏淵曰：「請問其目。」子曰：「非禮勿視，非禮勿聽，

　　　　非禮勿言，非禮勿動。」

顏淵向孔子請教的是仁，而孔子所回答的內容，卻是以禮爲中心的禁制行爲。其間的關鍵，就在「克己復禮」的「克」字。歷來對「克」字就存在不同的解釋，稍加歸納，則主要有「約」與「勝」二解。〔註98〕主「約」說者，是以約制己身行爲解之，認爲仁必須透過節制本身的行爲，不逾自身的分際來達成；主「勝」說者，則是以戰勝私欲來說明「克己」，並進一步引申爲修身以達仁。兩種說法各據其理，也引起了許多的爭辨。〔註99〕

　　如何完成「仁」？就孔子而言，一方面要學習知識，一方面則是強調意志的克制

〔註96〕參見徐復觀〈中國孝道思想的形成、演變，及其在歷史中的諸問題〉（收入氏著《中國思想史論集》，臺北：臺灣學生書局，民77-2），頁157～158。

〔註97〕「仁」字在甲骨文與金文中均未見及。就其字形來看，仁的原意是指抽象的人，以別於具體的人。「仁」在文獻裏，最早出現於《詩經》的〈鄭風‧叔于田〉及〈齊風‧盧令〉，其詩中「仁」字的字義爲「男子的氣概」。至《左傳》方產生了仁愛、仁厚的意思。孔子則將「仁」字，提升爲透過道德上之自我修養所達到的人生最高境界。詳見屈萬里〈仁字涵義之史的觀察〉（收入氏著《屈萬里先生全集14‧書傭論學集》，臺北：聯經出版事業公司，民73-7），頁255～265；前引張端穗〈仁與禮──道德自主與社會制約〉，頁120～122；徐復觀〈釋論語的「仁」〉（收入氏著《（新版）學術與政治之間》，臺北：臺灣學生書局，民74-4），頁303～306。

〔註98〕各家之說詳見程樹德《論語集釋》（點校本，北京：中華書局，1990-8）第三冊，頁817～821。

〔註99〕古來之爭議甚多，最近較重要者，厥爲何炳棣與杜維明、劉述先、孫國棟等於《二十一世紀》中之論戰。詳見何炳棣〈「克己復禮」眞詮──當代新儒家杜維明治學方法的初步檢討〉（《二十一世紀》8，1991-12）；杜維明〈從既驚訝又榮幸到迷惑而費解──寫在敬答何炳棣教授之前〉（《二十一世紀》8，1991-12）；劉述先〈從方法論的角度論何炳棣教授對「克己復禮」的解釋〉（《二十一世紀》9，1992-2）；何炳棣〈答劉述先教授──再論「克己復禮」的詮釋〉（《二十一世紀》10，1992-4）；劉述先〈再談「克己復禮眞詮」──答何炳棣教授〉（《二十一世紀》11，1992-6）；孫國棟〈「克己復禮爲仁」爭論平議〉（《二十一世紀》12，1992-8）；何炳棣〈答孫國棟教授〈「克己復禮爲仁」爭論平議〉〉（《二十一世紀》13，1992-10）。

與鍛鍊。〔註100〕此內容正如顏回所說：「博我以文，約我以禮」（《論語・子罕》），而這裏的「禮」，正是克己復禮之「禮」。但是因為既要推己及人，又要克己復禮，兩者發展方向是相逆的，因而有些學人提出了引起爭議的矛盾說，或是所謂的「創造緊張性」。〔註101〕事實上，因「禮之用，和為貴」（《論語・學而》），禮的目的，是在使人的內在與外在皆得圓滿，〔註102〕發乎情，止乎禮，因「禮所以制中也」。〔註103〕禮的目的就在使發自人心之仁能適可而止，如同前文所述，在求得其「稱」也。

〔註100〕參見李澤厚〈孔子的再評價〉（收入氏著《中國古代思想史論》，中和：谷風出版社，1986-12），頁 23。事實上，仁的意義有兩層：一是人格上的基本德行，其根本就是血緣親情的力量。孔子的學生有子闡釋這層意義曰：「孝弟（悌）也者，其為仁之本與！」（《論語・學而》）孔子把人的親情視為仁的根本，也就是說行仁的原動力，是建立在親子間的情感上，這就是孝悌，而孝悌亦成為人際關係的基礎。再來便是本於孝悌，而向外擴展至「愛人」（《論語・顏淵》），因「汎愛眾，而親仁」（《論語・學而》），即將人際圈擴展至親人之外。不過這種愛是有等差的，愛親人比他人的程度深，對尊長賢者的敬重也比他人重，所謂「親親之殺，尊賢之等，禮所生也」（《中庸》）。另一則是事功上的實踐，其內涵則是忠君敬事，最終目標乃在「己欲立而立人，己欲達而達人」（《論語・雍也》）。易言之，「仁」兼備了個體人格的道德完全性：既要成己，又要立人；具有感性與理性的自覺，且要加以履行實踐。詳細論述可見前引屈萬里〈仁字涵義之史的觀察〉，頁 262～265；趙駿河〈孔子的「仁」與「禮」〉（《孔子研究》1996-2，1996-6）；前引李澤厚〈孔子的再評價〉，頁 13～26。

〔註101〕馮友蘭氏於〈論孔子〉（收入中國孔子基金會學術委員會編《近四十年來孔子研究論文選編》，濟南：齊魯書社，1987-7）一文中討論此問題，並認為孔子的階級性由此矛盾中表現出來（頁 48～49）。但在晚年之《中國哲學史新編・第一冊（1980 年修訂本）》中則是改變前說，認為克己是要排除私心（頁 137～138）。另外杜維明氏在〈「仁」與「禮」之間的創造緊張性〉與〈作為人性化過程的「禮」〉（均收入氏著《人性與自我修養》，臺北：聯經出版事業公司，民 81-6）等文中，均認為仁與禮之間具有「創造緊張性」，故將「克」解為修身，藉以調和此緊張性，但這與傳統之解法不同，故引起與何柄棣氏之論戰。張端穗則指出孔子認為禮可為仁而權改，參見前引張端穗〈仁與禮──道德自主與社會制約〉，頁 133～136。

〔註102〕一般論及仁與禮的關係時，大多是解釋成仁是內在的自覺道德，禮為外在的強制規範，兩者是不可分開的：參見高明〈孔子之禮論〉（收入李曰剛等《三禮研究論集》，臺北：黎明文化事業公司，民 70-1）；孔德成〈孔子的禮學〉（《孔孟月刊》26-12，民 77-7）；趙儷生〈有關孔子思想中「仁」「禮」關係的一點辨析〉（《孔子研究》1986-1，1986-3）；錢遜〈孔子仁禮關係新釋〉（《孔子研究》1990-4，1990-12）；前引趙駿河〈孔子的「仁」和「禮」〉等。但這樣的解釋，似乎較難體現禮與仁間微妙的關係。而大陸學者則常以階級觀點來解釋孔子的仁與禮，認為禮是在護衛奴隸主的階級利益，而仁產生的意義則是在反對奴隸制，故認為孔子是進步的。這方面可參見嚴北溟〈論「仁」──孔子哲學的核心及其幅射線〉（收入前引中國孔子基金會學術委員會編《近四十年來孔子研究論文選編》），趙光賢〈論孔子學說中「仁」與「禮」的關係〉（《北京師範大學學報（社會科學版）》1985-1，1985-1）。

〔註103〕見《禮記注疏》卷 51〈仲尼燕居〉，頁 852 下 b～853 上 a。

　　孔子將禮的規範擴大到實際的行為，還涉及到人的心理層面。一個人由內而外，起於仁心，發於禮意，行遵禮儀，由此再擴大到社會、國家，甚至天人關係。〔註104〕因此，孔子可以說將禮的義涵，推及到每個人的身上，人不單單是在行為上必須守禮，在精神上也要循禮。

　　在禮壞樂崩的時代，孔子正視整個時局的變動，「溫故而知新」（《論語‧爲政》），「述而不作，信而好古」（《論語‧述而》）。孔子最大的貢獻，在於繼承周代的禮樂文明，並將禮樂文明的外在形式，轉化成爲內在的德性，更把傳統觀念提高變成永存的根本原理，使之可落實於家國之中。〔註105〕透過孔子的詮釋，不論是在個人的人格上，或在哲學上、道德上、社會倫理上，甚至是國家的運作上，禮都取得了實質與超越性的意義；也就是說，孔子的禮是建構在人性的觀念上，但是必須要在國家與社會的運作下，來完成禮的眞正意義。

　　孔子以下，「儒分爲八」，〔註106〕然至今所能看到較完整繼承孔子之說而予以發揚者，殆爲孟子與荀子。〔註107〕

　　孟子繼承了孔子人性論的觀點，從而由仁的層面來闡述禮。孟子之禮由性善論出發，認爲禮是人天性善端之一，由內心發出則變成是仁、義、禮、智四端之行爲，故禮是透過本性的內察而獲得的。〔註108〕所謂「君子所性，仁、義、禮、智根於心」（《孟子‧盡心上》），禮在孟子眼中，是與仁、義、智等原屬內在之德性等同了，故禮的內在化是孟子禮論的重點。

　　雖說仁、義、禮、智乃是發自於人天賦之德性，但是此四端亦各有其相應之行爲，也就是說這四端仍存有其外在的實質意義，《孟子‧離婁上》言：

　　　仁之實，事親是也；義之實，從兄是也。智之實，知斯二者弗去也；禮之

〔註104〕參見前引李澤厚《華夏美學》，頁43～63。

〔註105〕參見前引徐復觀〈中國孝道思想的形成、演變，及其在歷史中的諸問題〉，頁158。

〔註106〕見陳奇猷《韓非子集釋》（臺北：華正書局，民76-8）卷19〈顯學〉，頁1080。詳細之論述可參見郭沫若〈儒家八派的批判〉（收入前引氏著《郭沫若全集‧歷史編‧第二卷‧十批判書》）；周予同〈從孔子到孟荀──戰國時的儒家派別和儒經傳授〉（收入前引中國孔子基金會學術委員會編《近四十年來孔子研究論文選編》）。

〔註107〕孔子的門生亦多有論禮者，可參見卓秀巖氏一系列關於此方面之論著：〈子游禮學〉（《成功大學學報（人文‧社會篇）》24，民79-2）；〈子貢禮學〉（收入國立高雄師範大學國文學系、國文研究所編《第一屆先秦學術國際研討會論文集》，高雄：國立高雄師範大學國文學系、國文研究所，民81-4）；〈子夏禮學〉（《成功大學學報（人文‧社會篇）》28，民82-11）；〈子路禮學〉（《成功大學學報（人文‧社會篇）》30，民84-11）。

〔註108〕參見前引陳飛龍《孔孟荀禮學之研究》，頁68～78。

實，節文斯二者是也。

由〈離婁上〉之言可以得知，四端之中以仁與義爲基本德性，而智是在意識此基本德性者，禮則是此基本德性的具體表現。由仁與義所發出的行爲，便是孔子所言之孝悌。所以說孟子亦是將血緣親情作爲人性的出發點，而禮是此德性的表現，這不但把孔子的人性論具體地以仁義作爲內在本質，並把禮的機制解釋成本於仁義且動之行爲，所以說仁與禮之間原是結合成一體的。〔註109〕正因爲仁與禮之間本來就是一體的，故孟子對禮的理解，並不是如孔子所詮釋般，兩者是相輔相成的。可以由此推知：孟子與孔子之間所認知的禮，事實上是存在著相當程度的差異。〔註110〕

孔子開仁與禮結合之端，孟子則是更進一步加深禮的內在化與人性化，使禮的涵義更爲擴大。再加上後來《中庸》所提出的「誠」字，中國文化哲學體系中的內在德性，至此可謂已經完成基本的建構。〔註111〕

荀子對於禮的認知，則與孟子大相逕庭。荀子是先秦儒家最後一位大師，而他也爲禮意義的建構，完成最後的工作。荀子所處之時代爲戰國末期，秦與東方諸國兵事大起之際，〔註112〕當時東周王室已滅於秦，〔註113〕諸國之間亦多以兵戎相見，禮早已蕩然無存。各國所求者，乃富國強兵、合縱連橫之道。荀子面臨如此變局，深感周禮已不可復行，先前諸子之說也不足以應付當前的局勢，故嚴屬批判了先秦諸子，認爲諸說皆不足定天下；不過他卻也批判性地吸收了各家學說，〔註114〕尤其

〔註109〕事實上，孟子的禮雖說是源於天賦之心性，但禮與仁（情）之間仍是有所衝突的，如《孟子·離婁上》：「淳于髡曰：『男女授受不親，禮與？』孟子曰：『禮也。』曰：『嫂溺則援之以手乎？』曰：『嫂溺不援，是豺狼也。男女授受不親，禮也；嫂溺援之以手者，權也。』曰：『今天下溺矣，夫子之不援，何也？』曰：『天下溺，援之以道；嫂溺，援之以手。子欲手援天下乎？』」這裏孟子很明確地說明了禮是具有外在規範性的，且將禮與情間的矛盾點顯現了出來，故須以「權」來解開這個問題。另外，因爲仁與禮均是源自人之本體，如果每個人的內在道德價值觀不同，又沒有客觀的標準來衡量（孔子時是以外在的禮），如此則容易產生唯我獨斷的傾向。詳見前引張端穗〈仁與禮——道德自主與社會制約〉，頁147。

〔註110〕孔、孟之間不但對禮的看法有所不同，對仁的看法也有不同，可參見前引屈萬里〈仁字涵義之史的觀察〉，頁265～267。

〔註111〕參見楊向奎爲前引陳戌國《先秦禮制研究》一書所作之序言，及前引楊向奎《宗周社會與禮樂文明》，頁277～280。

〔註112〕據錢穆《先秦諸子繫年》（臺北：東大圖書公司，民75-2）之考證，荀子之生卒年約在350～245B.C.（雖有多種異說，但時間上大都不脫此太遠），故當荀子盛年之時，正值秦昭襄王大舉起兵，攻打東方之三晉及楚，局面漸成秦國獨強之勢。

〔註113〕周滅於周赧王59年（256B.C.），時當荀子晚年。

〔註114〕當時各家學說其實也在互相吸收融會，這成爲當時學術的一項特色；詳見廖名春《荀子新探》（臺北：文津出版社，民83-2），頁42～46。

是《左傳》禮主刑輔的觀念，以及三晉、商鞅等法家的重刑思想，加以自己的創見，遂形成爲影響後世極深的禮法思想。〔註115〕

論及荀子之禮，最特殊的，當是荀子對禮起源的說法。《荀子・禮論篇》：

> 禮起於何也？曰：人生而有欲，欲而不得，則不能無求；求而無度量分界，則不能不爭；爭則亂，亂則窮。先王惡其亂也，故制禮義以分之，以養人之欲，給人之求，使欲必不窮乎物，物必不屈於欲，兩者相持而長，是禮之所起也。故禮者，養也。〔註116〕

荀子此種說法，迥異於前人，政治意味相當濃厚。正因爲荀子處於戰國末期兵事迭起的時代背景下，方可能出現這樣的論調。〈禮論篇〉中同時標示出禮並不存在於道德或心性等抽象的規範裏，而是在滿足人的物欲。然天下資源有限，欲望如果無法達遂，則會造成爭端，此乃人性之惡也。正因爲人之生性可能爲惡，故「古者聖王以人之性惡，以爲偏險而不正，悖亂而不治，是以爲之起禮義，制法度，以矯飾人之情性而正之，以擾化人之情性而導之也」。〔註117〕所以禮由聖王制定，目的在節制人之情性，並非由人性本體生出禮來，因此禮義之文與善等，都是後來用以掩飾人性的，故「其善者，僞也」，〔註118〕「無僞則性不能自美」。〔註119〕可知荀子之性惡論，並非指人性屬全然之惡，而是說人性情欲「會」爲惡，此與孟子之性善說大不相同。〔註120〕

既然人會困於欲求，那如何去感受禮與善？荀子認爲人有知，透過知的學習而體會禮，更進一步則能「化性而起僞」，〔註121〕最終之目的希望成爲聖人。〔註122〕在荀子眼中，聖人之地位高於天，因荀子所認定之天，不似老子般具有神秘性，而是客觀且自然地存在著，不具道德裁判的意志。〔註123〕因此，荀子不信鬼神。雖然

〔註115〕參見張亨〈荀子的禮法思想試論〉（《臺大中文學報》2，民77-11），頁69～76。

〔註116〕見《荀子集解》卷13〈禮論篇〉，頁346。

〔註117〕見《荀子集解》卷17〈性惡篇〉，頁435。

〔註118〕見《荀子集解》卷17〈性惡篇〉，頁434。

〔註119〕見《荀子集解》卷13〈禮論篇〉，頁366。

〔註120〕參見前引陳飛龍《孔孟荀禮學之研究》，頁109～116；前引廖名春《荀子新探》，頁105～113。

〔註121〕見《荀子集解》卷17〈性惡篇〉，頁438。

〔註122〕參見前引張端穗〈仁與禮——道德自主與社會制約〉，頁151～156。至於聖人所指爲何？荀子認爲是定禮制法之「後王」，許多人認爲荀子所謂的後王，是意指禹湯文武周公，事實上後王只是一個理性的概念，而非有所實指。詳見韓學宏〈荀子「法後王」思想研究〉（《中華學苑》40，民79-8）。

〔註123〕參見楊連生〈荀子禮論之研究〉（《國立臺灣師範大學國文研究所集刊》17，民62-6），頁337～338。

《荀子‧禮論篇》將禮之本歸於天地、先祖與君師，但是事實上，荀子祭祀天地先祖之說，目的只是單純地在報本返始，而不是祈求降福。〔註124〕就此而論，荀子如同孔子般，將禮原始的神性轉變成人性，並強調禮在人間的社會性，「人」是禮的主體，而禮是人類秩序的象徵。〔註125〕

　　禮如何「養人欲」、「給人求」以安頓人世的秩序？最重要者乃在藉「辨」來「分」與「別」，即《荀子‧禮論篇》所言之：「貴賤有等，長幼有差，貧富輕重皆有稱者也。」〔註126〕此即所謂的「文」也。其實荀子「明分」之精神，是沿承自孔子的「正名」。若每人謹於所居之「分」，則人人皆能節其所求，自然可致其所應滿足之欲，達到「養」的目的。〔註127〕因此荀子之禮，是由定「分」、「節」（規範）欲以達「養」也。〔註128〕換言之，禮是每個人基於身分，發其相應之情，以養其應得之欲求，是故荀子強調情需要經過禮的調節，使情感不致於太過，所以情感與禮是相應而發。情有餘，則文飾以損之；情不足，則文飾以益之。〔註129〕

　　禮之於人，是在定分節情以養欲；禮之於國，則是使人群居合一而勝物。國君位居眾人之上，故必須如聖王般身繫禮之標準以導民，並制法使民群合，〔註130〕如此方符君主之分。〔註131〕因此，荀子將禮外在化與政治化了，在荀子所說的禮之

〔註124〕參見前引張亨〈荀子的禮法思想試論〉，頁84；前引廖名春《荀子新探》，頁175～188。

〔註125〕參見前引（日）栗原圭介〈禮と思想史的知見〉，頁132～146。

〔註126〕見《荀子集解》卷13〈禮論篇〉，頁347。

〔註127〕參見前引張亨〈荀子的禮法思想試論〉，頁82～84。

〔註128〕參見前引楊連生〈荀子禮論之研究〉，頁364～375。因養民即在增進人民之福利也，故有看法認為荀子具有民本思想，詳見薩孟武《儒家政論衍義——先秦儒家政治思想的體系及其演變》（臺北：東大圖書公司，民71-6），頁574～588。

〔註129〕參見前引張亨〈荀子的禮法思想試論〉，頁84～86；楊素珍〈荀子「禮」論與其政治思想的關聯（上）〉（《孔孟月刊》34-2，民84-10），頁21。

〔註130〕在此處的「法」是指政令制度。因為以禮教化是荀子最高的政治理想，而法則是輔助禮的強制手段，用以定分。若有越分，方以刑處之。不過荀子的法刑觀念，與法家之法並不相同。荀子的法刑是用來輔佐禮，使禮以外在的規範來教化人民，讓民識其分而蹈其禮，並非藉法刑來鞏固君主與政治的權威（參見前引張亨〈荀子的禮法思想試論〉，頁86～92）。故荀子雖強調尊君，但是在尊其「分」，而君之分在循聖王之制，體時之常與變而定禮義、制法度以養民，故其最終目的是在以禮養民，並不是在鞏固君主的地位，君也必須是賢君方可居其位。因此禮的實行，事實上必須透過政治權力來運作，而政治運作之柄，則常是用來作為最後手段的刑（參見陶希聖《中國政治思想史》第一冊，臺北：食貨出版社，民71-5，頁176～183；前引蕭公權《中國政治思想史》，頁103～105；金景芳〈關於荀子的幾個問題〉，收入氏著《古史論集》，濟南：齊魯書社，1981-7，頁318～322）。

〔註131〕參見楊素珍〈荀子「禮」論與其政治思想的關聯（下）〉（《孔孟月刊》34-3，民84-11），

規範下，人就只有政治生活。而孔子寓於尋常生活中之禮，以及孟子發自心性的禮，到了荀子的詮釋之下，皆被外在的政治規範所統攝；故荀子雖然以繼承孔子之儒家自居，但其實已經另闢蹊徑，而非原始之儒了。〔註132〕

綜觀荀子之禮說，實比孟子之禮要切實可行，因為荀子維持了禮的可變性與現實性，且使禮比較能夠讓人所瞭解。但由於荀子不承認人有內在的善質，且把制禮之權交給聖王，認為如此方可恢復天下秩序。可是就政治上來看，聖王不世出，則在上位之國君，因其挾有政治實力，所以變成了實際掌控禮之運作者，造成國君擁有現實政治與制定禮義的雙重權力，讓中國之君主專制政體，在理論上完成了鋪路的工作。〔註133〕

其次，荀子禮的起源說，實際上就是法的起源論；荀子的人為禮法觀，乃至聖王制禮說，均可視為中國法制由禮入法的關鍵，亦為法家理論體系的完整化而催生。〔註134〕

再者，荀子認為天與神均屬自然而無意志性，排除了以祈求福佑作為祭祀之目的，而是單純就祭祀而為者；也就是說，祭祀僅是出於人本身愛敬思慕之情的觀念，此觀念廣為後儒，尤其是漢人所整編之《禮記》所承襲。〔註135〕兩漢的儒學發展，究其深層，亦以荀子的影響最大。〔註136〕

頁17～19；前引陳飛龍《孔孟荀禮學之研究》，頁116～126。

〔註132〕參見徐復觀〈荀子政治思想的解析〉（收入前引氏著《（新版）學術與政治之間》），頁216～220。相對於先前所提到的儒家禮說，荀子是由實際的層面來討論禮，且歸納出可以解決現實問題的方式，故有學者認為荀子的思考方式，是兼重經驗實證與事物法則，並排除概念式的分析，直接提出理性而可驗證的理論（參見楊日然〈從先秦禮法思想的變遷看荀子禮法思想的特色及其歷史意義〉，《社會科學論叢》23，民64-4，頁279～283；黃源盛〈從法思想史的觀點看荀子的禮法思想方法〉，《法學叢刊》32-1，民76-1，頁93）。更有看法認為，荀子的思想是具有法實證主義的傾向（參見陳家秀〈論荀子禮法思想的特色──以實證主義之方法論為探討中心〉，《臺北師院學報》3，民79-6，頁125～131）。

〔註133〕參見前引張端穗〈仁與禮──道德自主與社會制約〉，頁156～158。

〔註134〕參見前引楊日然〈從先秦禮法思想的變遷看荀子禮法思想的特色及其歷史意義〉，頁305～306；翁之鏞〈禮刑合於法私議〉（收入謝冠生、查良鑑主編《中國法制史論集》，臺北：中華法學協會、中國文化大學法律研究所，民57-8），頁156～168。

〔註135〕參見前引張亨〈荀子的禮法思想試論〉，頁86；張亨〈荀子禮論篇非取自大小戴禮記辨〉（《大陸雜誌》42-2，民60-1）；閆隆庭《大小戴記與荀子關係之探索》（臺北：國立政治大學中國文學研究所碩士論文，民65-5）。又沈文倬〈略論禮典的實行和《儀禮》書本的操作（下）〉（《文史》16，1982-11）認為《禮記》諸篇章完成於《荀子》之前，此問題待下節再處理。

〔註136〕詳見徐平章《荀子與兩漢儒學》（臺北：文津出版社，民77-2）下篇「荀子與兩漢儒學之關聯」之部分。

　　禮的起源與發展，至荀子可謂是一個階段的結束，因為接下來的時代，是大一統的君主專制王朝，政治組織與社會形態皆與先秦不同。在先秦，尤其是春秋之前，是所謂的「禮不下庶人，刑不上大夫」〔註137〕的時代，社會的階級身分區分了禮刑之作用。然在戰國中期以後，法的地位逐漸提升，禮的角色也逐漸在轉變，直到秦建立後，法的地位被確立。漢代以降，禮與法在專制王朝中漸成並行之規範。〔註138〕更因為專制王朝的君王，手中握有較大的權力，而其統治原則，亦往往只吸取有利於奪取並維持權力的基本觀念。一心想掌權的君主，是無心理會荀子理論的真諦。〔註139〕是故禮實際的概念與意義，在先秦之後多少遭到了扭曲。〔註140〕

第二節　「三禮」的編纂及其對後世禮典的影響

　　就禮學之研究而言，最根本之經典當屬「三禮」，亦可謂禮典之始。但是「三禮」之稱，要到鄭玄取《周禮》、《儀禮》、《禮記》而加以作注之後，方才真正確立。雖說周代大致循禮而行，然而周代並沒有真正留下禮制的系統文獻。事實上就禮的演變過程而言，禮的實行應是先於禮典而存在。〔註141〕就算到春秋時代，「禮」是否成書，仍是一大疑問。〔註142〕

　　「三禮」在形成過程中存在著不少問題，而且「三禮」之間，無論在體例與性質上，亦存有相當的差異，若等一視之，將會造成誤解。本節將對「三禮」之編纂與其間之爭議加以敘述，並試圖說明「三禮」對後世禮典的影響。

〔註137〕見《禮記注疏》卷1〈曲禮上〉，頁55下a。

〔註138〕參見高明士〈政治與法制〉（收入王仲孚等《中國文明發展史》上冊，蘆洲：國立空中大學，民77-5）第四節「律令制度」部分；高明士〈時代區分論與隋唐史教學——秦漢至隋唐為「中古」的初步看法〉（收入氏著《戰後日本的中國史研究（修訂版）》，臺北：文海學術思想研究發展文教基金會，1996-3），頁440～442。

〔註139〕參見余英時〈「君尊臣卑」下的君權與相權〉（收入氏著《歷史與思想》，臺北：聯經出版事業公司，民65-9），頁71。

〔註140〕基本上若是論禮，則不能不論樂。但本節限於論題，故涉及「樂」的部分均不處理，詳論參見（日）栗原圭介《中國古代樂論の研究》（東京：大東文化大學東洋研究所，1978-3）。更進一步探索樂與禮的關係，則可參見楊曉魯《中國音樂與傳統禮儀文化》（長春：吉林教育出版社，1994-12）；樂與政治關係的討論，則可參見高明士〈治國平天下〉（收入王壽南主編《中國文明的精神》第一冊，臺北：財團法人廣播電視事業發展基金會，民79-7），頁152。

〔註141〕參見沈文倬〈略論禮典的實行和《儀禮》書本的撰作（上）〉（《文史》15，1982-9），頁30～31。

〔註142〕參見鄭均〈春秋時代「禮」未成書考〉（《中華文化復興月刊》18-8，民74-8）。

一、「禮」的文獻化——「三禮」之編纂及其爭議

春秋之前的學術屬王官之學，文獻均掌握在王官之手。在春秋戰國局勢大變之後，貴族陵夷，以士爲主流的知識階層興起，成爲學術的源頭，〔註143〕文獻典籍的整理與傳佈亦由此時大興。〔註144〕

儒家的經典被稱爲「經」，但是「經」最早並非意指儒家之典籍，而是指學說的提綱，其乃相對於詳細解釋學理的「說」而言。〔註145〕眞正將「經」解爲「儒家典籍」者是爲莊子，在《莊子‧天運》中所言之「六經」，即是指儒家的經典。〔註146〕但莊子所說的「六經」不獨爲儒家所專有，因爲「六經」也是「百家爭鳴」的學術泉源。〔註147〕若要溯及「經學」精神的形成，肇端者可能是周公，但眞正的奠基者應爲孔子。〔註148〕較完整的「經典」概念，最早也要到戰國後方始出現。〔註149〕至於經學的勃興，則是以漢代爲最。〔註150〕

秦禁諸子百家之語，至漢惠帝廢挾書律後，書籍方漸流通。漢初之經學因書籍罕見，故多由舊學者宿口述記錄，形成今文（隸書）經學。而今文經學承春秋戰國不同之學風，而有齊、魯學之分。齊學偏重政治民生與災異等外向之學，其治學之方式爲分析的、邏輯的，其學主要表現在《齊詩》、《尚書》、《周易》與《公羊春秋》；魯學則強調內在精神與倫理之禮學，其治學方法重意象、直覺，主要傳習《魯詩》、《禮經》和《穀梁春秋》。〔註151〕一般而言，學界大致可以同意這樣的分野。〔註152〕

〔註143〕詳論請見余英時〈古代知識階層的興起與發展〉（收入氏著《中國知識階層史論（古代篇）》，臺北：聯經出版事業公司，民69-8）。

〔註144〕孔子被視爲編寫圖書的開始，將圖書由官方傳入民間；詳見來新夏等《中國古代圖書事業史》（上海：上海人民出版社，1990-4），頁21～23。

〔註145〕此觀點最早見於《墨子》，參見楊伯峻〈《經書淺談》導言〉（收入楊伯峻主編《經書淺談》，北京：中華書局，1984-7），頁2。

〔註146〕見（清）郭慶藩編，王孝魚整理《莊子集釋》（點校本，臺北：群玉堂出版公司，民80-10）上冊，頁531。

〔註147〕參見前引楊伯峻〈《經書淺談》導言〉，頁2～3。

〔註148〕參見徐復觀《中國經學史的基礎》（臺北：臺灣學生書局，民71-5），頁50。經學若要究其實際，孔子的地位是最重要的，後文會再論述。

〔註149〕參見馮天瑜《元典——本文與闡釋》（臺北：文津出版社，民82-4），頁3。

〔註150〕歷來治經學之諸家雖對經學史的分期有所歧異，但皆公認漢代是經學鼎盛時期，參見張志哲〈中國經學史分期意見評述〉（收入林慶彰編《中國經學史論文選集》上冊，臺北：文史哲出版社，民82-3；原刊於《史學月刊》1988-3，1988-5）。

〔註151〕參見王葆玹《西漢經學源流》（臺北：東大圖書公司，民83-6），頁38～41、67～71。

〔註152〕齊、魯學之分始於《漢書》，後人延續而論之，但其分野實始於先秦。可參見王夢鷗〈禮記思想體系試探〉（《國立政治大學學報》4，民50-12），頁23～26；林麗娥《先秦齊學考》，頁4～10。但徐復觀氏於前引《中國經學史的基礎》中，並不認爲

後來因從多處獲得古文（六國之文字）經書，形式與內容又異於今文經書，故造成今古文經之分別。

漢代經學的內容，主要是以傳、說、記、章句等形式來詮解經文：「傳」是指經書的解釋性或輔助性之作品；「說」則是漢代經師口說的記錄；「記」則是補充經、傳史事與義理的文字；「章句」最晚起，其作用乃在解釋經文字句章節之含意，內容最龐雜。〔註153〕

在兩漢的經學多重師說家法。〔註154〕至於禮學部分多是掌握在魯學經師之手，其遠溯則可達春秋時魯地的諸儒，近則可溯源至戰國末的荀子，因荀子實對魯學與諸經記有總結及整編之功。〔註155〕

1. 《儀禮》

論及「三禮」，首先當論者應為《儀禮》，因為《儀禮》的傳承，是漢代禮學的本源。《儀禮》之名原屬後起，在先秦時多單稱《禮》；至漢代則有《禮》、《士禮》、《禮經》、《曲禮》，甚至有《禮記》之名。〔註156〕《儀禮》一名，今已難考其真正的源頭，至遲約在兩晉之時當可肯定。〔註157〕

今存之《儀禮》是有其師學流傳之過程。《史記》卷121〈儒林傳〉：

兩漢經學有齊、魯學之分。

〔註153〕參見前引王葆玹《西漢經學源流》，頁20～25。

〔註154〕詳見錢穆〈兩漢博士家法考〉（收入氏著《兩漢經學今古文平議》，臺北：東大圖書公司，民60-8）。

〔註155〕參見前引徐復觀《中國經學史的基礎》，頁34～37；李威熊《中國經學發展史論》（臺北：文史哲出版社，民77-12），頁105～106；前引王葆玹《西漢經學源流》，頁45～47。

〔註156〕參見楊天宇〈《儀禮》簡述〉（收入氏著《儀禮譯注》，上海：上海古籍出版社，1994-7），頁1～2。另外許清雲〈儀禮概述〉（收入前引李曰剛等《三禮研究論集》）云《儀禮》有「逸禮」之別稱；但劉師培氏反對此說，參見劉師培〈逸禮考〉（收入前引氏著《劉申叔先生遺書（一）》），頁195。又邱衍文氏於前引《中國上古禮制考辨》一書中，提出漢代《禮》有「容禮」之稱；洪業氏則認為此稱不妥，參見見洪業〈儀禮引得序〉（收入氏著《洪業論學集》，臺北：明文書局，民71-7），頁42～43。

〔註157〕參見（日）宇野精一〈『儀禮』についての二三の問題〉（收入氏著《宇野精一著作集·第二卷·中國古典學の展開》，東京：明治書院，1986-8），頁411～412；前引楊天宇〈《儀禮》簡述〉，頁2。雖說鄭玄注「三禮」，提出「儀禮」之名，但這是源自成書於劉宋時的《後漢書》中所載，未能肯定就是鄭玄當時之稱法。又孔德成〈儀禮十七篇之淵源及傳授〉（《東海學報》8-1，民56-6）與劉德漢〈三禮概述〉（收入前引李曰剛等《三禮研究論集》）皆言「儀禮」一詞，乃出自《論衡·謝短篇》。但據黃暉考證，〈謝短篇〉中「儀禮」一詞應為「禮儀」之誤，見黃暉《論衡校釋》（北京：中華書局，1990-2），頁561～562。

　　諸學者多言禮，而魯高堂生最本。禮固自孔子時而其經不具，及至秦焚書，

　　書散亡益多，於今獨有士禮，高堂生能言之。〔註158〕

《漢書》卷30〈藝文志〉：

　　漢興，魯高堂生傳士禮十七篇。訖孝宣世，后倉最明。戴德、戴聖、慶普

　　皆其弟子，三家立於學官。〔註159〕

由《史記》之記載，可知漢初傳今文《禮》者，爲魯高堂生所傳之《士禮》，而《漢書》則更指出《士禮》爲十七篇。但《史記》卷121〈儒林傳〉又云：

　　而魯徐生善爲容。孝文帝時，徐生以容爲禮官大夫。傳子至孫徐延、徐襄。

　　襄，其天姿善爲容，不能通禮經；延頗能，未善也。襄以容爲漢禮官大夫，

　　至廣陵內史。延及徐氏弟子公戶滿意、桓生、單次，皆嘗爲漢禮官大夫。

　　而瑕丘蕭奮以禮爲淮陽太守。是後能言禮爲容者，由徐氏焉。〔註160〕

《漢書》卷88〈儒林傳〉中敘及徐生處亦源自於此，且直言「漢興，魯高堂生傳《士禮》十七篇，而魯徐生善爲頌」，顏師古注「頌讀與容同」。〔註161〕由《史》、《漢》之意，可知高堂生雖傳《禮》文，但是徐生因「能禮容」而官拜禮官大夫，徐生之子孫雖不通《禮經》，但是仍因受家學之蔭，而能續任禮官大夫。「容禮」是指操縱典禮進行的技巧，屬於禮實踐的部分，而不是禮學的理論部分。可見漢初朝廷之所以不重視通曉《禮經》的學者，這可能是因爲漢初朝廷所需之禮，乃偏向於執行禮儀以立君威的緣故，而這也和《禮經》中關於朝廷禮儀的文字付之闕如有關。〔註162〕

　　《漢書‧儒林傳》又云：

　　孟卿，東海人也。事蕭奮，以授后倉、魯閭丘卿。倉說禮數萬言，號曰后

　　氏曲臺記，授沛聞人通漢子方、梁戴德延君、戴聖次君、沛慶普孝公。孝

　　公爲東平太傅。德號大戴，爲信都太傅；聖號小戴，以博士論石渠，至九

　　江太守。由是禮有大戴、小戴、慶氏之學。〔註163〕

根據《漢書》此條史料，再結合前引〈藝文志〉所言大戴、小戴、慶氏「三家立於學官」，即是「三家皆立博士」。〔註164〕史文敘述中最令人起疑的地方，是高堂生、徐生與蕭奮之間的關係。高堂生與徐生之間的關係最不清楚，因史無明文，所以大

〔註158〕見《史記》卷121〈儒林傳〉，頁3126。

〔註159〕見（東漢）班固《漢書》（點校本，臺北：鼎文書局，民80-9），頁1710。

〔註160〕見《史記》卷121〈儒林傳〉，頁3126。

〔註161〕史文與顏注均見《漢書》卷88〈儒林傳〉，頁3614～3615。

〔註162〕參見前引王葆玹《西漢經學源流》，頁82～84。

〔註163〕見《漢書》卷88〈儒林傳〉，頁3615。

〔註164〕見《後漢書》卷79下〈儒林傳下〉，頁2576。

部分之研究，均認為二人各屬一系；﹝註165﹞雖然史文記載徐襄不能通《禮經》，但不能排除徐生事實上是通《禮經》的，故有將徐生視為高堂生之門人者。﹝註166﹞至於蕭奮被夾在徐生的系統中來敘述，有可能是將蕭奮視為徐生的門人。但蕭奮學傳孟卿，孟卿傳后倉，這是《士禮》之學，而非徐生之「能禮容」，故《漢書·藝文志》述高堂生傳《士禮》之後，史文直接轉說后倉，所以大部分的學人，多將蕭奮之師承直接承自高堂生。﹝註167﹞不過也有將徐生接在高堂生與蕭奮之間者。﹝註168﹞

然而不管蕭奮師承為何，漢代總結今文禮學者是為后倉，因現行之「三禮」均出自后倉禮學系統之手。值得注意的是，高堂生、徐生、蕭奮皆為魯人，而后倉之師孟卿亦是魯人，但孟卿之學術兼及齊學之《公羊春秋》，可謂學綜齊、魯，同時代的夏侯始昌亦是如此。可見在昭、宣之時，齊、魯學已開始匯整，而最後完成統合者則為后倉。﹝註169﹞但是這股匯整二學之力量，實際上是來自武帝以下的時代需求，以及二學自身的缺陷有關。

魯學雖重禮，但在郊祭宗廟方面多無著墨；齊學雖然較具理論，但其中多有荒誕不經之處。然漢初之時，叔孫通雖言制禮，但只是增損秦儀並雜古禮，而訂定成「漢禮」十二篇。其間雖徵魯生三十餘人參與制定禮儀，可是事實上「漢禮」仍是以秦儀為主。﹝註170﹞至漢武帝時，因武帝欲重新編整禮儀，尤其是在郊廟祭祀方面意欲建樹，但因所徵之魯學諸生，卻遷延十餘年而不就，漢武帝又亟欲顯示其盛世之威儀，所以開始仿秦始皇之行事，大興祭祀之典，並眾採方士與齊學諸說，以己意度之。其中雖多不合古禮所載，可是當時亦無成文禮典可稽。正因漢武帝所行之禮制多不合宜，故在宣帝時又有所變更。﹝註171﹞在此背景之下，當時之禮學家逐步

﹝註165﹞ 參見前引許清雲〈儀禮概述〉，頁 61～62；前引李威熊《中國經學發展史論》，頁179。

﹝註166﹞ 參見前引徐復觀《中國經學史的基礎》，頁 162；前引孔德成〈儀禮十七篇之淵源及傳授〉，頁 130～131。

﹝註167﹞ 參見前引徐復觀《中國經學史的基礎》，頁 162；前引許清雲〈儀禮概述〉，頁 61；前引李威熊《中國經學發展史論》，頁 179。沈文倬氏在〈從漢初今文經的形成說兩漢今文《禮》的傳授〉（收入尹達主編《紀念顧頡剛學術論文集》上冊，成都：巴蜀書社，1990-4）一文中，亦認為蕭奮應是直承於高堂生，並指出《史記》之文是有所錯置（頁 101～102）。

﹝註168﹞ 參見前引孔德成〈儀禮十七篇之淵源及傳授〉，頁 131。而前引王葆玹《西漢經學源流》則是將蕭奮直屬徐生系統，而徐生直承魯學，因為王氏認為徐生與高堂生乃屬同一個時代之人。

﹝註169﹞ 參見前引王葆玹《西漢經學源流》，頁 83～87。

﹝註170﹞ 參見前引王葆玹《西漢經學源流》，頁 67～68。

﹝註171﹞ 參見陳戊國《秦漢禮制研究》（長沙：湖南教育出版社，1993-12）第二章；前引王

融合齊、魯二學，后倉則爲集其大成者，﹝註172﹞後更被立爲博士。在此之前，治禮者率爲大夫，而不是博士，以治《禮經》而爲博士者，乃自后倉始。﹝註173﹞

后倉有六個著名的弟子，其中戴德、戴聖與慶普，皆因傳后倉《禮經》之學而爲博士；至於蕭望之、翼奉與匡衡則是在漢元、成、哀帝之時，實際從事禮制改革者。透過后倉及其弟子，后氏禮學將漢代的祀典與祭儀逐步儒家化，並把武帝以來繁多的祭典予以簡化，更將郊廟之權集中於皇帝手中，讓漢代皇帝政教合一的性格，確立在儒家式的思維中。﹝註174﹞而今文之《禮經》，原先是由民間所傳，但在后倉之後亦轉變爲學官。這個轉變，對於漢代禮學的發展來說非常重要，因爲這代表正統禮學的官僚化。﹝註175﹞

與《儀禮》有關古文經書，主要是河間獻王劉德得自民間，﹝註176﹞魯恭王從孔子舊宅壁中，以及魯淹中之地所取得的《禮古經》有五十六卷；﹝註177﹞還有漢宣帝時河內女子所獻之《禮》一篇。﹝註178﹞後來這些古文禮典皆歸於皇家。關於《禮古經》，《漢書·藝文志》稱「與十七篇文相似，多三十九篇」，多出來的部分即劉歆所謂之《逸禮》。﹝註179﹞後來后倉曾看過這些古文《禮經》，﹝註180﹞鄭玄注「三禮」時也曾參考，但並未對《逸禮》進行注疏。這些古文《禮經》也常爲其他書籍所引用，﹝註181﹞也有可能被纂入《禮記》當中。﹝註182﹞但後來不知於何時，因逐漸散亡而佚失了。﹝註183﹞至於河內女子所獻之《禮》一篇，有學者認爲是〈喪服〉，因

葆玹《西漢經學源流》，頁 83～84。關於武帝時之祀典，亦可參見見張寅成《西漢的宗廟與郊祀》（臺北：國立臺灣大學歷史研究所碩士論文，民 74-6），頁 82～93。

﹝註172﹞ 參見前引王葆玹《西漢經學源流》，頁 86～87。

﹝註173﹞ 參見前引錢穆〈兩漢博士家法考〉，頁 188～190。

﹝註174﹞ 參見前引王葆玹《西漢經學源流》，頁 88～92、244～261。關於西漢末期禮制的改革，可參見前引張寅成《西漢的宗廟與郊祀》，頁 103～131；（日）藤川正數《漢代における禮學の研究（增訂版）》（東京：風間書房，1985-6）；（日）北村良和〈前漢末の改禮について〉（《日本中國學會報》33，1981-10）。

﹝註175﹞ 參見前引沈文倬〈從漢初今文經的形成說兩漢今文《禮》的傳授〉，頁 95～99。

﹝註176﹞ 見《漢書》卷 53〈河間獻王德傳〉，頁 2410。

﹝註177﹞ 見《漢書》卷 30〈藝文志〉，頁 1709～1710。

﹝註178﹞ 見《論衡校釋》卷 28〈正說篇〉，頁 1124。

﹝註179﹞ 見《漢書》卷 36〈劉歆傳〉，頁 1969。

﹝註180﹞ 參見前引王葆玹《西漢經學源流》，頁 228；另可參見張光裕〈儀禮兼用今古文不始於鄭玄考〉（《書目季刊》2-1，民 56-9）。

﹝註181﹞ 參見前引劉師培〈逸禮考〉，頁 190b～193a。

﹝註182﹞ 參見洪業〈禮記引得序——兩漢禮學源流考〉（收入前引氏著《洪業論學集》），頁 204～205。

﹝註183﹞ 參見屈萬里《屈萬里生全集 4·先秦文史資料考辨》（臺北：聯經出版事業公司，民

今本之〈喪服〉並無古本，〔註184〕亦有認爲是《禮記》的〈明堂月令〉，而非《儀禮》之篇章。〔註185〕1959 年在甘肅武威所發現的《儀禮》漢簡本，陳夢家氏認爲是慶氏本，但是遭到許多質疑。〔註186〕

至於《儀禮》作者的問題，或云是周公所作，或曰孔子刪訂，或說出於儒家群手，莫衷一是。〔註187〕然而透過《禮記・檀弓》與今本《儀禮》之對照，《儀禮》中最早之篇章，應是孔子及其後人所作。〔註188〕部分篇章與記、傳，則可能是戰國末至西漢時人所撰。〔註189〕

東漢末，鄭玄取劉向之輯本《儀禮》，參校今、古文本而注之。〔註190〕另外，王肅亦有《儀禮》之注本。〔註191〕後《五經正義》因取鄭玄注本爲疏，遂成今日通行之《儀禮注疏》本。

現行之《儀禮》共有十七篇，內容主要記錄諸禮之儀文，也就是禮儀進行的過程與細節。〔註192〕雖說《儀禮》在漢代被稱爲《士禮》，但現行本十七篇的禮文中，除了士禮之外，其實還包括了天子、諸侯與卿大夫之禮，〔註193〕不過分量

72-2），頁 343；前引劉師培〈逸禮考〉，頁 190b。

〔註184〕參見前引孔德成〈儀禮十七篇之淵源及傳授〉，頁 129；前引屈萬里《屈萬里生全集 4・先秦文史資料考辨》，頁 341。

〔註185〕參見前引王葆玹《西漢經學源流》，頁 225～226。

〔註186〕見前引陳戍國《秦漢禮制研究》，頁 172～182。

〔註187〕參見前引許清雲〈儀禮概述〉，頁 48～51；前引（日）宇野精一〈『儀禮』についての二三の問題〉，頁 412～416。

〔註188〕《禮記・檀弓》有許多孔子與弟子探討禮制之對話，今本《儀禮》多處依其結論而定制，參見前引（日）宇野精一〈『儀禮』についての二三の問題〉，頁 416～418；（日）侯野太郎〈七十弟子關係資料としての檀弓篇〉（收入前引（日）池田末利博士古稀記念事業會實行委員編《池田末利博士古稀記念・東洋學論集》），頁 366～378。

〔註189〕參見前引屈萬里《屈萬里生全集 4・先秦文史資料考辨》，頁 345～346。沈文倬氏於前引〈略論禮典的實行和《儀禮》書本的撰作〉一文中，則認爲《儀禮》不會晚於《孟子》、《荀子》和二戴《禮記》。

〔註190〕見（東漢）鄭玄注，（唐）賈公彥疏《儀禮注疏》（（清）阮元刻十三經注疏本，臺北：藝文印書館，民 82-9），頁 1 上 b～下 a。《後漢書》卷 79 下〈儒林傳下〉中言鄭玄取小戴之《禮》而注之（頁 2577）；但洪業氏認爲《後漢書》之說是錯誤的，參見前引〈儀禮引得序〉，頁 50。

〔註191〕見（唐）魏徵《隋書》（點校本，臺北：鼎文書局，民 82-10）卷 32〈經籍志〉，頁 919。

〔註192〕楊寬氏於前引《古史新探》一書中，針對《儀禮》所載之禮儀，進行了一系列的研究，可資參看。

〔註193〕參見前引楊天宇〈《儀禮》簡述〉，頁 16～17。

遠不及士禮。《儀禮》因是當時最古的禮儀文獻，故成爲後世訂定禮儀的主要依據，後世之禮典亦多據《儀禮》增事而編訂之，這從現存的《大唐開元禮》中即可看出。〔註194〕

2. 《禮記》

　　至於《禮記》，如前文所言，「記」是補充經、傳史事與義理的文字，因此每篇「記」的作者大多不同，在《漢書・藝文志》及注中僅有「記百三十一篇，七十子後學者所記也」〔註195〕之語。其他書中雖然有零星的記載，但亦難辨其眞假，故《禮記》中各篇「記」的作者是誰，今已難得知。關於《禮記》的編纂，《漢書》語焉不詳，記載較詳細者，反而是《隋書・經籍志》：

> 漢初，河間獻王又得仲尼弟子及後學者所記一百三十一篇獻之，時亦無傳之者。至劉向考校經籍，檢得一百三十篇，向因第而敍之。而又得明堂陰陽記三十三篇、孔子三朝記七篇、王氏史記二十一篇、樂記二十三篇，凡五種，合二百十四篇。戴德刪其煩重，合而記之，爲八十五篇，謂之大戴記。而戴聖又刪大戴之書，爲四十六篇，謂之小戴記。漢末馬融，遂傳小戴之學。融又定月令一篇、明堂位一篇、樂記一篇，合四十九篇；而鄭玄受業於融，又爲之注。〔註196〕

《隋書・經籍志》之說雖較詳細，然而疑點甚多。摘其要者，首先是二戴所處時代的問題。若就《漢書》所載二戴所處的時間而論，大戴是不可能刪訂劉向所編校之書。〔註197〕其次，《小戴禮記》與《大戴禮記》之內容並不相同，所以不可能是小戴刪大戴之書。〔註198〕再者，是篇數與卷數的問題，《隋書・經籍志》所載有多處謬誤，尤以馬融之事最有問題。〔註199〕最後，二戴之《禮記》取材廣泛，應不限於

〔註194〕參見王文錦〈儀禮〉（收入前引楊伯峻主編《經書淺談》），頁 58。

〔註195〕見《漢書》卷 30〈藝文志〉，頁 1709。

〔註196〕見《隋書》卷 32〈經籍志〉，頁 925～926。

〔註197〕參見前引屈萬里《屈萬里生全集 4・先秦文史資料考辨》，頁 348～349；高明〈禮記概說〉（收入氏著《高明經學論叢》，臺北：黎明文化事業公司，1978-7），頁 277。（日）津田左右吉於〈禮記及び大戴禮記の編纂時代について〉（收入氏著《津田左右吉全集・第十六卷，儒教の研究一》，東京：岩波書店，1965-1）則認爲小戴先行編纂，大戴則是取小戴未取之「記」再行編纂（頁 465）。

〔註198〕參見前引屈萬里《屈萬里生全集 4・先秦文史資料考辨》，頁 348～349；前引高明〈禮記概說〉，頁 277；李曰剛〈禮記名實考述〉（收入前引李曰剛等《三禮研究論集》），頁 3～5。

〔註199〕參見前引高明〈禮記概說〉，頁 277；前引李曰剛〈禮記名實考述〉，頁 5～6；前引洪業〈禮記引得序——兩漢禮學源流考〉，頁 210。

古記五種。〔註200〕

關於《禮記》編者的問題，主要有二說：一是循后倉傳《禮》於戴德、戴聖，而二戴又各參酌古、今文解《禮》之「記」，而編成《禮記》；兩者內容或有同處，大戴成八十五篇，小戴成四十九篇，兩者皆成於西漢。〔註201〕另一說則是西漢諸禮家，皆據其所擁有之《記》加以整編，經長時間的刪益，到東漢時，其他本《禮記》皆被淘汰，只保留了八十五篇本與四十九篇本，而以大、小戴名之，實非二人所作也。〔註202〕

後鄭玄取小戴所傳之《禮記》四十九篇加以作注，〔註203〕而成為今日所見通行本之《禮記》，大戴所傳之《禮記》則有輯本。

《儀禮》所載者主要是儀文，雖有傳、注等疏文解之，仍舊難以盡通其典。《禮記》蒐羅了齊、魯學諸家對禮的解說，〔註204〕不僅僅是儀節，還包括了各種對禮義的闡釋，也包括了關於禮的功用、制度、思想等。另外討論禮心性之學方面的篇章，像《四書》中的《大學》、《中庸》等，俱是出自《禮記》。而〈樂記〉則是記載了後世最難見到文字，也就是有關於儒家對「樂」的見解。因此，《禮記》盡蒐儒家之禮論，孔、孟、荀及其他諸家經師的禮說，在《禮記》中皆能見到，可以說《禮記》是儒學各學門的大總集。〔註205〕若要論及影響力，「三禮」之中，當是以《禮記》對後世之影響最大。然而也因為《禮記》完全是由漢儒所經手編成，故其中所含漢代思想的成分亦最濃厚。

關於《禮記》內容之廣，尚可再舉一例說明，《禮記·王制》：

> 六禮：冠、昏、喪、祭、鄉、相見。

清人孫希旦集解曰：

〔註200〕 參見前引李曰剛〈禮記名實考述〉，頁3；孔德成〈禮記成書時代及其在經典中之性質〉（《孔孟月刊》18-11，民69-7），頁23。

〔註201〕 參見前引屈萬里《屈萬里生全集4·先秦文史資料考辨》，頁349；前引高明〈禮記概說〉，279；前引王葆玹《西漢經學源流》，頁229～231；姜亦剛〈《禮記》成書於西漢考〉（《齊魯學刊》1990-2，1990-3）；朱正義、林開甲〈關於禮記的成書時代及編撰人〉（《複印報刊資料·歷史學》1991-12，1991-12；原刊於《渭南師專學報（綜合版）》1991-3、4，1991），頁50～52。

〔註202〕 參見王文錦〈禮記〉（收入前引楊伯峻主編《經書淺談》），頁62～63；前引（日）津田左右吉〈禮記及び大戴禮記の編纂時代について〉，頁465～466。

〔註203〕 見《後漢書》卷79下〈儒林傳下〉，頁2577。

〔註204〕 詳見前引王夢鷗〈禮記思想體系試探〉。

〔註205〕 參見屈萬里〈經書（八種）解題〉（收入氏著《屈萬里先生全集12·古籍導讀》，臺北：聯經出版事業公司，民73-7），頁180～183；前引王文錦〈禮記〉，頁66～67。

李氏格非曰：冠、昏、鄉，嘉禮也。喪，凶禮也。祭，吉禮也。相見，賓禮
也。……此言禮之在民者，則無軍禮，而冠、昏、鄉其事異，故六禮。愚
（按：即孫希旦）謂禮之在國者其別多，故總之以五禮，而冠、昏、鄉皆
屬於嘉禮；禮之在民者其別少，故分之爲六禮，而冠、昏、鄉各爲一禮。

〔註206〕

孫希旦認爲《禮記・王制》所言的「六禮」，是指民間之禮，而非國家之禮。此說或
待商榷，但是由此可知《禮記》論禮所包含的範圍，絕對不僅是國家政治性的禮儀，
還包括了一般民間生活的禮儀，這部分在《禮記・內則》中則可見到。

3. 《周禮》

《周禮》是三禮之中爭議最多的一部書。《周禮》一書原名《周官》，是河間獻
王劉德所獲得之古文典籍。〔註207〕《史記》言《周官》乃周公所作，〔註208〕《漢
書・藝文志》及注則言「周官經六篇，王莽時劉歆置博士」，〔註209〕改稱《周禮》，
並稱《周禮》是周公之書；後來鄭玄注三禮，《周禮》亦是其中之一，並沿用劉歆之
說來定名，成爲歷代以來最主要之說法。〔註210〕《周禮》最大的問題，在於它是出
自民間之古文書籍，又無師承流傳，〔註211〕直到劉歆才將其立於學官，且在新莽時
大力推行，有爲新莽政權立說之實。而後歷代亦常藉《周禮》，託古之名而行變法之
實，故《周禮》是僞作之說，古來即已存在。而其作者與文字所代表的時代，便成
了爭議最大的問題。

早在劉歆立《周官》爲博士之時，已有太常博士稱《周官》爲劉歆所僞造，東
漢末之何休亦指《周禮》爲六國陰謀之書；到了宋代，指《周禮》爲僞書之說更盛。
〔註212〕近代引起波瀾者，當要屬康有爲提出《周禮》是劉歆爲王莽託古改制而僞作

〔註206〕見（清）孫希旦《禮記集解》（點校本，臺北：文史哲出版社，民79-8）卷14〈王
　　　　制〉，頁397～398。
〔註207〕事實上《周官》之出現有多種說法，詳見彭林《《周禮》主體思想與成書年代研究》
　　　　（北京：中國社會科學出版社，1991-9），頁1～3；張雙英《周禮所表現之社會觀》
　　　　（臺北：國立政治大學中國文學研究所碩士論文，民67-6），頁4～5。
〔註208〕見《史記》卷33〈魯周公世家〉，頁1522。
〔註209〕見《漢書》卷30〈藝文志〉，頁1709。
〔註210〕參見前引張雙英《周禮所表現之社會觀》，頁1～4。
〔註211〕劉師培曾著〈西漢周官師說考〉（收入前引氏著《劉申叔先生遺書（一）》）辨之，
　　　　但爭議之問題仍是未能解決。
〔註212〕詳見姚瀛艇〈宋儒關於《周禮》的爭議〉（收入前引林慶彰編《中國經學史論文選
　　　　集》下冊；原刊於《史學月刊》1982-3，1982-5）。

之說，〔註213〕論戰隨之大起，蔚爲一時風潮。

　　至於《周禮》之作者，後人多半無法提出肯定的答案。後世學人的做法，大多是以《周禮》撰作與思想形成的時間，來推測作者的時代，以此作爲主要之探究方式。其中要以周公爲作者之說最古，自劉歆、鄭玄以下以至清末，皆有學人主張此說。〔註214〕另有主張西周說、〔註215〕春秋說、〔註216〕戰國說；〔註217〕主戰國之說法中另有齊說、〔註218〕秦說，〔註219〕以及周秦之際說；〔註220〕還有漢初說、〔註221〕劉歆偽造說〔註222〕等諸種看法。各個說法皆各執其理，實爲學界之一大公案。

　　《周禮》載六官之制，分設官職，包含了國家各種制度，其最終目的乃欲建構一個各職所守，秩序井然的國家。後世變法，每每取《周禮》爲藍本，正是基於《周禮》的理想色彩而加以採用。《周禮》成爲儒家之經典，則國家制度亦成爲禮制的一

〔註213〕參見康有爲《新學僞經考》（點校本，北京：中華書局，1956-3），頁76～78。

〔註214〕詳細列舉，請見前引彭林《〈周禮〉主體思想與成書年代研究》，頁4～5。另外本節所舉《周禮》作者之各種說法，亦是參考此書爲主，再參考其他論著補充而成。

〔註215〕主要有（日）林泰輔《周公と其時代》（東京：大倉書店，1915-9）；蒙文通〈從社會制度及政治制度論周官成書年代〉（《圖書集刊》1，民31-3）。

〔註216〕主要可見金景芳〈周禮〉（收入前引楊伯峻主編《經書淺談》）；劉起釪《〈周禮〉是春秋時周魯衛鄭官制的產物》（《中國文哲研究通訊》3-3，民82-9）等。

〔註217〕此說發於東漢之何休，近人主要有皮錫瑞《經學通論》（臺北：臺灣商務印書館，民78-10）；錢穆〈周官著作時代考〉（收入前引氏著《兩漢經學今古文平議》）；郭沫若〈周官質疑〉（收入氏著《金文叢攷》，東京：文求堂書店，1932-8）；前引屈萬里《屈萬里先生全集4・先秦文史資料考辨》；（日）宇野精一〈周禮の制作年代について〉（收入前引氏著《宇野精一著作集・第二卷・中國古典學の展開》）等。

〔註218〕主要可見顧頡剛〈「周公制禮」的傳說和《周官》一書的出現〉（《文史》6，1979-6）；楊向奎〈周禮內容的分析及其制作時代〉（收入氏著《繹史齋學術文集》，上海：上海人民出版社，1983-5）。

〔註219〕主要可見金春峰《周官之成書及其反映的文化與時代新考》（臺北：東大圖書公司，民82-11）。

〔註220〕此說發於清人毛奇齡，近人主要可見史景成〈周禮成書年代考〉（《大陸雜誌》32-5、6、7，民55-3、4）；陳連慶〈《周禮》成書年代的新探索〉（收入《中國歷史文獻研究（二）》，武昌：華中師範大學出版社，1986-8）。

〔註221〕主要可參見前引彭林《〈周禮〉主體思想與成書年代研究》；賀凌虛〈周禮的來歷及其成書年代〉（《革命思想》35-4，民62-10）。

〔註222〕此說新莽時即有，宋人尤多主之，近人主要有前引康有爲《新學僞經考》；徐復觀《周官成立之時代及其思想性格》（臺北：臺灣學生書局，民69-5）；侯家駒《周禮研究》（臺北：聯經出版事業公司，民76-6）；（日）津田左右吉〈「周官」の研究〉（收入氏著《津田左右吉全集・第十七卷・儒教の研究二》，東京：岩波書店，1965-2）等。

部分，如此便擴大了禮在實際層面的義涵。但值得一提的是，《周禮》因內容多屬理想化的官僚組織，與漢代以下的官僚機構之間，存在著相當程度的差異，故不能直接以官僚制度視之。

「三禮」雖然不完全在漢代寫成，但卻都是在漢代方編纂成書或面世；換言之，「禮」是在漢代才形成系統性之文獻。而「三禮」在漢代文獻化的過程，均是透過漢代君主與官僚機構的運作而完成，並且都曾被立為學官，成為官方提倡之學術。因此「三禮」學在漢代的形成，可以說就是在蒐集秦火殘存零散的禮文，與禮儀、禮意的文獻化，以及禮學官僚化的過程下所完成的。

二、「三禮」對後世禮典之影響──兼論禮典的性質與功用

就「三禮」來說，其發展與完成的時間，可說都是在漢代；更可以進一步地推論，「三禮」的確立，是隨著漢代經學的發展而完成。由孔子時的「六經」之學，到漢武帝立「五經」博士，再到南宋的「十三經」，〔註223〕經學成了中國學術的核心內容。而禮學正是其中的一支。

綜觀漢代經學之研究，究其實際應是要回溯到孔子，以及孔子所繼承西周以下的學術傳統。《史記‧孔子世家》言「六經」皆是孔子所刪訂或撰作，此說或不符實際的情況，且現存之「五經」可確定不是由孔子一人所完成。不過孔子在「五經」中實居關鍵性之地位，因「五經」雖非全由孔子所完成，但是孔子對春秋當時大量的歷史材料，進行了篩選編理的工作，後人承此再行加工，使得「五經」成為具有一貫性思想之典籍。在此過程中，孔子的角色極具關鍵性。〔註224〕

禮學最初是於西漢民間發展，後來因在武帝之時，國家正式完成中央集權與官僚制度，皇室需要透過祭祀與郊廟、封禪等禮儀，藉以強調國家權力；加上儒學漸成治國之原理，官學需要學者與教材來充實教學之內涵，以利官僚機構的成長，並藉之鞏固中央集權。〔註225〕在此背景下，原處民間之學的禮學，逐步被立為學官；禮學的內容，也在《禮經》與《禮記》的彙集而完成文獻化；禮的觀念，亦因《儀禮》與「經記」整編完成而逐漸體系化，並將五經中《詩》、《書》的內在精神，彙集於較可具體實現的《禮經》與《禮記》中。〔註226〕因此可以說禮的意義，是透過

〔註223〕詳細流變，可參見前引李威熊《中國經學發展史論》，頁6～12。

〔註224〕參見周予同〈「六經」與孔子的關係問題〉（《復旦學報（社會科學版）》1979-1，1979-1）。

〔註225〕參見高明士《唐代東亞教育圈的形成──東亞世界形成史的一側面》（臺北：國立編譯館中華叢書編審委員會，民73-1），頁80～87。

〔註226〕參見（日）加賀榮治〈「禮」經典の定立をめぐって〉（《中國關係論說資料》32-1

禮學在官僚化與文獻化的過程裏，逐步落實到官僚機構與政治原理中。至於《周禮》中所述之禮，本身即具有濃厚的行政與法儀色彩，強調政治、軍事與法令等制度。〔註227〕故《周禮》與國家制度間的關係，遠比《儀禮》、《禮記》來得深。而兩漢之時亦以「三禮」爲基礎，進行了所多禮制的討論，藉以制定禮儀。〔註228〕因此可以說，「三禮」的內容與國家制度之間，是具有相當的關聯性，而且建立了禮制的理論基礎，後來的朝代亦大體循此模式而運行。

此處必須先討論一個課題，那就是禮與法的關係。因爲禮既已成文化，且成爲國家的制度，這就與「法」產生了關係。在上節論及荀子之禮時，就曾提到，荀子眼中的「法」正是「國家制度」，而其問題點則是在禮、法、刑三者間的關係上。法在春秋中期之前意指國家制度與生活儀節，刑則是武力討伐與刑罰懲處之謂。〔註229〕

法在甲骨文中已有刑的內容，至金文時則是出現訴訟審判的記錄。〔註230〕至於傳統文獻上，在《尚書》等古典中，均指出西周以前有「象刑」、「五虐」、「五刑」等刑制。但這些刑罰，大多是源自氏族社會用以維護集體利益的手段，主要的懲罰對象，則爲異族或奴隸。〔註231〕具貴族身分者則是在禮的規範下生活，就算有罪，那也是依禮來訂定罰則。故《禮記·曲禮上》中所道之「禮不下庶人，刑不上大夫」，〔註232〕大致說明了這個時代的特徵。但是庶人究竟能不能行禮，大夫以上之貴族階

〔註227〕參見前引錢穆〈周官著作時代考〉；（日）宇野精一〈周禮に見える禮に就いて〉（收入前引氏著《宇野精一著作集·第二卷·中國古典學の展開》）。

〔註228〕詳見（日）狩野直喜〈禮經と漢制〉（《東方學報（京都）》10-2，1939-7）；前引（日）藤川正數《漢代における禮學の研究（增訂版）》。

〔註229〕參見杜正勝《編戶齊民——傳統政治社會結構之形成》（臺北：聯經出版事業公司，民79-3），頁230～232。關於刑與兵同的問題，可參見陳顧遠〈軍法起源與兵刑合一——中國法制史上一個觀察〉（收入氏著《陳顧遠法律文集》上，臺北：陳顧遠文集出版委員會，民71-9）。

〔註230〕詳論請見（日）松丸道雄、竹内康浩〈西周金文中の法制史料〉（收入（日）滋賀秀三編《中國法制史——基本資料の研究》，東京：東京大學出版會，1993-2）。

〔註231〕參見楊向奎〈說「禮」〉（《責善半月刊》1-6，民29-5），頁124～125；張晉藩《中國古代法律制度》（北京：中國廣播電視出版社，1992-11），頁10～18；韓國磐《中國古代法制史研究》（北京：人民出版社，1993-7），頁3～34。此間最大的論題在於肉刑之起源，但此非本書之重點，暫不論之。（日）宇野精一氏則考察了私刑，認爲其與釁禮有關，參見〈支那古刑私見〉（收入前引氏著《宇野精一著作集·第二卷·中國古典學の展開》）；杜正勝則認爲是起源於報復主義，參見前引《編戶齊民——傳統政治社會結構之形成》，頁272～273。

〔註232〕見《禮記注疏》卷3〈曲禮上〉，頁55下a。

上，1990；原刊於《人文論究（北海道教育大學）》50，1990-3），頁240～241。

層若犯過，究竟有沒有受刑之懲罰，爭議至今猶存。反對者認爲：在當時庶人亦有禮，只是禮數較輕而已；至於大夫在春秋時亦有遭刑者，故〈曲禮〉所言非是。認爲「禮不下庶人，刑不上大夫」之原則存在者，則認爲：禮代表政治權力，庶人並無此權力，貴族雖有被刑者，但僅是特例；而且貴族有八議等可資免刑之特權，故〈曲禮〉之原則大致上仍是成立的。〔註233〕此二說雖然立場不同，但是就先秦的文獻看來，禮作爲統治階層之規範，刑是被統治者的治理綱紀，這層意義是可以肯定的，故禮刑關係，仍可視爲士庶身分劃分的指標。至於禮刑間明顯的劃分界限，與實行的普遍性等問題，並無損於此一原則之成立。

古代的刑典，最初是不公佈於民。而刑典之公開化，一般多以《左傳》昭公六年三月所載，鄭國子產鑄刑書爲始，〔註234〕晉大夫叔向爲這件事而發出反對的聲音；昭公二十九年時，晉國之趙鞅、荀寅亦鑄刑鼎，這件事同樣也引起孔子的批判。〔註235〕叔向與孔子皆認爲，公佈刑典會使定刑的權力由人轉至法，如此將造成禮治的破壞，因爲禮無法再約束人心，人民所注重的將是法條，而非禮的內容與尊卑之別。從《左傳》所載的史文看來，《左傳》所顯現的，亦多是「禮主刑輔」的概念。〔註236〕而此時的「法」應是指狹義的刑法較爲適當，而非廣義的法律制度。刑典的公開化，代表著禮治已經不符政治社會的要求，因當時政治社會的形態，已漸由封建與禮治的社會，走向編戶齊民與法治的社會，公共事務漸漸產生公開性與一致性的需求，這便開啓編戶齊民社會的法律基礎。〔註237〕

中國法觀念較成熟地出現，應是在法家思想提出之時。關於法家思想之源起，眾說紛紜，但大致仍以三晉與齊國爲主。〔註238〕李悝作《法經》，成爲後世立法

〔註233〕對學界成果之詳細論述，可參見張晉藩主編《中國法制史研究綜述（1949～1989）》（北京：中國人民公安大學出版社，1990-6），頁75～77。

〔註234〕見楊伯峻《春秋左傳注（修訂本）》昭公六年三月條，頁1274～1277；法制史之研究者多將之稱爲成文法公佈之始，亦認爲是中國罪刑法定主義之開端。但據《左傳》中之記載，完成刑典有比子產更早者，只是未知是否將之公佈，可參見前引張晉藩《中國古代法律制度》，頁109～111；李甲孚《中國法制史》（臺北：聯經出版事業公司，民77-10），頁59～60。

〔註235〕見楊伯峻《春秋左傳注（修訂本）》昭公二十九年條，頁1504～1505。

〔註236〕參見前引張端穗〈左傳對禮與刑的看法及其意義〉，頁178～191。

〔註237〕參見前引杜正勝《編戶齊民──傳統政治社會結構之形成》，頁236～244。大陸學者大部分皆認爲，這是私有制之地主階級興起之故，逐漸由奴隸制向封建制過度，可參見前引張晉藩《中國古代法律制度》，頁105～109。

〔註238〕沈剛伯氏在〈從古代禮、刑的運用探討法家的來歷〉，與〈法家的淵源、演變及其影響〉（皆收入氏著《沈剛伯先生文集》上集，臺北：中央日報出版部，民71-10）二文中，認爲法家乃肇基於三晉之地的工商業社會；郭沫若〈前期法的批判〉〈收

定律之根本；商鞅改法為律，強調農戰，使秦變法圖強；睡虎地出土之各式秦律簡文，誠然是繼商鞅之律增訂而成。這時，法的內容不單單只是如禮般在維持親疏尊卑秩序，也不單純只是兵刑而已，更重要的是在保障編戶齊民生命財產之安全。〔註239〕秦一統六國之後，以法代禮遂成為秦治天下之根本。

秦統一六國後，透過編戶齊民之制，欲以崇尚軍功與君主之法，來制定中央集權的天下秩序。這種以法代禮的企圖，並未在秦覆滅後隨之消失，因為這時的天下已經不是「封建親戚以蕃屏周」〔註240〕的時代。此時的國家建制，並非是先秦時的封建邦國，而是由天子直領的郡縣國家；宰制天下者，已不再是憑宗法權力成為政治共主的周王，而是以祖靈與天命為權力來源的皇帝。〔註241〕漢既承此天下，已無法再恢復原來公天下的封建之禮。故在西漢初年，禮必須轉換成其他的形式，來展現其統治功能。究其實際，禮在西漢時所被賦予的實質內容，應是在皇帝制度的家天下中，如何表現出漢代皇室是天下權力的最頂端，且能體現皇帝與臣民之間既是君臣，又是父子關係的身分秩序。〔註242〕

漢初叔孫通據秦制以作漢之禮儀，但叔孫通所訂定的禮制多屬朝儀，且當時天下凋敝，已無力大興儀式；加之漢廷以黃老治國，主政者又多法術之士，因此法成為漢初時的統治原則。〔註243〕當時並非沒有人提倡禮治，從陸賈到董仲舒，均曾提出以德禮治國，賈誼更是其中之翹楚。但是因為政治社會環境的改變，法術治國成為中央集權必要的統治原則，所以賈誼等人雖然高倡禮治，但是這些士人所主張之禮，事實上已經滲入法的思想。〔註244〕禮與法在周代，是分治不同階層的統治原則。

入前引氏著《郭沫若全集‧歷史編‧第二卷‧十批判書》）；金景芳〈論儒法〉（收入前引氏著《古史論集》）等則認為法家起於李悝。陶希聖《中國法制之社會史的考察》（臺北：食貨出版社，民68-12）；王曉波《先秦法家思想史論》（臺北：聯經出版事業公司，民81-8）；林麗娥《先秦齊學考》（臺北：臺灣商務印書館，民81-2）等則認為法家起於齊學。

〔註239〕 參見前引韓國磐《中國古代法制史研究》，頁95～101；前引杜正勝《編戶齊民——傳統政治社會結構之形成》，頁249～260。

〔註240〕 見楊伯峻《春秋左傳注（修訂本）》僖公二十四年條，頁420。

〔註241〕 參見高明士〈皇帝制度下的廟制系統——以秦漢至隋唐作為考察中心〉（《國立臺灣大學文史哲學報》40，民82-6），頁65。

〔註242〕 參見前引楊志剛〈中國禮學史發凡〉，頁7。對於此觀念的詳細論說，可參見（日）尾形勇著，張鶴泉譯《中國古代的「家」與國家》（長春：吉林文史出版社，1993-8）；前引王健文《奉天承運——古代中國的「國家」概念及其正當性基礎》。

〔註243〕 詳見林聰舜《西漢前期思想與法家的關係》（臺北：大安出版社，1991-4）。

〔註244〕 詳見林聰舜〈「禮」世界的建立——賈誼對禮法秩序的追求〉（《清華學報》新23-2，民82-6）；馬育良〈漢初政治與賈誼的禮治思想〉（《孔子研究》1993-4，1993-12）；前引陶希聖《中國法制之社會史的考察》，頁149～151。

秦以法代禮，打破禮法的身分界限。到了漢代，也繼承了秦法之制。而在賈誼的眼中，禮治的目的，是要讓人民認同國家的政治體制，以及皇權下的政治結構；在精神上，則是強調認同漢室爲天下君主的意識形態。〔註245〕漢代大儒董仲舒的思想中也多有法家思想，並試圖讓法在儒家經典中尋得證據。〔註246〕而西漢中期以後雖然已重用儒生，但當時之儒生多已雜入其他思想的因素，「陽儒陰法」正是西漢前期儒學的一大特點。〔註247〕

　　在漢代，不但是在思想上有禮法匯流的情況；在國家的制度上，亦呈現以禮爲法的趨勢。西漢時已有禮律不分的情形，這在叔孫通所制定之禮儀中尤爲明顯。〔註248〕漢律中亦有「酎金律」，目的在處罰列侯獻金酎祭宗廟不法者。〔註249〕另外，漢代還盛行以《春秋》折獄，即以《春秋》所蘊含之大義決獄；〔註250〕事實上，《春秋》大義就是以禮爲核心所推衍之義法。〔註251〕禮在這裏是以具體的法制規範來呈現，雖說不是直接以「三禮」爲據，但已經是引禮爲法了。到了東漢，禮學的文獻化與官僚化均告完成，儒教化的程度已經相當深入，〔註252〕甚至皇帝本身也努力讓禮法制化。東漢章帝時舉行討論經義的白虎觀會議，會後由班固等編成《白虎通》。《白虎通》中即積極地徵引經書，想要把禮教中的「三綱六紀」等精神加以制度化，並落實於政治與法制中；換言之，東漢已積極進行將禮法典化的努力。〔註253〕和帝永元六年

〔註245〕參見前引林聰舜〈「禮」世界的建立——賈誼對禮法秩序的追求〉，頁156～172。

〔註246〕參見前引林聰舜《西漢前期思想與法家的關係》，頁159～195。

〔註247〕詳見沈剛伯〈秦、漢的儒〉（收入前引氏著《沈剛伯先生文集》上集）；傅樂成〈漢法與漢儒〉（收入氏著《漢唐史論集》，臺北：聯經出版事業公司，民66-9）。

〔註248〕參見前引陶希聖《中國政治思想史》第二冊，頁151～152；華友根〈叔孫通爲漢定禮樂制度及其意義〉（《複印報刊資料·中國古代史（一）》1995-5，1995-6；原刊於《學術月刊》1995-2，1995-2），頁83～86。

〔註249〕參見程樹德《九朝律考》（點校本，北京：中華書局，1988-4）卷1〈漢律考〉，頁17～18。

〔註250〕詳見黃源盛《漢代春秋折獄之研究》（臺北：國立中興大學法律學研究所碩士論文，民72-5）；夏長樸《兩漢儒學研究》（臺北：國立臺灣大學文學院，民67-2），頁128～138。

〔註251〕詳見戴君仁《春秋辨例》（臺北：國立編譯館中華叢書編審委員會，民53-10）；阮芝生《從公羊學論春秋的性質》（臺北：國立臺灣大學文學院，民58-8）。關於《春秋》中之禮，可參見李崇遠《春秋三傳傳禮異同考要》（臺北：嘉新水泥文化基金會，民58-8）。

〔註252〕參見（日）内藤虎次郎〈支那中古の文化〉（收入氏著《内藤湖南全集·第十卷》，東京：筑摩書房，1969-6），頁272～274；前引馬育良〈東漢隆禮之勢的形成和鄭玄的崇尚禮學〉。

〔註253〕詳見林麗雪〈白虎通「三綱」說與儒法之辨〉（《書目季刊》17-3，民71-12）；唐兆君《《白虎通》禮制思想研究》（新莊：輔仁大學中國文學研究所碩士論文，民83-6）。

（94A.D.）之時，廷尉陳寵更言：

> 臣聞禮經三百，威儀三千，故甫刑大辟二百，五刑之屬三千。禮之所去，刑之所取，失禮則入刑，相爲表裏者也。……漢興以來，三百二年，憲令稍增，科條無限。又律有三家，其說各異。宜令三公、廷尉平定律令，應經合義者，可使大辟二百，而耐罪、贖罪二千八百，并爲三千，悉刪除其餘令，與禮相應，以易萬人視聽，以致刑措之美，傳之無窮。〔註254〕

陳寵不但說明漢初以來律令的發展，更直言「禮之所去，刑之所取，失禮入刑，相爲表裏者」之語，這明確地說出漢代人對於禮、律關係的看法：凡是違禮者，一律以刑論處。「失禮入刑」這一個觀念，在漢代以後，已經普遍成爲各朝對於失禮者之態度，禮本身即具有法的性質，違禮就如違法般，必須以刑來懲罰，藉之維繫禮、法的存在與實行。〔註255〕茲再舉一例說明之，《晉書》卷50〈庾純傳〉：

> （賈充）以（庾）純父老不求供養，使據禮典正其臧否。太傅何曾、太尉荀顗、驃騎將軍齊王（司馬）攸議曰：「凡斷正臧否，宜先稽之禮、律。八十者，一子不從政；九十者，其家不從政。新令亦如之。按純父年八十一，兄弟六人，三人在家，不廢待養。純不求供養，其於禮、律未有違也。」
> 〔註256〕

〈庾純傳〉所提及：「八十者，一子不從政；九十者，其家不從政」，其源頭是來自《禮記・王制》。〔註257〕西晉初時，因賈充與庾純不合，故賈充屢欲逼害庾純。〈庾純傳〉所載此事，則是賈充以庾純不奉養老父，卻在朝爲官，欲以違禮構陷庾純。而此時諸臣以庾純家中仍有兄弟在家奉養，故認定庾純並不違禮，亦不違律，可見此條律文是依據《禮記》而訂定。中國現存最完整的法典是《唐律疏議》，《唐律疏議》的編纂與

〔註254〕見《後漢書》卷46〈陳寵傳〉，頁1554。

〔註255〕魏晉以下，「禮律」已成慣用語，參見高明士〈隋代的制禮作樂——隋代立國政策研究之二〉（收入黃約瑟、劉健明主編《隋唐史論集》，香港：香港大學亞洲研究中心，1993），頁15～16。關於禮典法典化的問題，可見甘懷眞《唐代京城社會與士大夫禮儀之研究》（臺北：國立臺灣大學歷史學研究所博士論文，民82-12），頁256～271。至於法與禮的關係，可參見蔡章麟〈法道德與禮之關係〉（《大陸雜誌》2-12，民40-6）；梅仲協〈禮法一元論〉（《法令月刊》4-6，民42-6）；梅仲協〈法與禮〉（收入前引謝冠生、查良鑑主編《中國法制史論集》）；張慶楨〈禮與法〉（《大陸雜誌》16-8，民47-4）；陳顧遠〈「刑」與「禮」之史的觀察〉（收入前引氏著《陳顧遠法律文集》上），〈「法」與「禮」之史的觀察〉（收入前引氏著《陳顧遠法律文集》上）等文。

〔註256〕見（唐）房玄齡《晉書》（點校本，臺北：鼎文書局，民81-11），頁1398～1399。

〔註257〕〈王制〉於此所言乃屬優遇老者之措施，關於此問題，可參見拙作〈敬老優齒——試探唐代的優老措施〉（《史原》20，民86-5）。

施行亦是以禮爲原則，〔註258〕違禮則以律論處之。〔註259〕這種現象一直是中華法系的特色，〔註260〕也是中國歷來對於天下政治秩序的統治原理。〔註261〕

　　針對禮與法之間的關係，從戰國之前「禮不下庶人，刑不上大夫」的分立狀態，到戰國及秦時的禮法對立，〔註262〕乃至漢代「失禮入刑」的禮法合流之趨勢，學界根據各個時代不同的特點，而劃分出發展的歷史分期。〔註263〕

　　另外值得注意的是，「三禮」雖然是制定禮儀的理論本源，但「三禮」中並沒有談到太多的禮儀細節，除了《儀禮》中所述之儀文外，對其他禮儀的儀節並沒有詳列。像《周禮》中所述之禮，多是官僚機構對諸禮的職掌；《禮記》內容雖然豐富，但對統一國家所需要的天子之禮，並沒有系統性的論述。所以「三禮」論及禮的內容，大多是禮制義理化的法則。〔註264〕但國家所行的制度，卻是需要確實可行的禮儀制度與儀文細則，故除了《儀禮》與國家的禮典在性質上較爲接近外，《周禮》和《禮記》與國家的禮典間之性質，其實存有相當程度的不同。基本上在漢代以下，國家制訂禮典之時，是以採取「三禮」中禮儀之原理原則，再參酌朝廷當時的需要，

〔註258〕參見劉俊文〈唐律與禮的關係試析〉（《北京大學學報（哲學社會科學版）》1983-5，1983-10），〈唐律與禮的密切關係例述〉（《北京大學學報（哲學社會科學版）》1984-5，1984-9）；王立民〈唐律的禮法關係透視〉（收入中國儒學與法律文化研究會編《儒學與法律文化》，上海：復旦大學出版社，1992-9）；高明士〈從律令制論開皇、大業、武德、貞觀的繼受關係〉（收入中國唐代學會編輯委員會編《第三屆中國唐代文化學術研討會論文集》，臺北：中國唐代學會，民86-6），頁103～105。

〔註259〕參見甘懷眞《唐代家廟禮制研究》（臺北：臺灣商務印書館，民80-11），頁115～130；王占通〈論違禮是唐律的刑事責任依據〉（《社會科學戰線》1987-4，1987-10）。

〔註260〕參見高明士〈中國律令與日本律令〉（《臺大歷史學報》21，民86-12），頁118～119。

〔註261〕參見高明士〈從天下秩序看古代的中韓關係〉（收入中華民國韓國研究學會編《中韓關係史論集》，臺北：中華民國韓國研究學會，民72-10），頁2～16。

〔註262〕大陸學者多以儒法鬥爭稱之，參見前引金景芳〈論儒法〉，頁155；金景芳〈論禮治與法治〉（收入前引氏著《古史論集》），頁162～166。

〔註263〕林咏榮氏在〈我國固有法上禮與刑合一作用及其新評價〉（《法學叢刊》50、51，民57-4、7）與〈一元化的禮法觀〉（收入謝冠生、查良鑑主編《中國法制史論集》）二文中，提出西周是禮法（刑）混同期，東周至秦是禮法（刑）分離期，西漢以後是禮法合一期（禮刑調和期）；禮刑合一又有三個階段：西漢到三國是禮並於律，西晉至元是禮隱於律，明清是禮顯於律。高明士在前引〈政治與法制〉一文中，透過律令制度的發展，指出戰國至秦漢是禮刑合一、律令不分時期；西晉至隋唐是納禮入令、違令入律時期；兩宋到明清是從敕、令到律、典並稱時期。高氏在前引〈時代區分論與隋唐史教學——秦漢至隋唐爲「中古」的初步看法〉一文中，則提出戰國屬刑治，漢代失禮入刑，西晉納禮入令，隋唐則完成政治的法制化，即納禮（＝令）入律。

〔註264〕見（日）金谷治《秦漢思想史研究》（京都：平樂寺書店，1992-10），頁338～353。

而編纂成記載禮制之禮書，因此「三禮」及其各種注疏，原本即屬國家編纂禮典時的參考依據。不過「三禮」與「國家禮典」，在《隋書‧經籍志》以後就有很明確的定位：「三禮」及其注疏歸屬於經部禮類，表明「三禮」是屬學術之經書，其注疏則在闡述禮義，並爲禮經之附庸；而國家之朝儀祀典則屬史部儀注類，內容是在規定國家典禮之儀文。〔註265〕在《四庫全書》中，「三禮」及其注疏分屬經部禮類，而國家的禮典則是屬史部政書類的典禮與儀制之屬。〔註266〕由兩者在目錄學上不同的分屬，大致可知其內容與性質之不同矣。

第三節　小　結

中國是以禮聞名的國度，而禮是包羅萬象的，可以說幾乎包含了中國人生活的各個層面。但是從歷史學的角度來考察，則可發現禮本身是一個政治社會與精神文明的發展過程。禮的內涵最主要有禮器（禮物）、禮儀與禮意三者；而禮意義的演變，大致是由禮器擴大到禮儀，再由禮儀拓展至禮意。在探討禮之傳統時，三者是不可偏廢的。

禮最早是指祭祀而言，尤其是指祭祀所用之器皿。然而隨著時間的推進，禮本身已不是單純地指祭祀或信仰行爲，而是氏族社會邁向國家組織的過程中，透過祭祀等集體儀式，來凝聚組織內各個分子的共同意識；更進一步至國家完成基本建構後，禮則成爲區別統治身分的象徵。這個過程是由新石器時代開始，一直發展到周代。在周代時，禮可謂已達到成熟的階段。周禮所顯露的內涵，可說是多面向的：在政治社會上，禮是政治秩序與社會身分的象徵；在制度上，禮是維繫國家體制的內在精神；在文化上，禮是高度文明的代表；在生活上，禮則是一切人際關係的準則；在精神上，禮是道德的自發與責任性。這些都是禮於外在與內在的基本內涵。

孔子則繼承了周禮的傳統，並加強了禮內在精神層面的思想深度，而以理的角度詮釋禮義，將禮的內涵，由原先較偏屬於外在的政治性，內化成爲人性修養的外在表現；並以此內在精神爲本質，達成建構並維護國家社會之政治目的。戰國時的孟子延續了禮的心性說，而荀子則是進一步將禮與國家之間的關係加以闡明。可以說先秦儒家無論是在內在或外在，都把禮的內涵擴大，並使禮產生超越性的意義，這是禮之所以能形成文化傳統的一大躍昇。

〔註265〕見《隋書‧經籍志》，頁 919～926、969～972。
〔註266〕見（清）紀昀等《四庫全書總目》（樹林：漢京文化事業公司，民 70-12）之目錄。

　　然而歷經春秋戰國時局的大變與秦火之下，古典禮學之政治傳統遭到極大的破壞。到了西漢初期，討論禮之精神者，大致上仍是遵循孔子與荀子的理路，且兼顧到時代趨勢的轉變，發展出含攝法理的禮學；而研究禮學之實際內容者，大多是偏向於禮儀的討論。但由於漢朝政權的漸趨穩固，造成政治與學術等之需求，使漢初時較不具官方色彩的禮學，逐步完成官僚化與文獻化。其具體的呈現，便是編纂成論禮所依據的經典「三禮」，並試圖編纂各種記載禮制的典籍；官方更進一步將禮變成具有法理性格的禮教。透過禮儀文獻，不但將道德倫理的教化寓於其中，國家典制與皇帝的政治權威亦可從中窺探一二。諸禮書當中，要以《禮記》的成書最重要，因為《禮記》匯集了先秦禮學的各種學說，不論是在政治與制度等公共生活方面，或是家族間的血緣親情方面，甚至於個人的道德與修養上，都有相當詳細的論說，成為先秦至西漢禮論之彙編，也是儒家最具代表性的禮學總集。因此，中國獨特的禮文化傳統，可謂在《禮記》中盡顯無遺。〔註267〕

　　由於「三禮」漸漸成為禮學所依傍的經書，而且是論禮的依據，後世之學者多以注疏的形式，來闡述「三禮」之精義，此類典籍屬於禮學理論討論之範疇。而記載國家典制之禮書，則是根據禮經與禮學，而編纂成記載國家禮儀之禮典，是為國家典制之屬。禮經與禮典之間，存在著既密切，卻又各具主體性之運作關係。透過各代禮學的發展，亦可考察出國家禮儀變化的脈絡。唐玄宗開元十四年（726），通事舍人王嵒建議修改《禮記》，並編入唐時之制度，當時之宰相張說言：

> 禮記漢朝所編，遂為歷代不刊之典。今去聖久遠，恐難改易。今之五禮儀注，貞觀、顯慶兩度所修，前後頗有不同，其中或未折衷。望與學士等更討論古今，刪行改用。〔註268〕

《禮記》的內容包括了西漢以前各種禮說，不論是外在行為的規範，或是內在的心性道德之學，《禮記》皆有統整性之論述。《禮記》所記載者，可說是從先秦到漢代，儒家禮學最具代表性的論述，所以《禮記》早已經成為不可取代之儒家經典。張說認為《禮記》已屬中國不刊之典，正是對禮學發展有所認識而發之言。〔註269〕

〔註267〕張永儁氏於前引〈「禮」的人文理想與人道關懷〉一文中，指出禮學有「三變」，一在周公，二在孔子，三為《禮記》之成書（頁95～101）。

〔註268〕見（後晉）劉昫《舊唐書》（點校本，臺北：洪氏出版社，民66-6）卷21〈禮儀志一〉，頁818；而《新唐書》（點校本，臺北：洪氏出版社，民66-6）卷11〈禮樂志一〉（頁309），與《通典》（點校本，北京：中華書局，1988-12）卷41〈禮典一‧沿革一‧禮序〉（頁1122）所載大致亦同。但《通典》中之王「嵒」則作王「巖」，事實上二字同是一字。

〔註269〕另在（唐）劉肅《大唐新語》（點校本，臺北：新宇出版社，民74-10）卷2〈剛正〉

　　張說認爲所能更動的，就是記載國家禮制的禮典。誠如前文所述，禮是具有發展性的，各個朝代並不是施行著一套完全相同的禮儀，因爲禮是隨著時代的需要而演變，必須合稱於時代所需者，方可稱之爲禮。國家制禮的原則，是基於當時的需要，依循禮的精神，且參酌前代之儀文而訂定禮儀。這個原則從「三禮」確立之前的禮學發展中，即可以看出禮儀發展的脈絡。同樣的，在漢代以下亦是如此。因此，從今天的眼光來看，張說的見解可謂是極有見地之論述。

有一條同爲張說論《禮記》之史料（頁34），此部分至第三章第三節再加以討論。

第三章　漢唐間禮典的編纂與流傳
——以《大唐開元禮》爲中心

　　本章的重點，是以國家禮典的編纂爲中心所展開之討論。因爲現今所存最爲完整的國家禮典，是唐玄宗時所修纂之《大唐開元禮》，[註1]因此本章最主要的探討課題，便是《大唐開元禮》的編纂背景、編纂經過，以及《開元禮》在後世的流傳情況。

　　至於在《開元禮》之前的國家禮典，因今皆不存，故只能從其他文獻中尋得鳳毛麟角，根本無法窺探全貌。此處僅能就其編纂實況，做一概略的敘述，以闡明《開元禮》的發展前源。

第一節　唐代以前禮典的編纂

　　記載國家禮制的典籍最早於何時出現？答案今天已無從得知。先秦文獻中雖常引述《禮》所載的文字，但當時記載禮制的文獻，除了「三禮」之外，今皆已不傳。雖在典籍中有「禮書」一詞的出現，但在先秦可能還沒有出現盡錄各式禮儀的專著。「禮書」一詞，在當時可能是指由王官所掌管，零散記載儀文典制的篇章而已。[註2]

〔註1〕所謂完整的禮典，是以《大唐開元禮》爲標準而言者，其內容基本上應是「五禮」
　　　兼備。「五禮」之名出於《周禮》（（清）阮元刻十三經注疏本，臺北：藝文印書館，
　　　民82-9）卷10〈地官司徒・大司徒〉（頁161下b），鄭眾注解「五禮」是爲吉、凶、
　　　賓、軍、嘉五種禮，此大致已可包含各種禮儀，故歷代皆以五禮來統稱禮典。
〔註2〕「十三經」中多直接以「禮」來指稱各種禮制及其文字。另外，在《周禮》卷26〈春
　　　官宗伯・大史〉（頁402下b）及《左傳》哀公三年五月（見楊伯峻《春秋左傳注（修

秦以法治國，故秦始皇所制定的禮儀皆是強調「尊君抑臣」，[註3]「以爲時用」。[註4] 雖說如此，秦之禮儀應仍有可觀者，[註5] 否則叔孫通何以能採秦儀而定漢儀哉？不過目前出土的秦簡中，並未發現有完整的禮典存在。

較可能對國家禮典的編纂進行探討，當從漢代開始。

一、漢代的禮典

1. 西漢的禮典

《漢書》卷22〈禮樂志〉言道：

> 王者必因前王之禮，順時施宜，有所損益，即民之心，稍稍制作，至太平而大備。[註6]

《漢書・禮樂志》認爲，王朝在立國之初，不宜大肆更張，當因舊制而制宜。在禮儀上亦應以承襲前朝爲主，再參酌當時國家與人民的需要，稍加修改前代之禮即可行之。若能如此而不間斷，隨著天下逐漸底定，民生漸趨太平之後，則禮儀亦可相映於時代的發展，而漸合當時之用。〈禮樂志〉又言：

> 漢興，撥亂反正，日不暇給，（漢高祖）猶命叔孫通制禮儀，以正君臣之位。高祖說而歎曰：「吾乃今日知爲天子之貴也！」以通爲奉常，遂定儀法，未盡備而通終。[註7]

《漢書・叔孫通傳》則引叔孫通之言曰：

> 禮者，因時世人情爲之節文者也。故夏、殷、周禮所因損益可知者，謂不相復也。臣願頗采古禮與秦儀雜就之。[註8]

叔孫通所認定當行之禮，不需要完全遵循古禮，因爲在他眼中，禮必須是考量「當世」之人情所訂定者，而非諸事皆循古人之禮而行。所以說叔孫通並不是揚棄秦儀而循周公之禮，反倒是採秦的故事來制定漢初之禮，這顯示叔孫通是採取務實的態

訂本）》第四冊，北京：中華書局，1993-2，頁1621）中曾出現「禮書」一詞，其意當是指記載禮數與儀法之書，由太史（《周禮》）、宰人（《左傳》）等負責祭祀與占卜的官員典守。除此之外，其他並未有詳細之史料證明先秦時已有完整的國家禮典。

〔註3〕 見（西漢）司馬遷《史記》（點校本，臺北：宏業書局，民69-9）卷23〈禮書〉，頁1159。

〔註4〕 見（唐）魏徵等《隋書》（點校本，臺北：鼎文書局，民82-10）卷6〈禮儀志一〉，頁106。

〔註5〕 參見陳戍國《秦漢禮制研究》（長沙：湖南教育出版社，1993-12），頁72～77。

〔註6〕 見（東漢）班固《漢書》（點校本，臺北：鼎文書局，民80-9），頁1029。

〔註7〕 見《漢書》卷22〈禮樂志〉，頁1030。

〔註8〕 見《漢書》卷43〈叔孫通傳〉，頁2126。

度來制禮。事實上，歷代在立國之初皆是如此，因為王朝肇始之際，往往是兵馬倥傯之時，根本無暇於制禮作樂之事，是故《禮記‧樂記》有「王者功成作樂，治定制禮」〔註9〕之言。君主就算想對前代禮儀有所更易，也要等到天下無事時才有可能為之。〔註10〕可見自漢代開始，歷代王朝對於國家禮制與禮典的訂定，通常是採取務實的眼光來從事，並非空憑理想或單藉經典即可進行。

　　但是叔孫通所制定的「漢禮」，事實上只是「儀法」，而且儀文未能盡備，故西漢時人，對於叔孫通所制定之漢儀多表不滿，欲重新議定禮儀之呼聲不斷。舉其著者，有文帝時的賈誼、武帝時的董仲舒、宣帝時的王吉、成帝時的劉向等人，但最後皆因故而未成。〔註11〕西漢雖說屢屢進行禮制的改革，尤其是在宣帝以後多用儒生議禮，不過改革的內容，多是集中在宗廟與天地山川的祭祀上，〔註12〕並未全面針對五禮進行大規模的整編。〔註13〕故《漢書‧禮樂志》對西漢禮制的發展有如此之言：

> 今叔孫通所撰禮儀，與律令同錄，臧於理官，法家又復不傳。漢典寢而不著，民臣莫有言者。又通沒之後，河間獻王采禮樂古事，稍稍增輯，至五百餘篇。今學者不能昭見，但推士禮以及天子，說義又頗謬異，故君臣長幼交接之道寖以不章。〔註14〕

西漢多以法術治國，前文已言及。叔孫通所定之漢儀「與律令同錄」，並「臧於理官」。國家禮儀居然不是由太常寺等之禮官機構來負責，卻是由通法之理官來掌理，自然不能從禮學的角度來議禮，亦無法大規模進行修禮。宣帝以後，禮儀之事由后倉及其門生掌理，但后倉禮學是以今文之《士禮》為基礎，當時所言又多屬郊廟之事，其他禮制就在不受重視的情況下逐漸浸沒，五禮俱備的國家禮典終

〔註9〕見（東漢）鄭玄注，（唐）孔穎達疏《禮記注疏》（（清）阮元刻十三經注疏本，臺北：藝文印書館，民82-9）卷37〈樂記〉，頁670上a。

〔註10〕其實這也牽涉到每個朝代立國的正當性問題，詳見王健文《奉天承運──古代中國的「國家」概念及其正當性基礎》（臺北：東大圖書公司，民84-6）第八章。

〔註11〕見《漢書》卷22〈禮樂志〉，頁1030～1034。

〔註12〕從《漢書》卷30〈藝文志〉禮類所載之典籍，即可看出此情況。另可以參見張寅成《西漢的宗廟與郊祀》（臺北：國立臺灣大學歷史研究所碩士論文，民74-6），頁103～131；前引陳戍國《秦漢禮制研究》，頁92～131。

〔註13〕參見《史記‧禮書》，頁1160～1161；《漢書‧禮樂志》，頁1030～1035。西漢之所以無法完成重議禮儀的原因之一，是因為朝臣在禮制上的看法有所不同，其中保守與革新雙方的爭議太過激烈，常使禮儀未能定制。詳見（日）藤川正數《漢代における禮學の研究（增訂版）》（東京：風間書房，1985-6）。

〔註14〕見《漢書》卷22〈禮樂志〉，頁1035。

究無法完成。至於王莽,因新朝是依《周禮》行事,自然是以《周禮》爲國家禮典。不過因新朝立國的時間甚短,無法眞正推行《周禮》。事實上,若全依《周禮》行事,亦有滯礙難行之處。

2. 東漢的禮典

東漢之時,立國功臣多爲儒者,〔註15〕且可能殷鑑於西漢禮無定制,故東漢多有修訂禮儀之議。〔註16〕

東漢光武帝曾於建武三十二年(56A.D.)封禪泰山,在封禪的祝文中,光武言及自身的功績時,曾提到「修五禮」〔註17〕之事。此處所謂的「修五禮」,可能不是指修纂禮典,因爲史書中並沒有提及光武帝曾編修包含五禮之禮典。然而爲何有「修五禮」的文字出現呢?比較可能的解釋,是因爲光武帝與群臣對當時的禮儀內容多有所修訂,故在封禪時,上告自己有「修五禮」之功績。此事在《後漢書‧張純傳》中亦有所記錄。〔註18〕

光武帝卒後,其孫章帝復有制定禮樂之志,故當章和元年(87)時,曾命令傳慶氏禮學的博士曹襃撰作「漢禮」,於是曹襃「依準舊典,雜以五經讖記之文,撰次天子至於庶人冠婚吉凶終始制度,以爲百五十篇」,但因「眾論難一」,撰成後並未公佈。和帝繼位後,又因反對的聲浪仍在,此部《漢禮》終於不行。〔註19〕但《宋書‧禮志一》中有言:「漢順帝冠,又兼用曹襃新禮。襃新禮今不存。」〔註20〕此記載若屬實,則曹襃之《漢禮》可能在東漢的皇室中仍有使用,只是沒有頒佈施行於天下。後來在和帝永元年間,張純之子張奮曾數度上書議請制定禮儀,但並未獲得採納。〔註21〕安帝永初年中,劉珍、劉騊駼等於東觀編撰漢家禮儀,並曾邀請張衡參與。二劉卒後,張衡欲繼二劉修禮,可是安帝不從。〔註22〕樊長孫亦曾建議根據《周禮》重撰禮典,但也未獲認同。〔註23〕

〔註15〕 參見(清)趙翼撰,杜維運考證《廿二史箚記》(湛貽堂原刻本,臺北:華世出版社,民66-6)卷4「東漢功臣多近儒」條,頁89～90;余英時〈東漢政權之建立與士族大姓之關係〉(收入氏著《中國知識階層史論(古代篇)》,臺北:聯經出版事業公司,民69-8),頁153～158。

〔註16〕 參見前引陳戊國《秦漢禮制研究》,頁284。

〔註17〕 見《續漢書》卷7〈祭祀志上〉(點校本,臺北:洪氏出版社,民67-10),頁3166。

〔註18〕 見《後漢書》卷35〈張純傳〉,頁1193～1197。

〔註19〕 此段之論述皆採自《後漢書》卷35〈曹襃傳〉,頁1202～1203。

〔註20〕 見(梁)沈約《宋書》(點校本,臺北:鼎文書局,民82-10)卷14〈禮志〉,頁334。

〔註21〕 見《後漢書》卷35〈張奮傳〉,頁1199～1200。

〔註22〕 見《後漢書》卷59〈張衡傳〉,頁1940。

〔註23〕 見《續漢書》卷24〈百官志一〉注引胡廣之注言,頁3555～3556。

綜觀東漢一代，雖屢有修禮之議，但終究未能編成禮典。可是較之西漢，東漢的禮儀可謂較有定制，尤其是在郊廟方面更是如此。〔註24〕

兩漢之所以沒有完成系統化的禮典，可能是因爲漢代的朝儀是以律令之形式著錄於官，並以個別的「故事」形態來展現，漢代後世的官人在論禮或行禮之時，也常徵引前人的「故事」爲據。〔註25〕如前引之張純因「明習故事」，故光武帝「每有疑議，輒以訪純，自郊廟婚冠喪紀禮儀，多所正定」。〔註26〕漢人還曾編纂了屬於禮儀部分的「故事」，以便於利用。《三國志》卷21〈魏書・應瑒傳〉注引司馬彪之《續漢書》曰：

> （應劭）著中漢輯敍、漢官儀及禮儀故事，凡十一種，百三十六卷。朝廷
> 制度，百官儀式，所以不亡者，由劭記之。〔註27〕

《禮儀故事》早已不傳，但是由這類「禮儀故事」的編纂，可以得知漢代雖然未能編成禮典，但關於禮儀的記錄，則是透過較爲零散的「故事」形式來保存，因此漢代的禮儀制度仍是有跡可尋的。也因爲國家沒有完成系統化的禮典，爲了便於瞭解繁雜難懂的禮儀制度，於是產生了各種儀注。〔註28〕此外，由「故事」的性質，亦可得知漢代在許多事務，包括在禮儀的運作上，並未完全制度化。〔註29〕

從西漢開始已有整理禮制的呼聲，但是一直到東漢，卻都未能真正完成禮典。造成這個結果的原因，應與漢代整個國家之官僚組織，以及皇帝之態度有很大的關係。〔註30〕漢代不斷有人要求彙編國家的禮儀，以求取朝儀的公開化。但是這個努力一直未能成功，這固然與漢代禮制的未能確定，以及群臣在制禮上的爭議有關。〔註31〕但

〔註24〕 見前引陳戌國《秦漢禮制研究》，頁388。

〔註25〕 參見甘懷眞《唐代京城社會與士大夫禮儀之研究》（臺北：國立臺灣大學歷史學研究所博士論文，民82-12），頁260。

〔註26〕 見《後漢書》卷35〈張純傳〉，頁1193～1194。

〔註27〕 見（晉）陳壽《三國志》（點校本，臺北：洪氏出版社，民73-8），頁601。點校本之《後漢書》卷48〈應劭傳〉中則言應劭所著爲《漢官禮儀故事》（頁1614），此恐有誤，應爲《漢官》、《禮儀故事》方是。

〔註28〕 見（梁）蕭子顯《南齊書》（點校本，臺北：洪氏出版社，民63-7）卷9〈禮志上〉中載有胡廣所撰之《舊儀》（頁117），以及《後漢書》卷79下〈儒林・衛宏傳〉中載有衛宏著《漢舊儀》四篇（頁2576）等即此之屬。另可參見（南宋）王應麟《玉海》（元後至元三年慶元路儒學刊本，臺北：華聯出版社，民53-1）卷68〈禮儀〉中關於「儀注」的部分（頁1340下b～1343下a）。

〔註29〕 參見邢義田〈從「如故事」和「便宜行事」看漢代行政中的經常與權變〉（收於氏著《秦漢史論稿》，臺北：東大圖書公司，民76-6），頁383～384。

〔註30〕 參見前引甘懷眞《唐代京城社會與士大夫禮儀之研究》，頁260～262。

〔註31〕 詳見前引（日）藤川正數《漢代における禮學の研究（增訂版）》。

還有另一種可能，那就是皇帝並沒有法制化的關懷與決心，因為法制化的制度會限制皇權的行使，此部分後文會再說明。

二、魏晉與南朝的禮典

1. 魏晉的禮典

三國因屬分裂時代，彼此之間常互爭正統。〔註32〕為求本身立國之正當性，三國在立國之時，雖然天下仍兵事迭起，但是三個王朝卻已積極從事制定朝儀的工作，《南齊書》卷 9〈禮志上〉記錄了三國負責制禮的人物：

> 魏氏籍漢末大亂，舊章殄滅，侍中王粲、尚書衛顗集創朝儀，而魚豢、王沈、陳壽、孫盛並未詳也。吳則太史令丁孚拾遺漢事，蜀則孟光、許慈草建眾典。〔註33〕

三國的立國時間均不長，但仍汲汲於訂定政制與禮儀，可見三個國家都想積極地建立禮制，以利於國家正當性的確立。不過由史文的記載看來，三國應當都只是在整理朝儀與故事而已，並沒有真正從事禮典的編撰。

中國最早明確且完整地編纂國家禮典的時間，應是在曹魏末以至西晉初。西晉是由儒學士族為社會主幹所形成的朝代，〔註34〕而士族是以經學作為延續門第聲望的內在機制，禮學則是其中極重要的一項環節。〔註35〕曹魏末季，司馬氏已經掌握實際的政權。在平滅蜀漢之後，司馬昭於咸熙元年（264）七月即命荀顗制定禮儀，由鄭沖總裁之；〔註36〕荀顗則再請羊祜、任愷、庾峻、應貞、孔顥等人協助「刪改舊文」，〔註37〕並「因魏代前事，撰為新禮，參考今古，更其節文」，此次修禮共成「百六十五篇，篇為一卷，合十五萬餘言」。〔註38〕所謂「舊文」與「魏代前事」，

〔註32〕關於此問題，可參見蔡學海〈建安年代的正統觀〉（《國立編譯館館刊》14-1，民 74-6）；（韓）朴炳奭《中國歷代易姓革命之正當化思想》（臺北：國立政治大學政治研究所博士論文，1989-1），頁 242～246。

〔註33〕見《南齊書》（點校本，臺北：洪氏出版社，1974-7）卷 9〈禮志上〉，頁 117；（唐）杜佑《通典》（點校本，北京：中華書局，1988-12）在卷 41〈禮典一‧禮序〉中所載，與《南齊書》大致相同（頁 1121）。

〔註34〕詳見唐長孺〈東漢末期的大姓名士〉、〈士族的形成與升降〉（皆收入氏著《魏晉南北朝史論拾遺》，北京：中華書局，1983-5）二文的論述。

〔註35〕詳見錢穆〈略論魏晉南北朝學術文化與當時門第之關係〉（收入氏著《中國學術思想史論叢（三）》，臺北：東大圖書公司，民 66-7）。

〔註36〕見（唐）房玄齡《晉書》（點校本，臺北：鼎文書局，民 81-11）卷 2〈文帝紀〉，頁 44。

〔註37〕見《晉書》卷 39〈荀顗傳〉，頁 1151。

〔註38〕見《晉書》卷 19〈禮志上〉，頁 581～582。

可能都是指曹魏時的朝儀，以及曹魏的禮學大家王肅、高堂隆所治之禮文。〔註39〕
這是歷代第一次以「五禮」爲體例來編纂國家禮典。〔註40〕不過魏末所完成之《新
禮》並未獲得實行。〔註41〕

　　至晉武帝太康初年，因當時已平定孫吳，天下歸一，尚書僕射朱整上請將《新
禮》交付尚書郎摯虞討論。摯虞認爲《新禮》中關於喪服疑闕最多，且《新禮》篇
幅太大，「皆宜省文通事，隨類合之，事有不同，乃列其異。如此，所減三分之一」，
並「求速訖施行」。〔註42〕此事到惠帝元康元年（291）方完成十五篇上呈，並獲得
惠帝之頒佈實行。〔註43〕可是摯虞馬上又與傅咸再次修訂禮典，但此次接續修《新
禮》的工作並未完成。〔註44〕摯虞續修禮典與續修未完成的原因不明，恐是與惠帝
以後「不親郊祀，禮儀弛廢」〔註45〕有所關聯。續修雖然未能完成，但是摯虞在編
纂的過程中，完成了解釋禮制各種問題的《決疑注》。〔註46〕後來永嘉亂起，西晉
時所完成的《晉禮》終未流傳後世，而《決疑注》則繼續流傳至唐代。〔註47〕在《隋
書‧經籍志》中並未載錄《決疑注》，但在《新唐書‧藝文志》中則有「摯虞決疑要
注一卷」的著錄。〔註48〕

　　晉室南渡，中興之主元帝直到太興二年（319）「始議立郊祀儀」，此事由刁協、
杜夷提出，而由荀組、王導、荀崧、華恒、庾亮等人共同商議，禮儀的內容則是由
賀循所定，其中「多依漢及晉初之儀」。〔註49〕史文又載刁協與荀崧「損益朝儀」，
〔註50〕「補緝（《決疑注》）舊文」，〔註51〕「共定中興禮儀」，〔註52〕是則東晉之禮

〔註39〕見《晉書》卷19〈禮志上〉，頁580。王肅之「三禮」學曾被曹魏立爲學官，且王肅
　　　　曾經「論駁（曹魏）朝廷典制、郊祀、宗廟、喪紀、輕重，凡百餘篇」（《三國志》
　　　　卷13〈魏書‧王肅傳〉，頁419）；高堂隆則爲高堂生之後，在魏明帝時曾數論朝廷
　　　　禮儀，並建議編修禮典（詳見《三國志》卷25〈魏書‧高堂隆傳〉）。
〔註40〕見《晉書》卷19〈禮志上〉引摯虞之言，頁581。
〔註41〕見《晉書》卷92〈文苑‧應貞傳〉，頁2371。
〔註42〕見《晉書》卷19〈禮志上〉，頁581～582。
〔註43〕見《晉書》卷19〈禮志上〉，頁582；卷51〈摯虞傳〉，頁1426。
〔註44〕見《晉書》卷19〈禮志上〉，頁582。
〔註45〕見《晉書》卷51〈摯虞傳〉，頁1426。
〔註46〕見《晉書》卷19〈禮志上〉，頁582。
〔註47〕（唐）杜佑在《通典》中，多有引用《決疑注》之文字；參見甘懷眞《唐代京城社
　　　　會與士大夫禮儀之研究》，頁263。
〔註48〕見（北宋）歐陽修、宋祁《新唐書》（點校本，臺北：洪氏出版社，民66-6），頁1489。
〔註49〕見《晉書》卷19〈禮志上〉，頁584。
〔註50〕見《晉書》卷19〈禮志上〉，頁580。
〔註51〕見《晉書》卷19〈禮志上〉，頁582。
〔註52〕見《晉書》卷75〈荀崧傳〉，頁1976。

典體例,理當是同於西晉,也就是五禮皆備。晉康帝時,蔡謨曾繼續編修禮典,是否修成則不可得知。〔註53〕

晉代除禮典之外,也編修許多五禮中單項禮儀之儀注,如在《隋書・經籍志二》中,就收錄了東晉安成太守傅瑗所撰之《晉新定儀注》四十卷,也收錄了一些未知撰人的儀注。〔註54〕

2. 宋齊的禮典

劉宋之時,宋文帝於元嘉十四年(437)以新撰之《禮論》交予傅隆參議,傅隆則上呈五十二事表示意見。〔註55〕此處之《禮論》,應當是指劉宋時何承天所編著,記載諸項禮制的禮書。〔註56〕其實從《禮論》的書名觀之,當可判斷《禮論》的內容,不應只是記載當時國家典制之禮書。事實上,劉宋並無修纂禮典之事,故史言劉宋只是「因循改革」〔註57〕而已。

蕭齊繼劉宋而立國,在蕭武帝永明二年(484)〔註58〕有編纂五禮之舉:

> 永明二年,太子步兵校尉伏曼容表定禮樂。於是(武帝)詔尚書令王儉制定新禮,立治禮樂學士及職局,置舊學四人,新學六人,正書令史各一人,幹一人,祕書省差能書弟子二人。因集前代,撰治五禮,吉、凶、賓、軍、嘉也。〔註59〕

王儉可以說是當時的禮學大家,自「弱年便留意三禮」,並曾抄補何承天之《禮論》,對「朝儀舊典,晉、宋來施行故事,撰次諳憶,無遺漏者,所以當朝理事,斷決如流」,〔註60〕因此由王儉來主持修撰禮典的工作是理所當然。梁普通六年(525)徐勉在上書建請梁武帝編修五禮時,曾提到南齊修禮後續的經過:

> 伏尋所定五禮,起齊永明三(應為二)年,太子步兵校尉伏曼容表求制一代禮樂,于時參議置新舊學士十人,止修五禮,諮稟衛將軍丹陽尹王儉,

---

〔註53〕見《晉書》卷77〈蔡謨傳〉,頁2041;卷19〈禮志上〉,頁582。

〔註54〕見《隋書》卷33〈經籍志二〉,頁969。

〔註55〕見《宋書》卷55〈傅隆傳〉,頁1551~1552。

〔註56〕《宋書》卷64〈何承天傳〉曰:「先是,禮論有八百卷,承天刪減并合,以類相從,凡為三百卷。」(頁1711)

〔註57〕見《南齊書》卷9〈禮志上〉,頁117。

〔註58〕見(唐)姚思廉《梁書》(點校本,臺北:洪氏出版社,民69-11)卷25〈徐勉傳〉作永明三年(頁380),但(唐)李延壽《南史》(點校本,臺北:洪氏出版社,民66-6)卷60〈徐勉傳〉則是與《南齊書》同作永明二年(頁1480),故《梁史》之點校校勘記認為當作二年較為正確(頁389)。

〔註59〕見《南齊書》卷9〈禮志上〉,頁117~118。

〔註60〕見《南史》卷22〈王曇首附王儉傳〉,頁595。

學士亦分往郡中，製作歷年，猶未克就。及文憲（齊武帝）薨殂，遺文散逸，後又以事付國子祭酒何胤，經涉九載，猶復未畢。建武四年（497），胤還東山，齊明帝敕委尚書令徐孝嗣。舊事本末，隨在南第。永元中，孝嗣於此遇禍，又多零落。當時鳩斂所餘，權付尚書左丞蔡仲熊、驍騎將軍何佟之，共掌其事。時修禮局住在國子學中門外，東昏之代，頻有軍火，其所散失，又踰太半。〔註61〕

從史文看來，蕭齊之編纂五禮，主事者從王儉、何胤、徐孝嗣，一直到蔡仲熊、何佟之，每個主事者均經過多年而修撰未成，而且這些禮典書稿，在主事者卒後交接之際皆有散逸，後再轉由他人接手。至蔡、佟之時，書稿又遭逢兵火焚毀大半，可謂命運多舛。從永明二年以至蕭齊末，編纂時間將近二十年。蕭齊之五禮始終未能完成，最主要的原因，可能是蕭齊本身的政局不穩定所致。不過為了編修五禮，蕭齊設置了治禮樂學士和修禮的機構「修禮局」，並有新舊禮學的學士十人負責編纂五禮，這是前代所未有的修禮建制，亦可見齊武帝欲修禮定制之雄心。

3. 蕭梁的禮典

蕭齊雖然花費多年之心力，仍未編纂出五禮俱備的國家禮典，但此大業為後繼的梁武帝所完成了。梁武帝即位之時，「郊祀天地，禮樂制度，皆用齊典」。〔註62〕梁武帝天監元年（502）時，前代最後負責主修禮典的何佟之，上奏請議蕭齊所遺留之修禮局，經尚書省討論後，尚書省基於國家初肇，庶事待興，故建議裁省，但是武帝認為「禮壞樂缺，故國異家殊，實宜以時修定，以為永准」；並以為前代修禮之不成，乃是因為「不以稽古，所以歷年不就，有名無實」。〔註63〕正因梁武帝欲修禮典以端國政，所以就展開了大規模修禮的工作。在尚書僕射沈約等之參議下，修撰的方式是五禮各置舊學士一人，每人各自舉學士二人以助抄撰禮文。若其中有疑問之處，則參仿漢代石渠與白虎會議的模式，上請皇帝斷決。五禮之修撰學士分別是：

吉禮：明山賓。

凶禮：嚴植之──→伏暅──→繆昭。

賓禮：賀瑒。

軍禮：陸璉。

嘉禮：司馬褧。

〔註61〕見《梁書》卷25〈徐勉傳〉，頁380～381。

〔註62〕見《梁書》卷2〈武帝紀中〉，頁34。

〔註63〕見《梁書》卷25〈徐勉傳〉，頁381。

總掌修禮之事者最先是何佟之。天監二年（503）何佟之卒，〔註64〕繼事者分別有伏暅、沈約、張充、徐勉、周捨、庾於陵等人。禮典內容「莫不網羅經誥，玉振金聲，義貫幽微，理入神契，前儒所不釋，後學所未聞。凡諸奏決，皆載篇首，具列聖旨，為不刊之則」。〔註65〕可見梁所編修之禮典，仍是以皇帝的意旨為中心，凡有爭議，並非全遵代表古典禮儀的「三禮」，而是由皇權來定奪。雖言「稽古」，實乃「決之制旨」，〔註66〕所以皇帝的意旨，才是真正的「不刊之則」。

因為各禮之間繁簡不一，所以五禮之編修並非同時完成，〔註67〕最後終於在天監十一年（512）完成五禮儀注，至普通五年（524）二月方繕寫校定完成，普通六年再由徐勉上呈武帝，全部共一千一百七十六卷，八千一十九條，〔註68〕編制相當龐大。武帝詔有司「案以行事」，〔註69〕「於是穆穆恂恂，家知禮節」，〔註70〕可見編修禮典的目的已經達成。故清人秦蕙田曰：

> 五禮之書，莫備于梁天監。時經二代，撰分數賢，彙古今而為一，本宸斷
> 以決疑。卷帙踰百，條目八千，洋洋乎禮志之盛也。〔註71〕

然梁武帝「自我得之，自我失之」，〔註72〕經梁末的侯景之亂，南朝元氣大傷，緊接著南北均勢被打破，戰事四起，南朝典籍亡佚的情況相當嚴重。據《隋書·經籍志二》史部儀注類所載，至隋時《梁禮》僅存《吉禮儀注》十卷、《賓禮儀注》九卷，〔註73〕比起原來的千卷鉅著，真是十不存一。難怪秦蕙田因而歎道：「世遠文湮，逸亡無考，惜哉！」〔註74〕。

〔註64〕見《梁書》卷48〈儒林·何佟之傳〉，頁664。
〔註65〕此段所述均據《梁書》卷25〈徐勉傳〉，頁381～382。
〔註66〕見《梁書》卷25〈徐勉傳〉，頁381。
〔註67〕據《梁書》卷25〈徐勉傳〉所載：《嘉禮儀注》和《賓禮儀注》皆完成於天監六年（507）五月，《軍禮儀注》完成於天監九年（510）十月，《吉禮儀注》和《凶禮儀注》均完成於天監十一年（512）十一月（頁382）。
〔註68〕見《梁書》卷25〈徐勉傳〉，頁379～383。
〔註69〕見《梁書》卷25〈徐勉傳〉，頁383。又（北宋）司馬光《資治通鑑》（點校本，北京：中華書局，1992-4）卷147〈梁紀3〉「天監十一年十一月」條言武帝「詔有司遵行」（頁4603），與《梁書》所載不合。《梁禮》雖於天監十一年十一月編成，但中間還經過校訂與抄繕的工作，故應是在普通六年由徐勉上呈，武帝再頒行方是，《通鑑》恐誤。
〔註70〕見《梁書》卷3〈武帝紀下〉，頁96。
〔註71〕見（清）秦蕙田《五禮通考》（味經窩初刻試印本，臺北：聖環圖書公司，民83-5）卷首三〈禮制因革上〉，頁16下a。
〔註72〕見《資治通鑑》卷162〈梁紀18〉「太清三年三月丁卯」條，頁5009。
〔註73〕見《隋書》卷33〈經籍志二〉，頁969。
〔註74〕見《五禮通考·禮制因革上》，頁16下a。

　　不過值得注意的是，蕭梁雖然是繼承蕭齊之遺產，進而完成五禮禮典。但若就齊、梁二代所行的禮儀看來，齊、梁二代之間禮制的差異，是遠大於宋、齊之間，以及梁、陳之間；換言之，就南朝四代所行之禮儀而言，宋、齊較有繼承關係，梁、陳亦如之，反倒是兩個蕭氏王朝之間的差距較遠。〔註75〕

4. 陳朝的禮典

　　陳武帝立國之初，因梁末天下大亂，禮儀之事未遑多作，故《隋書》卷 6〈禮儀志一〉道：

> 陳武（帝）克平建業，多準梁舊，仍詔尚書左丞江德藻、員外散騎常侍沈
> 洙、博士沈文阿、中書舍人劉師知等，或因行事，隨時取捨。〔註76〕

可見陳霸先時只是因襲梁之典制而行事，其禮儀多是視當時的需要，再行取用《梁禮》。然繼陳霸先之位的陳文帝，則對此運作模式有所更張，《陳書》卷 33〈儒林·張崖傳〉：

> 天嘉元年（560），（張崖）爲尚書儀曹郎，廣沈文阿儀注，撰五禮。〔註77〕

雖說陳文帝之時有撰五禮之舉，但其內容應當是以梁之五禮爲本。此外，陳的五禮除了《凶禮》之外，其餘四禮之禮典，在《隋書·經籍志》中可以見到其書目，〔註78〕可《陳禮》至隋唐仍有部分流傳。

　　如同漢、晉般，南朝在《隋書·經籍志》史部儀注類中，也留下不少未知撰人的儀注，〔註79〕在《舊唐書·經籍志上》與《新唐書·藝文志二》中著錄更多，這與唐太宗與唐玄宗時大力蒐集傳抄典籍有密切的關係。〔註80〕這些儀注除了部分有載錄作者，且能夠推測出是屬於國家所頒佈之禮典外，其餘可能都是士族或文人所私撰者，茲不贅述。

三、北朝的禮典

　　在永嘉亂後，北方大致上皆爲胡人國家，但誠如陳寅恪氏所言，禮學在北方士族與河西皆有所保存，再加上南朝北奔學者的參與，所以在北朝所修的禮典中亦有

〔註75〕參見陳戌國《魏晉南北朝禮制研究》（長沙：湖南教育出版社，1995-7），頁 354。
〔註76〕見《隋書》卷 6〈禮儀志一〉，頁 107。
〔註77〕見（唐）姚思廉《陳書》（點校本，臺北：洪氏出版社，民 63-7），頁 441。
〔註78〕見《隋書》卷 33〈經籍志二〉，頁 970。
〔註79〕見《隋書》卷 33〈經籍志二〉，頁 969～971。
〔註80〕詳見來新夏等《中國古代圖書事業史》（上海：上海人民出版社，1990-4）第三章第二節。

可觀者。而北魏、北齊一系，更成為隋、唐編纂禮典時最主要之本源。〔註81〕

1. 北魏的禮典

　　五胡十六國時，不但史文記載甚闕，諸國在建立之際亦乏革命意識與德運服色的概念，〔註82〕因此根本不可能有禮典的修撰。北朝正式開始編纂禮典者，當屬北魏。

　　北魏道武帝在天興元年（398）七月遷都平城，十一月就命董謐「撰郊廟、社稷、朝覲、饗宴之儀」，而由崔玄伯總裁之。〔註83〕天興二年（399）八月，道武帝更「詔禮官備撰眾儀，著于新令」，〔註84〕這顯示北魏立國之初，即循西晉納禮入令的原則，把國家的禮儀制度納入令中。〔註85〕可見早在拓跋珪時，北魏就已在建立漢化的政制與法制。不過道武帝時所修之禮，僅「舉其大體，事多闕遺」。〔註86〕太武帝之際，崔浩與河西一帶之士人對於禮制，亦進行了不少改革，〔註87〕可是後因崔浩被殺而為之一挫。在北魏文成帝和平六年（465）時，刁雍上表請制定禮樂，文成帝詔群臣集議，但因五月文成帝即崩，刁雍之議遂寢。〔註88〕

　　北魏真正對禮典與禮制進行大規模之制定者，厥為大力追求漢化的孝文帝。孝文帝在太和年間，不斷展開漢化的工作，禮制改革是其中的要點，〔註89〕而主持者大多是南朝之降者或俘虜。〔註90〕其改革大致可分為兩期，分段點大致是在太和十七年（493）南齊王肅來奔之時。〔註91〕其實早在孝文帝即位之後，就不斷地頒詔，以律令對於諸種違禮之事加以懲處。〔註92〕

〔註81〕參見陳寅恪〈隋唐制度淵源略論稿〉（收入氏著《陳寅恪先生文集（二）》，臺北：里仁書局，民71-9），頁4〜61。

〔註82〕參見前引（韓）朴炳爽《中國歷代易姓革命之正當化思想》，頁247〜249。

〔註83〕見（北齊）魏收《魏書》（點校本，臺北：鼎文書局，民82-10）卷2〈太祖紀〉，頁33。

〔註84〕見《魏書》卷2〈太祖紀〉，頁35〜36。

〔註85〕參見高明士〈政治與法治〉（收入王仲孚等《中國文明發展史》上冊，蘆洲：國立空中大學，民77-5），頁60〜67；高明士〈中國律令與日本律令〉（《臺大歷史學報》21，民86-12），頁111〜112。

〔註86〕見《通典・禮典一・禮序》，頁1121；《魏書》卷108之1〈禮志一〉則言：「事多粗略，且兼闕遺。」（頁2733）

〔註87〕參見前引陳寅恪〈隋唐制度淵源略論稿〉，頁19〜42。

〔註88〕見《魏書》卷38〈刁雍傳〉，頁869〜871。

〔註89〕參見康樂《從西郊到南郊——國家祭典與北魏政治》（新莊：稻禾出版社，民84-1），頁184。

〔註90〕參見前引陳寅恪〈隋唐制度淵源略論稿〉，頁12〜13。

〔註91〕參見前引陳寅恪〈隋唐制度淵源略論稿〉，頁7。

〔註92〕見《魏書》卷7上〈高祖紀上〉，頁136、145。

在前期，孝文帝曾用南朝之劉昶、蔣少游等進行朝儀、衣冠等方面的改革，但這些主事者本身並不是嫻熟於禮儀者，故在禮儀上多有乖謬。〔註93〕在後期，主要主持禮儀之制定者，是來自於南朝的王肅、崔休、劉芳、崔光等，他們雖非南朝第一流的人物，但是他們將南朝之禮學（尤其是王儉之禮學）北傳，這才使孝文帝太和年間得以重定禮儀，〔註94〕「朝章國範，煥乎復振」。〔註95〕

孝文帝之後，禮儀編纂的工作仍在繼續，《魏書》卷82〈常景傳〉：

> 先是，太常劉芳與（常）景等撰朝令，未及班行。別典儀注，多所草創，未成，芳卒，景纂成其事。及世宗（宣武帝）崩，召景赴京，還修儀注。……又敕撰太和之後朝儀已施行者，凡五十餘卷。時靈太后（宣武帝后）詔依漢世陰鄧二后故事，親奉廟祀，與帝交獻。景乃據正，以定儀注，朝廷是之。〔註96〕

常景所撰者，當是《隋書‧經籍志二》及《新唐書‧藝文志二》中所記載的《後魏儀注》。〔註97〕不過自孝明帝以下，魏政漸亂，太和以來重禮之風亦漸傾頹。〔註98〕

2. 北齊的禮典

北齊立國之初，相關的禮儀是由崔昂與邢卲等人所議定。〔註99〕在文宣帝高洋崩（559）後，則是由魏收及陽休之等參議吉凶之禮。〔註100〕孝昭帝高演繼位之初（皇建元年，560），則命王晞、陽休之、崔劼等「共舉錄歷代廢禮墜樂」，並「悉令詳思，以漸條奏，未待頓備，遇憶續聞」。〔註101〕之後因魏收漸獨攬大權，禮儀之事亦多由魏收主持。〔註102〕約在齊後主武平元年（570）〔註103〕時，有議請修撰五禮之事，編修時是以魏收為總監，實際主事者則為儒者馬敬德、熊安生、

〔註93〕參見前引陳寅恪〈隋唐制度淵源略論稿〉，頁7。
〔註94〕參見前引陳寅恪〈隋唐制度淵源略論稿〉，頁8～14。
〔註95〕見《魏書》卷108之1〈禮志一〉，頁2733。
〔註96〕見《魏書》卷82〈常景傳〉，頁1802～1803。
〔註97〕見《隋書》卷33〈經籍志二〉，頁970；《新唐書》卷58〈藝文志二〉，頁1489。
〔註98〕見《魏書》卷108之1〈禮志一〉，頁2733。
〔註99〕見（唐）李百藥《北齊書》（點校本，臺北：洪氏出版社，民63-7）卷30〈崔昂傳〉，頁411。
〔註100〕見《北齊書》卷37〈魏收傳〉，頁491。
〔註101〕見《北齊書》卷31〈王晞傳〉，頁420～421。
〔註102〕見《北齊書》卷37〈魏收傳〉，頁493～494。
〔註103〕北齊修五禮之事在魏收任尚書右僕射之時（見《北齊書‧魏收傳》，頁495），而魏收是在後主天統五年（569）十二月時方獲寵任（見《北齊書》卷8〈後主紀〉，頁103），而魏收卒於武平三年（572），故推測修五禮之事當在武平元年左右。

權會、〔註104〕元修伯〔註105〕等人。

3. 西魏、北周的禮典

　　與北齊對峙的西魏、北周亦有修纂禮典之事，且修纂之方式大異於諸代，因為西魏、北周的禮典是依據《周禮》而修撰。早在西魏大統年間，宇文泰便命蘇綽、盧辯依據姬周及《周禮》之制，建六官為國家典章，這工作直到西魏恭帝三年（556）方正式完成，禮典的編修應當是其中的任務之一。〔註106〕但真正議纂五禮，可能要到北周武帝之時。在《隋書‧宇文敬傳》中，記載宇文敬在北周時曾「奉詔修定五禮」，但未說明修纂的時間。〔註107〕北周武帝在建德六年（577）滅北齊時，曾入鄴城探訪大儒熊安生，並下詔請熊安生到長安，「於大乘佛寺參議五禮」。〔註108〕據此推論，北周正式編修五禮的時間，應當是滅北齊前後，但確切的完成時間則不明。〔註109〕

　　陳寅恪氏於〈隋唐制度淵源略論稿〉一文中，論及北齊與北周制禮過程甚多。陳氏指出北齊高氏家族雖出身於六鎮，但是高氏之後代與山東士族從往甚密，且已高度漢化；同出於六鎮的宇文泰，則因畏忌北齊將成為文化之正統，故與蘇綽、盧辯等虛飾《周官》舊文以適鮮卑野俗，意欲建立關隴之地為文化本位。然此企圖在武帝滅北齊之後有所變化，這是因為北齊學者大量進入長安之故，所以在隋代制禮時，主要之人物多為齊人。〔註110〕

四、隋代的禮典

　　隋文帝楊堅受禪於北周，進而南平陳朝，結束了長期的分裂。在禮典的編纂上，隋代也有相當大的建樹。

　　隋代的制禮，基本上分為三個階段。〔註111〕第一個時期是在代周建隋之時。文

〔註104〕見《北齊書》卷37〈魏收傳〉，頁495。

〔註105〕見《隋書》卷6〈禮儀志一〉，頁107。

〔註106〕見（唐）令狐德棻《周書》（點校本，臺北：洪氏出版社，民63-7）卷2〈文帝紀下〉，頁37。又初由蘇綽專主改制，但蘇綽於大統十二年（546）去世（見《周書》卷23〈蘇綽傳〉，頁394），後來是由盧辯續成（見《周書》卷24〈盧辯傳〉，頁404）。

〔註107〕見《隋書》卷56〈宇文敬傳〉，頁1389。

〔註108〕見《周書》卷45〈儒林‧熊安生傳〉，頁813。

〔註109〕見《隋書‧禮儀志一》敘述修定禮典之事時言：「在周則蘇綽、盧辯、宇文敬，並習於儀禮者也，平章國典，以為時用。」（頁107）；《通典‧禮典一‧禮序》大致亦同。

〔註110〕參見前引陳寅恪〈隋唐制度淵源略論稿〉，頁42～44。

〔註111〕參見高明士〈隋代的制禮作樂——隋代立國政策研究之二〉（收入黃約瑟、劉健明主編《隋唐史論集》，香港：香港大學亞洲研究中心，1993），頁16～17；又本小節之撰述亦是參考此文而成。

帝於開皇元年（581）即位之後，即「易周氏官儀，依漢、魏之舊」，〔註112〕並規定了衣冠服色於開皇二年（582）所完成的「開皇令」中。開皇三年（583）則開始編纂《開皇禮》，此事由牛弘主持。《開皇禮》的編纂原則乃祖述《周官》，近取南梁與北齊之禮而加以修撰，至開皇五年（585）終於完成，全書共一百卷。〔註113〕文帝在開國後即積極地進行《開皇禮》及律令的修撰，目的是想儘速完成「文化認同」的建設，並建立起以皇帝為權力頂點的政治體制，藉此鞏固隋代中央集權之統治基礎。其實自秦、漢以下，禮典編訂的真正目的都在於此，《開皇禮》亦不例外。〔註114〕

第二個時期是在平陳之後。仁壽二年（602）時，隋文帝有鑑於災異不斷，加上獨孤皇后的葬禮無儀注可循，故命楊素等修定五禮，但實際主持者亦應為牛弘，此是為《仁壽禮》，共一百三十卷。不過《仁壽禮》對《開皇禮》並無大幅更動，同是取南北儀注而加以修定。〔註115〕值得注意的是，《仁壽禮》是隋統一天下後所編修的禮典，主導者為關隴集團的楊素、蘇威，並召集了河西、北齊、南陳之大儒共同修訂完成，故《仁壽禮》在形式上是集合了南北禮學所薈萃出來的成果。〔註116〕

第三個階段是煬帝在位時期。煬帝在開皇二十年（600）以晉王的身分任揚州總管之時，曾召聚諸儒，援引漢代以來的舊禮儀文為藍本，進而編修完成《江都集禮》。後來煬帝繼位之後，對開皇、仁壽時的禮制有諸多更動，當是有所參用《江都集禮》而為。〔註117〕

從漢、隋之間各代在修纂國家禮典的過程當中，可以發現不少現象：首先，歷代所制定的禮制中，有相當大的程度是承襲前代之禮制，修撰的禮典亦是承襲前朝或前代的「故事」，所以說在歷代禮典之間，是有其延續性存在。因此，隋代的禮典實際上是彙集漢、魏、晉、南北朝以來五禮之大成。〔註118〕

其次，誠如前引《禮記・樂記》所言：「王者功成作樂，治定制禮」，「禮樂明備，天地官矣」。〔註119〕各代在立國或諸帝登基之初，也許會頒佈新制，然而這些都只是急就章，目的在求現即可用；待天下大定，若在位者欲顯示自己是大有為之君主，那就會再敦聘儒生學者，大規模地進行制禮作樂，以示禮樂昇平，藉此彰顯天子的

〔註112〕見《隋書》卷1〈高祖紀上〉，頁13。
〔註113〕參見前引高明士〈隋代的制禮作樂──隋代立國政策研究之二〉，頁18～20。
〔註114〕參見前引高明士〈隋代的制禮作樂──隋代立國政策研究之二〉，頁19～21。
〔註115〕參見前引高明士〈隋代的制禮作樂──隋代立國政策研究之二〉，頁24～26。
〔註116〕參見前引甘懷真《唐代京城社會與士大夫禮儀之研究》，頁264～265。
〔註117〕參見前引高明士〈隋代的制禮作樂──隋代立國政策研究之二〉，頁26～29。
〔註118〕參見前引高明士〈隋代的制禮作樂──隋代立國政策研究之二〉，頁32。
〔註119〕見《禮記注疏》卷37〈樂記〉，頁670上a、671上a。

功績，並象徵自己政權的正統性與合理性。

　　再者，制定禮典之功用在符合當下之需求，故大事修纂禮典之後，並不見得會被繼任君主奉為不變之圭臬，因為就算是同一朝代的君主，仍舊會修改前一位君主所撰的禮典，目的在要求禮制必須合稱於當時。每一個時代的主宰權通常是掌握在皇帝手中，故對皇帝而言，禮典最大的功用應在求為「己」所用，而不完全在意於禮典是否真正成為制度化的規範。所以每個皇帝在大興禮典後，繼位之君主往往會再予續修。在修纂過程中如遇疑點，裁斷者往往不是碩學鴻儒，而是皇帝自己。所以禮儀不但要求為君主所用，所編禮典之內容，亦求異於其他各朝的君主，以突出自己是有別於其他天子的有德之君。

　　不過從魏晉以來，國家努力將公共事務與個人行為納入禮儀的約束之下，並欲使守禮成為士人的教養，這些工作均是透過政治權力來推動的，禮典的編纂正是其中一環。這努力在隋唐一統，國家權力達及社會各個階層之後，可以說已真正地完成。〔註120〕

第二節　唐代前期的禮典

　　隋代立國雖短，但對禮樂律令等制度之建制卻有極大的貢獻，唐代的制度可以說是建立在隋所奠定的基礎上。〔註121〕

　　就禮典而言，唐代最具代表性的禮典，是為太宗貞觀年間的《貞觀禮》、高宗顯慶年間的《顯慶禮》，以及玄宗開元二十年（732）所頒佈的《開元禮》。而《貞觀禮》與《顯慶禮》，對《開元禮》來說實有前導的作用，所以本節先就《貞觀禮》與《顯慶禮》加以討論。

一、《貞觀禮》

　　隋末天下大亂，各地兵起，唐高祖李淵入關之時，「方天下亂，禮典湮缺」，遂命「多識舊儀」的竇威裁定制度，高祖並曾稱讚竇威是「今之叔孫通也」。〔註122〕

〔註120〕關於此課題之討論，請見前引甘懷真《唐代京城社會與士大夫禮儀之研究》。

〔註121〕關於禮樂部分，參見前引高明士〈隋代的制禮作樂——隋代立國政策研究之二〉；關於律令部分，參見高明士〈從律令制度論隋代的立國政策〉（收入中國唐代學會編輯委員會編《唐代文化研討會論文集》，臺北：文史哲出版社，民80-7）。

〔註122〕關於竇威之論述均引自（後晉）劉昫《舊唐書》（點校本，臺北：洪氏出版社，民66-6）卷61〈竇威傳〉，頁2364；《新唐書》卷95〈竇威傳〉，頁3844。

另外共同參定禮儀的，還有溫大雅與陳叔達等人。〔註123〕值得注意的是，竇威乃關隴集團分子；溫大雅是太原人，父溫君悠歷仕於北齊及隋；陳叔達則是南陳帝室之後。〔註124〕可見李淵在選擇修撰禮儀的臣子時，仍是顧及到兼集南北諸學的原則。後高祖雖然得到天下，但因局勢未定，故在禮儀方面「未遑制作，郊廟宴享，悉用隋代舊儀」，〔註125〕其中「舊儀」當是指《開皇禮》。〔註126〕不過武德年間雖無制禮，但是仍將若干禮制的規定，納入武德七年的「武德令」中。〔註127〕

　　唐太宗即位後，政治已逐漸步上軌道，故太宗銳意改革，「乃詔中書令房玄齡、祕書監魏徵等禮官學士，修改舊禮」，〔註128〕其中「舊禮」指的是《開皇禮》與武德時的禮令。〔註129〕《貞觀禮》在貞觀十一年（637）〔註130〕正月，由房玄齡上呈太宗，三月下詔頒行，全部共一百卷；其中吉禮61篇、賓禮4篇、軍禮20篇、嘉禮42篇、凶禮6篇、國恤禮5篇，總共有138篇。〔註131〕太宗當時對南北學術兼有取之，並努力調和二者。〔註132〕故如同隋文帝時般，《貞觀禮》之修撰亦是以集合南北禮學為原則。〔註133〕

　　武德時的禮令雖「悉用隋代舊儀」，但與《貞觀禮》比較起來，《貞觀禮》則是更接近開皇時的制度。不過《貞觀禮》在理論上已是超越漢、魏，直追《周禮》，可見《貞觀禮》實欲重新建立唐制禮論的根源。此外，在朝廷禮儀方面，北朝尊鄭玄，

〔註123〕見《舊唐書》卷61〈溫大雅傳〉，頁2359。

〔註124〕見《舊唐書》卷61〈溫大雅傳〉，頁2359；卷61〈陳叔達傳〉，頁2363；卷61〈竇威傳〉，頁2364。

〔註125〕見《舊唐書》卷21〈禮儀志一〉，頁816。

〔註126〕參見高明士〈論武德到貞觀禮的成立──唐朝立國政策的研究之一〉（收入中國唐代學會主編《第二屆國際唐代學術會議論文集》下冊，臺北：文津出版社，民82-6），頁1162。

〔註127〕參見前引高明士〈論武德到貞觀禮的成立──唐朝立國政策的研究之一〉，頁1162。

〔註128〕見《舊唐書‧禮儀志一》，頁816～817。

〔註129〕參見前引高明士〈論武德到貞觀禮的成立──唐朝立國政策的研究之一〉，頁1162。

〔註130〕《通典‧禮典一‧禮序》（頁1121）、（北宋）王溥《唐會要》（點校本，上海：上海古籍出版社，1991-1）卷37〈五禮篇目〉（頁781）、（北宋）王欽若等《冊府元龜》（景明崇禎十五年刻本，臺北：大化書局，民73-10）卷564〈掌禮部‧制禮二〉（頁2983a）三書均載《貞觀禮》頒行於貞觀七年。據高明士之研究，當依《舊唐書》與《資治通鑑》之十一年為是，詳見前引高明士〈論武德到貞觀禮的成立──唐朝立國政策的研究之一〉，頁1163～1164。

〔註131〕關於《貞觀禮》的編纂經過與編修人員之討論，請見前引高明士〈論武德到貞觀禮的成立──唐朝立國政策的研究之一〉，頁1162～1165。

〔註132〕詳見牟潤孫〈唐初南北學人論學之異趣及其影響〉（收入氏著《注史齋叢稿》，臺北：臺灣商務印書館，民79-6）。

〔註133〕參見前引高明士〈論武德到貞觀禮的成立──唐朝立國政策的研究之一〉，頁1162。

南朝尊（曹魏）王肅。隋統一天下之後，主要是承繼北齊的制度，故獨尊鄭玄。唐初用隋之舊，故亦尊鄭玄。但從貞觀開始，因朝廷陸續引用南學，故王肅之學也漸漸抬頭。〔註134〕另外，《貞觀禮》也同隋禮般，不斷在建構以皇帝為權力頂點的禮制系統，這在郊廟制度上可見端倪。〔註135〕

二、《顯慶禮》

關於《顯慶禮》的撰作，《唐會要》卷37〈五禮篇目〉曰：

> （唐高宗）永徽二年（651），議者以貞觀禮未備，又詔太尉長孫無忌、中書令杜正倫、中書侍郎李義府、中書侍郎李友益、黃門侍郎劉祥道許圉師、太子賓客許敬宗、太常少卿韋琨、太玄博士史玄道、〔註136〕符璽郎孔志約、太常博士蕭楚材孫自覺賀紀等重加緝定，勒成一百三十卷，二百二十九篇。至顯慶三年（658）正月五日，奏上之。高宗自為之序。詔中外頒行焉。〔註137〕

這段史事在《通典・禮典一・禮序》、《舊唐書・禮儀志一》、《新唐書・禮樂志一》、《冊府元龜・掌禮部・制禮二》等史書中亦有記載，可是均不如《唐會要》詳盡。不過《唐會要》之記載仍存在某些問題：一是李義府自顯慶二年（657）起已是中書令，而非中書侍郎，〔註138〕故《唐會要》於此有誤。再者，《舊唐書・高宗紀上》言《顯慶禮》共二百五十九篇，〔註139〕《新唐書・藝文志二》與《冊府元龜》則言二百九十九篇，〔註140〕皆與《唐會要》所載的二百二十九篇不同。

另一個問題，是修改《貞觀禮》之議何時提出？議者又是何人？諸史書皆含糊地說是在「高宗初」，只有《唐會要》明言是在永徽二年。在永徽二年七月，高宗曾下詔命群臣討論議建明堂制度，引起諸臣之紛爭。故明堂之制在永徽、顯慶年間實無定制。〔註141〕於此同時，高宗下令以太宗配祀明堂，有司遂遵鄭玄之說，

〔註134〕參見前引高明士〈論武德到貞觀禮的成立——唐朝立國政策的研究之一〉，頁1206～1207。

〔註135〕參見前引高明士〈論武德到貞觀禮的成立——唐朝立國政策的研究之一〉，頁1207～1208。

〔註136〕除此處與《舊唐書・禮儀志一》作史道玄外（頁817），餘在兩《唐書》皆作史玄道，恐應以史玄道為確，故改之。

〔註137〕見《唐會要》卷37〈五禮篇目〉，頁782。

〔註138〕見《舊唐書》卷82〈李義府傳〉，頁2767。

〔註139〕見《舊唐書》卷4〈高宗紀上〉，頁78。

〔註140〕見《新唐書》卷58〈藝文志二〉，頁1491；《冊府元龜・掌禮部・制禮二》，頁2983b。

〔註141〕詳見《舊唐書》卷22〈禮儀志二〉，頁853～855；《唐會要》卷11〈明堂制度〉，頁

以高祖配五天帝，太宗配五人帝。顯慶元年（656），長孫無忌等建議不應把高祖與太宗同時配祀於明堂，並舉王肅之說，以駁斥鄭玄把周文王與武王同祀於明堂的看法。〔註142〕高宗後遵長孫無忌之請，將高祖配祀昊天上帝於圓（圜）丘，將太宗配祀五帝於明堂。〔註143〕

　　另一項爭議是在郊祀上。武德之制是承隋制，亦即遵從鄭玄之說，分行丘與郊之祭祀，並各以景帝（太祖李虎）與元帝（世祖李昞）配祀；貞觀時將配祀明堂、北郊、方丘的先帝，由原先的元帝改為高祖。〔註144〕到高宗時，原先採取鄭玄之說的郊祀制度，引起長孫無忌等人的批判；批判者並舉出當時的「吏部式」是從王肅說，而「祠令」卻從鄭玄說，兩者相乖。在長孫無忌之後，許敬宗亦提出相同的看法。前後兩批議論者皆認為「祠令」與「新禮」皆是循鄭玄六天之說，但鄭玄之說夾雜讖緯星象，為禮不純，故應循王肅之說為是。後高宗詔可，並附於禮令中，於是罷黜鄭玄之說，在南郊祈穀、孟夏雩祭、明堂大享等祀典皆只祭昊天上帝。〔註145〕從上述可知《貞觀禮》是採用鄭玄之說，但《顯慶禮》已改尊王肅。事實上，王肅的一天說比鄭玄的六天說，更能符合皇帝建立皇權至上的觀念。〔註146〕

　　但此時又要問：長孫無忌與許敬宗何時提出上奏？《通典》與《唐會要》均將長孫無忌繫年於永徽二年（651）七月上奏；〔註147〕至於許敬宗上奏的時間，諸史皆錄

　　　　314～317；《冊府元龜・掌禮部・制禮二》，頁 2983b～2984a。但是在《舊唐書・禮
　　　　儀志二》引開元五年（717）王仁宗等之奏議時，言高宗是在永徽三年時頒下此詔
　　　　（頁 874），恐是有誤。
〔註142〕見《通典》卷 44〈禮典四・吉禮三・大享明堂〉，頁 1221～1223；《舊唐書・禮儀
　　　　一》，頁 821～823；《冊府元龜》卷 586〈掌禮部・奏議十四〉，頁 3087b～c。
〔註143〕見《資治通鑑》卷 200〈唐紀 16〉「高宗顯慶元年六月」條，頁 6297。
〔註144〕參見前引高明士〈論武德到貞觀禮的成立──唐朝立國政策的研究之一〉，頁 1174
　　　　～1181。
〔註145〕詳見《通典》卷 43〈禮典三・吉禮二・郊天下〉，頁 1193～1195；《舊唐書》卷 21
　　　　〈禮儀志一〉，頁 821～825；《唐會要》卷 9 上〈雜郊議上〉，頁 172～174；《新唐
　　　　書》卷 13〈禮樂志三〉，頁 333～334。
〔註146〕關於此問題可參見（日）金子修一〈魏晉より隋唐に至る郊祀・宗廟の制度につい
　　　　て〉（《史學雜誌》88-10，1979-10），頁 41～47；前引高明士〈論武德到貞觀禮的
　　　　成立──唐朝立國政策的研究之一〉，頁 1180～1185；（美）Howard J. Wechsler,
　　　　Offerings of Jade and Silk:Ritual and Symbol in the Legitimation of the T'ang Dynasty,
　　　　New Haven: Yale University Press, 1985, Chapter 2.。關於鄭、王二人在祭祀上學說之
　　　　不同，可參見簡博賢《今存三國兩晉經學遺籍考》（臺北：三民書局，民 75-2）第
　　　　三章；甘懷真〈鄭玄、王肅天神觀的探討〉（《史原》15，民 75-4）；張寅成〈鄭玄
　　　　六天說之研究〉（《史原》15，民 75-4）。
〔註147〕《通典・禮典三・郊天下》言永徽二年七月（頁 1193），《唐會要・雜郊議上》只言
　　　　永徽二年（頁 172）。

為顯慶二年（657）七月，[註148] 此較無疑義。不過此處有一個問題產生，那就是從兩者的上奏內容幾乎相同，且年數同為二年七月看來，頗令人懷疑是否有誤抄的情況。因為兩者皆提到「祠令」與「新禮」均是依循鄭玄之說，此處「新禮」應是指《貞觀禮》，這較沒有問題。但是「祠令」的部分就會產生矛盾：若長孫無忌之議是在永徽二年七月所奏，則當可納入永徽二年閏九月時，同是由長孫無忌所奏上的永徽律令中，[註149] 如此則至顯慶二年許敬宗上奏時所說的「永徽祠令」，其令文應該已是王肅之制。當然還有一種可能，那就是永徽令並沒有修改「貞觀祠令」。廢黜鄭玄六天之說應是在永徽二年，還是在顯慶二年，此問題尚待進一步的探索。[註150]

　　永徽二年的明堂建制之爭，可以說大致將禮制的爭議搬上檯面，後來再因太宗配祀明堂以及郊祀問題，引發出廢鄭遵王的討論。修撰新禮的動機，可能就是在此背景之下所產生的。

　　《顯慶禮》的修撰雖然是由長孫無忌等領銜，但自顯慶年間起，武后與長孫無忌的鬥爭漸趨明顯，且長孫無忌之勢力漸被削減，而許敬宗與李義府亦在武后的暗助之下漸掌實權，故二人可能才是《顯慶禮》的實際負責人。尤其是許敬宗，「自貞觀後，論次諸書，自晉盡隋，及東殿新書、西域圖志、姓氏錄、新禮等數十種皆敬宗總知之」，[註151] 可見許敬宗自貞觀以來就不斷參與修纂的工作，故在《顯慶禮》的修撰工作上，許敬宗應該是實際主事者。另可舉一史文證之，《唐會要‧五禮篇目》注曰：

> 初，五禮儀注自前代相沿，吉凶備舉。蕭楚材、孔志約以國恤禮為預凶事，
>
> 非臣子之宜言，（許）敬宗、（李）義府深然之，於是刪而定之。[註152]

由《唐會要》之文，可知《貞觀禮》中的國恤禮是指皇室凶禮，《貞觀禮》將之獨立出來，這是相當特殊的做法。長孫無忌本人是《貞觀禮》的修撰人之一，而且又是

[註148] 《舊唐書》言為顯慶二年七月，《新唐書》只言顯慶二年，《通鑑》則繫月於八月（頁6304），《大唐郊祀錄》（適園叢書本，附刊於《大唐開元禮》之後，東京，古典研究會，1972-11）卷4〈冬至祀昊天上帝〉條中亦將此事繫於顯慶年間（頁756a）。又《冊府元龜‧掌禮部‧奏議十三》將此事繫年於龍朔二年（頁3085c），恐誤。

[註149] 見《舊唐書‧高宗紀上》，頁69；《通鑑》卷199〈唐紀15〉「高宗永徽二年九月閏月」條，頁6275。

[註150] （日）仁井田陞氏在《唐令拾遺》卷8〈祠令四乙〉中，指出「永徽令」仍是遵鄭玄，並沒有採王肅之說，且認為廢鄭玄六天之說是在顯慶二年（按：應當是納入《顯慶禮》中）；詳見（日）仁井田陞著，栗勁等譯《唐令拾遺》（長春：長春出版社，1989-11），頁65～67。

[註151] 見《新唐書》卷223上〈姦臣上‧許敬宗傳〉，頁6338。

[註152] 見《唐會要》卷37〈五禮篇目〉，頁782；《舊唐書》卷82〈李義府傳〉（頁2768）與《新唐書》卷58〈藝文志二〉（頁1491）略同。

《顯慶禮》的領銜者，然而許、李二人居然能夠越過領銜的長孫無忌，而決定如此重大之改變，足見二人正是編纂《顯慶禮》的實際主導者。

從《顯慶禮》修撰人的出身背景來看，則是以立場接近長孫無忌者居多。長孫無忌不消說是關隴集團的核心人物，從貞觀年間開始即屢次主持編修禮律。杜正倫乃河北相州人，為隋之秀才，「善屬文，深明釋典」，〔註153〕理應是為山東士族。李友益為李義府之族人，出身不詳，後改附杜正倫。〔註154〕劉祥道是河北魏州人，其父劉林甫在高祖、太宗時即參與創制律令典章；劉祥道除了參與《顯慶禮》外，還在高宗麟德二年（665）時參議封禪之禮，〔註155〕可見其家學亦通禮律。許圉師原為梁人，後其祖遷徙至北周地界，歷仕周、隋，且父許紹曾與高祖同學；〔註156〕而許圉師「博涉藝文」，後曾兼修國史，〔註157〕按理也應是關隴集團之成員。韋琨，北周大司空韋孝寬之孫，〔註158〕顯見是關隴集團之成員。賀紀之父賀德仁歷仕於陳、隋，而賀紀是以「博學」知名。〔註159〕除賀紀立場不明外，餘人應當是與長孫無忌的立場較為接近。後為許敬宗、李義府所排陷者，包括有長孫無忌、杜正倫、李友益、劉祥道、許圉師等人。

許敬宗乃杭州人，其先歷仕江左，幼即善屬文，大業年間即被舉為秀才；從太宗以至高宗均以文采而膺任修史編纂之職務。永徽年間因與李義府上奏請立武昭儀，而與長孫無忌等對立。〔註160〕李義府因祖為梓州射洪縣丞，故幼居四川，後因善屬文而被劍南道巡察大使李大亮表薦；永徽時亦因奏立武氏而獲重用。〔註161〕至於其他的修撰人史玄道、孔志約與蕭楚材雖出身不詳，但因史、孔二人曾助許敬宗、李義府編修《姓氏錄》，〔註162〕孔、蕭二人亦向許、李建議刪去《貞觀禮》中的國恤禮，可見此三人的立場應是較親近於許李陣營。

〔註153〕見《舊唐書》卷70〈杜正倫傳〉，頁2541。

〔註154〕見《新唐書》卷106〈杜正倫傳〉，頁4038。

〔註155〕見《舊唐書》卷81〈劉祥道傳〉，頁2750～2753；《新唐書》卷106〈劉祥道傳〉，頁4048～4050。

〔註156〕見《舊唐書》卷59〈許紹傳〉，頁2327；《新唐書》卷90〈許紹傳〉，頁3770。

〔註157〕見《舊唐書》卷59〈許圉師傳〉，頁2330；《新唐書》卷90〈許圉師傳〉，頁3771。

〔註158〕見《舊唐書》卷92〈韋安石傳〉，頁2955。

〔註159〕見《舊唐書》卷190上〈文苑上·賀德仁傳〉，頁4987；《新唐書》卷201〈文藝上·賀德仁傳〉，頁5729。

〔註160〕見《舊唐書·許敬宗傳》，頁2761～2764；《新唐書·許敬宗傳》，頁6335～6338。

〔註161〕見《舊唐書·李義府傳》，頁2765～2767；《新唐書》卷223上〈姦臣上·李義府傳〉，頁6339～6340。

〔註162〕見《舊唐書·李義府傳》，頁2769。又兩《唐書》之〈李義府傳〉均稱「姓氏錄」，但在〈經籍志〉、〈藝文志〉中卻稱「姓氏譜」。

由修撰者的出身來看，長孫無忌陣營中多身兼家學，且善於文史禮律者；而許李陣營中多不明其出身，可能都是爲許、李所引用，且是爲較不具功名之文人。由結果來看兩者間的鬥爭，顯然是以許李陣營佔上風。不過在修禮的過程中，並沒有確切的史料顯示兩陣營間因修禮而產生鬥爭。〔註163〕

《顯慶禮》之所以刪除國恤禮，是因爲「預凶事，非臣子之宜言」，即認爲臣子不應該預先規範天子亡後之諸項凶禮，而是當由天子遺詔或由繼位之天子來訂定，這顯示了當時不以禮典限制皇權之心態。〔註164〕不過正是因爲《顯慶禮》的編纂過程，涉及了相當程度的政治鬥爭，一如刪裁國恤禮的心態，目的在求取君主的寵信，以獲得政治權力。故《顯慶禮》頒佈後，引起了許多非議。《顯慶禮》乃是以「增損舊禮，并與令式參會改定」〔註165〕的方式而完成，在編纂的方式上應無太大的問題。但在編纂時，因「許敬宗、李義府用事，其所損益，多涉希旨」，故「行用已後，學者紛議，以爲不及貞觀」。〔註166〕很顯然的，《顯慶禮》在實行上遭到了相當大的問題，所以在上元三年（676）時就恢復使用《貞觀禮》，〔註167〕於是形成「顯慶」、「貞觀」二禮並用的情況。其實早在乾封初年時，司禮少常伯郝處俊等就上奏《顯慶禮》有違古制，於是高宗詔博士議定，決定靈臺、明堂之祭採用鄭玄之說，仍祭五方帝。後來又在乾封二年（667）下詔，決定兼用鄭玄與王肅之說，同時將五方帝與昊天上帝之祭祀並存。〔註168〕也就是說，遠在上元三年之前，早已兼採「貞觀」、「顯慶」兩朝之禮，上元三年只是進行追認而已。

儀鳳二年（677）時，朝廷又藉口《顯慶禮》多不師古，所以下詔「其五禮並依周禮行事」，此時遂有三種禮制同時並行。「自是禮司益無憑準，每有大事，皆參會古今禮文，臨時撰定」。〔註169〕因爲這三種禮制的內容差異頗大，加上沒有定制可

〔註163〕關於長孫無忌與許、李之鬥爭，可參見汪籛〈唐高宗王武二后廢立之爭〉（收入氏著《汪籛隋唐史論稿》，北京：中國社會科學出版社，1981-1）。

〔註164〕姜伯勤於〈唐貞元、元和間禮的變遷──兼論唐禮的變遷與敦煌元和書儀文書〉（收入氏著《敦煌藝術宗教與禮樂文明》，北京：中國社會科學出版社，1996-11）一文中，認爲《顯慶禮》中「山陵禮的一度闕失，預示著王權的頹勢」（頁443～444），但拙稿並不認同此觀點。

〔註165〕見《舊唐書・禮儀志一》，頁818。

〔註166〕見《舊唐書・禮儀志一》，頁818。《通典・禮典一・禮序》（頁1121），與《唐會要・五禮篇目》注（頁782）文字則略同。

〔註167〕《唐會要・五禮篇目》將此事繫月於二月（頁782），《舊唐書・禮儀志一》則繫月於三月（頁818）。

〔註168〕見《舊唐書・禮儀志一》，頁825～827；《通典・禮典三・吉禮二》，頁1195。

〔註169〕見《舊唐書・禮儀志一》，頁818；《通典・禮典一・禮序》，頁1121～1122；《唐會要・五禮篇目》，頁782～783。又《舊唐書・禮儀志一》另載儀鳳二年韋萬石之奏

循，如何引用，完全就要依靠掌禮之太常寺與太常博士來斟酌。因此這段時間，可以說是唐代前半禮制最為紊亂的時期。

不過高宗末期雖無禮典可守，但是太常寺與太常博士皆甚得其人。像上元年間開始任太常少卿的韋萬石，被時人認為相當「稱職」；〔註170〕太常博士裴守眞於高宗崩時，因舊有的凶儀無存，遂與博士韋叔夏、輔抱素共同議定創制，而此凶儀「稱情為文，咸適所宜」，時以為「得禮之中」。〔註171〕

武周之時，「以禮官不甚詳明，特詔國子司業韋叔夏、率更令祝欽明每加刊定」。〔註172〕韋叔夏乃是前引參與編修《顯慶禮》之韋琨的姪兒，而其子韋縚在玄宗朝亦任禮儀使，可見韋氏乃傳禮之家。而武周朝的各種儀注，亦是由韋叔夏及祝欽明、郭山惲所編定，當時「眾咸服之」。久視元年（700），武則天更下詔言「自今司禮所修儀注，並委（韋）叔夏等刊定訖，然後進奏」，可見武則天對韋叔夏之信賴。〔註173〕另一個重要人物是王元（玄）感，王元感主要的貢獻是在郊祀儀注的裁定上。〔註174〕韋叔夏卒後，禮儀之事改由給事中唐紹掌管，「議者以為稱職」。〔註175〕

在高宗一朝，雖有《顯慶禮》的撰成，但是卻風波不斷。先是涉及到許敬宗與李義府為求達到武后的目的，多採用上意而修禮，因而當時學者對新禮多有爭議。結果在上元三年恢復了《貞觀禮》，造成《貞觀禮》與《顯慶禮》並行的局面。隔年，也就是儀鳳二年，又詔行「周禮」，這使得高宗末期的禮典無法確定，全憑禮官論定禮儀，幸虧當時禮官尚稱得人，禮制還不至於大亂。

《顯慶禮》從以「天地各一，天尙無二」〔註176〕的論調，否定鄭玄六天之說出發，到睿宗於永昌元年（689）所下的詔敕中，更道出「天無二稱，帝是通名」。〔註177〕可見王肅對天乃唯一性的闡說，在這段期間內始終被強調，而鄭玄說與《貞

文言「奉去年敕，並依周禮行事」（頁827），意即指改依「周禮」之事在儀鳳元年；《玉海》卷69〈禮儀〉「唐顯慶禮、永徽五禮」條中亦是言儀鳳元年（頁1350a）。

〔註170〕見《舊唐書》卷77〈韋萬石傳〉，頁2672。

〔註171〕見《舊唐書》卷188〈孝友・裴守眞傳〉，頁4924～4925；《新唐書》卷129〈裴守眞傳〉，頁4473～4474。

〔註172〕見《通典・禮典一・禮序》，頁1122。

〔註173〕本段所述皆錄自《舊唐書》卷189下〈儒學下・韋叔夏傳〉，頁4964～4965；《新唐書》卷122〈韋叔夏傳〉，頁4354～4355。

〔註174〕見《舊唐書》卷189下〈儒學・王元感傳〉，頁4963。

〔註175〕見《通典・禮典一・禮序》，1122。

〔註176〕見《舊唐書・儀禮志一》，頁823。

〔註177〕見《通典・禮典三・郊天下》，頁1197；《唐大詔令集》（點校本，上海：學林出版

觀禮》則不斷遭貶抑，顯示唐室想藉由強調天的唯一性，來確立皇權至高無上的性格。〔註178〕這股潮流的形成，與南學逐漸成為官方學術的主流，其間應存有密切的關係。〔註179〕事實上，從孔穎達領導編定《五經正義》開始，禮學即在排斥鄭玄禮注中讖緯的成分，並承認昊天上帝的存在，而且單純地強調禮在現實面的作用。〔註180〕由此可知南學在高宗時已呈抬頭之勢。

不過《顯慶禮》之罷廢，理當不如史文所載般，只是因為學者間的紛爭所造成。但可能與武后專權，欲打破成文禮制以利行使己見有關，這可從武后掌權之後，〔註181〕恢復行《貞觀禮》，又再詔行「周禮」之舉可以看出端倪。其目的應是不讓自己所遂行之禮儀，受到成文禮制的約束，並使禮儀由己意來進行裁決。武周時雖有韋叔夏等人創定禮制，但他們有可能是經由武則天授意再行編制。久視元年之後，韋叔夏等雖可刊定禮制後再行奏呈，但此時已至武周晚年矣。

從《開皇禮》到《貞觀禮》，禮典可說一直在反映皇帝的欲求，故禮典的編纂事務，最先都是由皇帝所發動。但《顯慶禮》則明顯是由臣下所發起，這可能與高宗個性闇弱有關。

第三節　《大唐開元禮》的編纂

一、修纂《大唐開元禮》的時代背景

玄宗開元年間，是唐代繼貞觀、永徽之後的第三個盛世。然而開元治世的成因，一方面是繼承了武周的遺產，〔註182〕另一方面則是玄宗自身的奮發圖治。〔註183〕

社，1992-10）卷 67〈典禮〉「郊禮唯昊天稱天五帝只稱帝制」，頁 342。
〔註178〕參見前引（日）金子修一〈魏晉より隋唐に至る郊祀・宗廟の制度について〉，頁 44～47。
〔註179〕參見前引高明士〈論武德到貞觀禮的成立——唐朝立國政策的研究之一〉，頁 1026 ～1027
〔註180〕參見章權才《魏晉南北朝隋唐經學史》（廣州：廣東人民出版社，1996-8），頁 258 ～260；劉澤華、張分田〈孔穎達的道論與治道〉（《孔子研究》1991-3，1991-9），頁 78～82。
〔註181〕武氏在上元元年（674）與高宗並稱二聖（見《舊唐書・高宗紀下》，頁 99），可視為其權力穩固的象徵。
〔註182〕參見高明士〈論漢武帝、武則天晚年的自救措施〉（收入傅樂成教授紀念論文集編輯委員會編《傅樂成教授紀念論文集・中國史新論》，臺北：臺灣學生書局，民 74-8），頁 228～232。
〔註183〕參見李樹桐〈開元盛世之研究〉（收入氏著《唐史研究》，臺北：臺灣中華書局，民

禮典的編纂與政治的良窳、國家的需求間是有密切關係，《大唐開元禮》作爲玄宗盛世的重要功績之一，其修纂背景自然與開元之治的成因息息相關。以下就將修纂《大唐開元禮》的時代背景，分成武周以下的政治局勢，與玄宗的治世雄心等兩部分進行討論。

1. 武則天掌權後禮制的更迭與混亂

傳統的禮制是以男性爲中心。武氏以女性的身分掌握政治實權後，使得藉禮來凸顯政治權力的運作模式，產生了許多矛盾。武氏透過權力的運作，使她能在禮儀的參與及制定上發揮影響力。〔註184〕

諸如封禪之事，在武氏爲后之後，即密贊臣下屢請高宗實行封禪。在顯慶四年（659）之時，許敬宗亦曾奏上封禪之儀，〔註185〕但皆因故而停止。〔註186〕不過在麟德二年（665），高宗與武后終於得以舉行封禪，並詔禮官撰定封禪之儀注。禮官奏上的封禪儀注內容，是「封祀以高祖、太宗同配，禪社首以太穆皇后（高祖后竇氏）、文德皇后（太宗后長孫氏）同配，皆以公卿充亞獻、終獻之禮」，〔註187〕此乃是遵照司禮太常劉祥道之奏議所決定。〔註188〕武后因無法直接參與祭祀，故上表抗命，言前代之封禪多是爲皇帝自己尋仙求名，而非眞正虔心祭告天地，故表請高宗不必遵古，改以皇后率命婦參與。高宗遂以皇后爲亞獻，越國太妃燕氏爲終獻，以祭地祇、社首。〔註189〕暫且不論此舉違禮與否，其背後的意義，是武后以政治權力來改變禮制，而使自己得以參與禮儀的運作。〔註190〕

68-6）：許道勳、趙克堯《唐玄宗傳》（北京：人民出版社，1993-1）第五、六章。

〔註184〕可參見 Chen Jo-shui（陳弱水），"Empress Wu and Proto-Feminist Sentiments in T'ang China", in F. P. Brandauer ＆ Chun-chieh Huang eds., *Imperial Rulership and Culture Change in Traditional China*, Seattle: University of Washington Press, 1994.

〔註185〕見《通鑑》卷200〈唐紀16〉「高宗顯慶四年六月」條，頁6316。

〔註186〕詳見（韓）金相範〈唐代封禪研究〉（臺北：中國文化大學史學研究所碩士論文，民83-6），頁59～60；前引（美）Howard J. Wechsler, *Offerings of Jade and Silk:Ritual and Symbol in the Legitimation of the T'ang Dynasty*, PP.183～187.

〔註187〕見《舊唐書・禮儀志三》，頁884～886。又其儀注內容實與許敬宗所定之「以高祖、太宗俱配昊天上帝，太穆（高祖后竇氏）、文德（太宗后長孫氏）二皇后俱配皇地祇」（見《通鑑》，頁6316）大致相同。

〔註188〕見《舊唐書・劉祥道傳》，頁2753；《冊府元龜》卷586〈掌禮部・奏議十四〉，頁3088c～3089a。

〔註189〕見《舊唐書・禮儀志三》，頁886～887。又〈禮儀志〉言祭地祇於梁甫（梁父山），然〈高宗紀下〉言社首山（頁89），在《新唐書》卷14〈禮樂志四〉亦言在社首山（頁351），其他的文獻也是載於社首山，故改之。

〔註190〕關於武氏的封禪，可參見前引 Chen Jo-shui（陳弱水），"Empress Wu and Proto-Feminist Sentiments in T'ang China", PP.82～86.

誠如前節所述，從上元三年開始，朝廷就沒有標準的禮典可以遵循，全憑禮官刊定儀文，並由上意裁決之。譬如建制明堂之事，在高宗時屢次詔議，始終無法取得共識。〔註 191〕武后在臨朝聽制之後，決定「以高宗遺意，乃與北門學士議其制，不聽群言」，〔註 192〕直接拆毀東都的乾元殿以建造明堂，終於在睿宗垂拱四年（688）完成。〔註 193〕武后直接與自己所起用的「北門學士」〔註 194〕議定明堂制度，這顯然擺脫了太常寺與博士等議禮機構與制禮體制的運作，而直接進行禮儀的制定。更可以說因為沒有現行成文禮典的羈絆，使得禮儀的制定與推行，更容易為武后所控制。

完成明堂之後，武后將之改稱為「萬象神宮」，〔註 195〕並於永昌元年（689）親享萬象神宮，且讓東都的婦人及諸州父老參觀這座明堂。〔註 196〕時值武后營造女主即位的氣氛，故欲藉明堂以收攬民心。〔註 197〕

在建立武周之後，武則天雖不斷地建立新制，不過在禮儀方面尚能聽從臣下所奏，遵禮義而改之。如天授二年（691）親祀明堂，合祭天地，並以周文王、武氏先考、先妣配祭，百神從祀，此大違古制。故韋叔夏上奏，認為明堂之正禮乃在祭祀五帝，且只能以祖宗等配祀，後來武則天接受了這個建議。〔註 198〕又如萬歲通天二年（697），由武則天所命而鑄造，象徵掌握天下權力的九州銅鼎完成，並置於新建之明堂（通天宮）前，武則天欲以黃金千兩塗於鼎之表面，但後亦聽諫而止。〔註 199〕聖曆元年（698），武則天欲在每月一日，於明堂（通天宮）舉行告朔之禮。司禮博士認為從南朝的《禮論》，至唐代之《顯慶禮》等禮書，還有「永徽祠令」等令文中，均未見天子每月告朔之事，故諫止之。鳳閣侍郎王方慶則以為告朔乃禮也，在《春秋》及鄭玄注《禮記·月令》中皆有文字敘述，禮典不載乃是因歷代不傳而闕，故

〔註 191〕見《舊唐書》卷 22〈禮儀志二〉，頁 853～862。

〔註 192〕見《舊唐書》卷 22〈禮儀志二〉，頁 862。

〔註 193〕見《舊唐書》卷 22〈禮儀志二〉，頁 862。

〔註 194〕關於北門學士，請參見劉健明〈論北門學士〉（收入中國唐史學會編《中國唐史學會論文集》，西安：三秦出版社，1989-1）；雷家驥《隋唐中央權力結構及其演進》（臺北：東大圖書公司，民 84-2），頁 52～56。

〔註 195〕見《唐會要·明堂制度》，頁 319。

〔註 196〕見《舊唐書》卷 22〈禮儀志二〉，頁 864。

〔註 197〕早在垂拱四年就由武承嗣偽造瑞石，言「聖母臨人，永昌帝業」，並稱獲於洛水，創造女主登基的瑞徵；詳見《舊唐書》卷 24〈禮儀志四〉，頁 925。又關於武氏與明堂的關係，可參見（日）金子修一〈則天武后の明堂について——その政治的性格の檢討〉（收入（日）唐代史研究會編《律令制——中國朝鮮の法と國家》，東京：汲古書院，1986-2）。

〔註 198〕見《舊唐書》卷 22〈禮儀志二〉，頁 864～865。

〔註 199〕見《舊唐書》卷 22〈禮儀志二〉，頁 868。

當遵鄭玄之義而行。武則天遂命諸儒討論之，最後由博士吳揚吾、郭山惲裁決依王方慶之建議，武則天亦制從之。〔註200〕

　　以上諸例，雖不能代表武則天在武周建國之後，都完全遵照禮制行事，但至少可以顯示武則天在登即帝位後，國家的禮儀雖然沒有禮典可循，可是她還算尊重禮官的建議。為何在武周成立之後，武則天反較能依循禮官的意見而行事？這可能與名位有關。在武周之前，武氏雖然在政治上已經掌握絕對的力量，但是當時的她畢竟不是皇帝，她的權力是透過控制皇帝（高宗、中宗與睿宗）而獲得的。在她正式成為皇帝之後，就不必再循非正式的管道來完成她的意志，故可以透過正式的官僚組織，來進行禮儀的運作。

　　其實這也可以從法制的推行，與任用酷吏的角度來做解釋。武則天自高宗晚年以來不斷任用酷吏，打壓異己，在徐敬業之亂後尤其重用酷吏，並且大開告密之門，羅織罪刑使人入罪。不過在建立武周之後，這種情況已經慢慢在減少，且不斷使任刑之酷吏伏法，至神功元年（697）來俊臣被誅之後，武則天的酷吏政治才算終結。〔註201〕另一方面，在稱制之前，武氏多是透過體制之外的非正式管道，來達遂自己的政治目的，並不斷破壞體制來行事，這使得唐代的制度在其掌權時期產生動搖，造成社會的不安，國家的根基亦逐漸鬆動。在武則天晚年雖仍不免親暱小人，但至少在任用賢士與知言納諫等方面尚可稱道，並盡力恢復與李家的關係，使得唐代能再度興盛。〔註202〕歐陽修提出武氏在位時，「博士掌禮，備官而已」之說，〔註203〕當屬太過。

　　不過這種情況，在中宗復位後又遭到破壞。中宗於神龍元年（705）復位之後，馬上下詔「依永淳已前故事」施政。〔註204〕不過中宗並不是一個英明之君，反而處處顯得愚闇不明。加上「武三思居中用事，皇后韋氏頗干朝政，如則天故事」；〔註205〕其女安樂公主「恃寵而驕，賣官鬻獄，勢傾朝廷，常自草制敕」；〔註206〕

〔註200〕見《舊唐書》卷22〈禮儀志二〉，頁868～873。
〔註201〕詳見黃清連〈兩唐書酷吏傳析論〉（《輔仁歷史學報》5，民82-12）。又武則天對任用酷吏態度轉變的關鍵，是天授三年（692）來俊臣誣告狄仁傑等人謀反案。此事詳見《舊唐書》卷89〈狄仁傑傳〉，頁2888～2889；《資治通鑑》卷205〈唐紀〉「天授三年正月」條，頁6479～6471。此承蒙邱添生師提示，謹此致謝。
〔註202〕參見前引高明士〈論漢武帝、武則天晚年的自救措施〉，頁211～233。
〔註203〕見《新唐書》卷11〈禮樂志一〉，頁309。
〔註204〕見《舊唐書》卷7〈中宗紀〉，頁136。
〔註205〕見（唐）劉肅《大唐新語》（點校本，臺北：新宇出版社，民74-10）卷2〈剛正〉，頁34。
〔註206〕見《舊唐書》卷51〈后妃上・韋庶人傳〉，頁2172。

可見其母女跋扈氣盛，且欲仿武則天之模式以掌朝政。景龍三年（709），中宗親祀南郊，將定儀注，國子祭酒祝欽明等建議皇后亦可助祭，雖遭到太常博士唐紹等之反對，但終不能阻止韋后助祭。在此次郊祀中，韋氏爲亞獻，李嶠之女爲齋娘，以執籩豆。〔註207〕此事連同武后在乾封爲亞獻之事，皆遭開元時之君臣大加非議。〔註208〕當時唐紹亦常諫諍禮事，但都未被採納，〔註209〕可知禮官在中宗時期只是備位而已。

可見在皇權之下，禮典的存在與否，禮儀是否能依禮義而行，皇帝可謂扮演著最具關鍵性的角色。若是皇帝不願守禮，或者是大權旁落，則禮典的象徵意義，往往會變成只是在宣示政治權力歸屬的象徵而已。

中宗時，禮制再度陷於因循皇帝之喜好而制定的局面，這使得武則天以來，由禮官爲主體來議定禮儀的運作機制遭到破壞。中宗以後，又因朝中政爭與政變大起，所謂「依永淳已前故事」或「依貞觀、永徽故事」，〔註210〕早已成爲空言，更遑論禮典之制作哉！

2. 唐玄宗之盛世雄志與張說的粉飾盛時

唐玄宗李隆基在先天二年（713）鏟滅太平公主及其黨派之後，眞正取得政治大權。當時玄宗雖未滿三十歲，〔註211〕但事實上他已經遭遇過七次政變，其中三次還是由他所主導，可見玄宗早已飽歷政治的風霜與權力的起伏。〔註212〕正因如此，「開元握圖，永鑒前車」，〔註213〕玄宗記取了這個「寶位深墜地之憂，神器有綴旒之懼」〔註214〕的教訓，並不斷勵精圖治，方得使開元年間成爲唐代的盛世。

玄宗在即位之後，即以姚崇、宋璟爲相，任內頗有治績，〔註215〕但因太平公主與玄宗之政治鬥爭，二人遂去相外放。玄宗掌握實權後，再度起用姚崇爲相。

〔註207〕見《舊唐書‧禮儀志一》，頁 830～831。
〔註208〕見《舊唐書‧禮儀志三》，頁 892～893。
〔註209〕見《舊唐書》卷 85〈唐紹傳〉，頁 2814。
〔註210〕見《舊唐書》卷 50〈刑法志〉，頁 2149。
〔註211〕李隆基生於睿宗垂拱元年（685），到先天二年才 28 歲。
〔註212〕參見汪籛〈唐玄宗安定皇位的政策和姚崇的關係——玄宗朝政治史發微之一〉（收入前引氏著《汪籛隋唐史論稿》），頁 189～190；前引許道勛、趙克堯《唐玄宗傳》，頁 82～83。
〔註213〕見《舊唐書》卷 9〈玄宗紀下〉贊曰，頁 237。
〔註214〕見《舊唐書》卷 9〈玄宗紀上〉，頁 169；《唐大詔令集》卷 2〈帝王‧明皇即位赦〉，頁 7。
〔註215〕詳見周東平〈論睿宗朝的政治改革與開元之治的關係〉（《廈門大學學報（哲學社會科學版）》1990-2，1990-4）。

姚崇為求重振皇帝之權威，革除武后以來李氏皇權旁落，權臣舞政的現象，遂建議玄宗外放擁立有功之功臣與李氏諸王，並禁止宗室與功臣間聯絡結黨，藉以鞏固玄宗之皇位。〔註216〕玄宗建立權威最著名的例子，便是驪山講武之事。先天二年十月，〔註217〕玄宗徵兵二十萬，講武於驪山之下。其間玄宗以軍容不整為由，欲斬擁立玄宗之功臣，當時任兵部尚書的郭元振於纛下，經張說、劉幽求等人求情，方得改判為流；但仍是處斬了當時知禮儀事的唐紹，原因是唐紹「制軍禮不肅故也」。〔註218〕其實，軍容不整與制軍禮不肅都只是藉口，玄宗真正的目的，是為求確立皇帝的權位與威嚴。驪山講武之所以強調軍禮，只是用來凸顯皇帝才是禮儀與政治權力的主宰者。〔註219〕

　　雖說玄宗即位之際有以軍禮立威之事，但是在開元初年玄宗所注重的部分，並不是在於宣揚禮儀，朝廷大部分的措施都是集中在整飭吏治、重編律令、鼓勵進諫以及戒除奢靡等方面，目的都是在強化與鞏固國家的統治。〔註220〕玄宗在位之時，「急於為理」，所以「尤注意於宰輔」。〔註221〕在宰相的任用上，開元初期亦是以嫻熟於政事者為主。司馬光對開元年間主事之宰相有評曰：

　　　　上（玄宗）即位以來，所用之相，姚崇尚通，宋璟尚法，張嘉貞尚吏，張

　　　　說尚文，李元紘、杜暹尚儉，韓休、張九齡尚直，各其所長也。〔註222〕

姚崇、宋璟、張嘉貞等開元前期的宰相，均是以政事法制為其所長，開元前期的政績，也大多是以這方面為主。但這段時期並非不用文士，其實玄宗是一位相當重視文人與學者的皇帝，他個人也是因文人之助而被擁立為帝。不過在姚崇等之

〔註216〕詳見前引汪籛〈唐玄宗安定皇位的政策和姚崇的關係──玄宗朝政治史發微之一〉；許道勛、趙克堯《唐玄宗傳》第五章。又此事牽涉到引自吳兢所著之《開元升平源記》中所載姚崇上十事疏並與高宗密議之事，此可參見岑仲勉《唐史餘瀋》（臺北：弘文館出版社，民74-3）卷2〈玄宗〉「姚崇十事」條，頁77～78。

〔註217〕《舊唐書‧玄宗紀上》將此事繫月於十一月（頁171），不過《新唐書》卷5〈玄宗紀〉（頁122）、《通鑑》卷210〈唐紀26〉「玄宗開元元年十月」條（頁6687）與《唐會要》卷26〈講武〉條（頁586）均繫月於十月，從之。

〔註218〕見《通鑑》卷210「玄宗開元元年十月」條，頁6687；《舊唐書‧玄宗紀上》，頁171。

〔註219〕參見陳祚龍〈唐代軍禮講武儀式之梗概暨玄宗尚武立威之一斑〉（《文藝復興》53，民63-6），頁44～45。

〔註220〕參見（英）Denis Twitchett編，張榮芳主譯，高明士總校訂《劍橋中國史‧第三冊‧隋唐篇（上）》（臺北：南天書局，民76-9），頁378～410；前引許道勛、趙克堯《唐玄宗傳》第六章。

〔註221〕見（唐）鄭處誨《明皇雜錄》（點校本，北京：中華書局，1994-9）卷上「唐玄宗用張嘉貞為相」條，頁12。

〔註222〕見《通鑑》卷214〈唐紀30〉「玄宗開元二十四年十一月」條，頁6825。

主政下，建樹多在政治方面，文治的事業較少。文治方面的建設，要等開元十一年（723）張說總攬相權之後，才眞正有所進展。〔註223〕禮儀的興作，亦是在張說爲相時大起。

　　所謂「太宗定其業，玄宗繼其明」，〔註224〕從開元初年以來，玄宗以貞觀故事自惕，任用賢相以協助治國，故在開元四年（716）時已有「唐主英武，民和年豐」之聲。〔註225〕「不六、七年，天下大治，河清海晏，物殷俗阜」，〔註226〕加上宇文融在開元九年（721）所開始之括戶有一定的成效，〔註227〕國家正處於相當程度的穩定與發展中。因此在開元中期之後，玄宗對文治開始有所作爲。

　　在開元初期，唐紹因驪山講武之事被斬後，禮官中又有張星、王琇因「元日儀注乖失」而被免官。〔註228〕「元日儀注乖失」所指何事，今已不得其詳；張、王二人因無傳記，亦難知其身世。但張星於開元七年（719）任太常博士；〔註229〕王琇於開元年間曾任司勳員外郎，〔註230〕開元九年時擔任大理寺丞，後被宇文融奏充農判官。〔註231〕由此推論，張星當是在開元七年以後被罷，而王琇應是在開元九年後轉任禮官時方被免官。開元初年之禮官遭逢此般處境，可見玄宗仍是相當重視禮儀之事。

〔註223〕開元時期文學與吏治之爭，是汪籛氏於前引〈唐玄宗時期吏治與文學之爭──玄宗朝政治史發微之二〉（收入前引氏著《汪籛隋唐史論稿》）一文中所提出的，但此說實已遭到不少的質疑，參見劉健明〈論唐玄宗時期的集賢院〉（收入前引黃約瑟、劉健明主編《隋唐史論集》）。

〔註224〕見《舊唐書》卷190下〈文苑下・劉蕡傳〉，頁5068。

〔註225〕見《通鑑》卷211〈唐紀27〉「玄宗開元四年十月」條引暾欲谷之言，頁6722。

〔註226〕見（唐）鄭棨《開天傳信記》（百川學海本，收入《叢書集成新編》第83冊，臺北：新文豐出版公司，民74-1），頁410b；亦可見（北宋）王讜撰，周勛初校證《唐語林校證》（北京：中華書局，1987-7）卷3〈夙慧〉條，頁309。

〔註227〕唐玄宗在〈貶宇文融汝州刺史制〉（見《全唐文及拾遺》卷22，重編本，臺北：大化書局，民76-3）中，言宇文融「往以封輯田戶」之時「頗有宏益」（頁110c），可見宇文融之括戶是有相當之成績。關於括戶的問題，可參見李劍農《中國古代經濟史稿・第二卷・魏晉南北朝隋唐部分》（武昌：武漢大學出版社，1990-10），頁250～257；（日）礪波護《唐代政治社會史研究》（京都：同朋社，1986-2）第III部分第二章〈唐の律令體制と宇文融の括戶〉。

〔註228〕見《舊唐書・禮儀志一》，頁818。

〔註229〕見《舊唐書》卷135下〈良史・宋慶禮傳〉，頁4815。

〔註230〕見（清）勞格、趙鉞著《唐尚書省郎官石柱題名考》（點校本，北京：中華書局，1992-4）卷8〈司勳員外郎〉條，頁413；岑仲勉《郎官石柱題名新考訂》（上海：上海古籍出版社，1984-5），頁57。

〔註231〕見《唐會要》卷85〈逃戶〉條，頁1851～1852。

　　開元十年（722），玄宗詔前博士韋叔夏之子韋縚爲禮儀使，〔註232〕專掌五禮。
〔註233〕從中宗以下，禮儀之事不遑論之，至玄宗任命韋縚之後，方再有統掌五禮之
事者。

　　開元十一年（723）二月，玄宗北巡并州時，張嘉貞因坐受贓之事，被罷去中書
令，並貶爲幽州刺史。〔註234〕同時，張說向玄宗進言漢武帝曾於脽上祠祀后土，玄
宗亦應進行祈祀，玄宗後來同意張說之請；祭祀完畢後，並封張說爲中書令，〔註235〕
張說遂得大攬相權。四月，玄宗更親自下詔予張說曰：

　　　動惟直道，累聞獻替之誠；言則不腴，自得謀猷之體。政令必俟其增損，

　　　圖書又藉其刊削，才望兼著，理合褒升。考中上。〔註236〕

玄宗重用張說之因於此詔中表露無遺，目的即在借重張說之才學，增損政令，編刊
圖書。可見玄宗於此時是要藉由張說，而在文治上有所作爲了。

　　果眞在當年九月，玄宗下詔「允備郊天之禮，所司擇舊典以聞」。〔註237〕十一
月，玄宗親享圓丘，任禮儀使的張說和韋縚議請以高祖配祭，不遵垂拱元年時以高
祖、太宗、高宗三人同配之制。〔註238〕

　　張說，字道濟，或字說之。史書言張說之先祖爲范陽人，代居河東，後再遷居
洛陽。〔註239〕因張說之先祖不著於當時，且由張說好求與山東士族爲婚之事〔註240〕
來看，其應當不是出身於高門。〔註241〕載初元年（690），武后親策賢良方正，張說

〔註232〕關於禮儀使，乃是因「高祖禪代之際，溫大雅與竇威、陳叔達參定禮儀。自後至開
　　　　元初，參定禮儀者並不入銜，無由檢序」，故此處韋縚所擔任的禮儀使並非正式之
　　　　官職，只是權宜而設。至天寶九載（750）方置禮儀使，德宗建中年間廢（均見《唐
　　　　會要》卷37〈禮儀使〉條，頁784～785）。另可參見王穎樓《隋唐官制》（成都：
　　　　四川大學出版社，1995-9），頁167～168。
〔註233〕見《舊唐書·禮儀志一》，頁818；《新唐書·禮樂志一》，頁309。
〔註234〕見《舊唐書·玄宗紀上》，頁185；卷99〈張嘉貞傳〉，頁3091～3092。
〔註235〕見《舊唐書·玄宗紀上》，頁185；卷97〈張說傳〉，頁3054。
〔註236〕見《舊唐書》卷97〈張說傳〉，頁3054。
〔註237〕見《冊府元龜》卷33〈帝王部·崇祭祀二〉，頁157b；《唐大詔令集》卷67〈典禮·
　　　　南郊一〉「開元十一年郊天制」，頁343。
〔註238〕見《舊唐書·禮儀志一》，頁833；《新唐書·禮樂志三》，頁335。
〔註239〕見《舊唐書·張說傳》，頁3049；《新唐書》卷125〈張說傳〉，頁4404。但據陳祖
　　　　言氏之考證，認爲張說之先祖爲范陽人之事乃是「越認」，而後來遷居洛陽之事亦
　　　　屬訛傳，其籍貫應是在河東；詳見陳祖言《張說年譜》（沙田：中文大學出版社，
　　　　1984），頁1～4。《張說年譜》一書承陳弱水師告知，謹此致謝。
〔註240〕見（唐）李肇《唐國史補》（點校本，收入《唐國史補等八種》，臺北：世界書局，
　　　　民80-6）卷上〈張說婚山東〉條，頁21。
〔註241〕細論可參見王毓秀《張說研究》（臺北：國立臺灣大學中國文學研究所碩士論文，

被評爲第一。〔註242〕玄宗爲太子時，張說與褚無量俱爲侍讀，深得玄宗之敬重。睿宗景雲二年（711），張說議請太子監國，後並請玄宗誅滅太平公主，因此得拜中書令，封燕國公。開元初因與姚崇不合，外放至地方任官。至開元九年，因軍功拜兵部尚書，方再重回長安。〔註243〕

　　開元十二年（724），群臣皆因天下太平，歲稔民豐，故屢請玄宗封禪，其中以張說所扮演之角色最爲重要。〔註244〕經過幾次的表請，玄宗終於應允在明年封禪泰山，並命張說、徐堅、韋縚等人與禮官於麗正殿書院刊撰儀注。〔註245〕在此次儀注的討論中，雖然產生了不少儀制的爭議，但實際主持儀注之編定者仍爲張說。〔註246〕不過儀注最後的裁斷權，還是在玄宗手中。〔註247〕此次的封禪，張說可以說是最重要的人物：由上請封禪以至封禪儀注的編纂，再到典禮的進行，張說可以說一身擔起推動整個封禪的重任，這也是張說生平的一大功績。

　　另外，在開元初時，因經過長時間的政治鬥爭，整理圖書典籍的工作停頓日久。後在侍讀馬懷素、褚無量之建議下，於開元五年（717）引進一批學者，於東都乾元殿東廊編整典籍，開元六年（718）遷回長安之麗正殿，改稱麗正脩書院。〔註248〕此時麗正書院主要的工作，仍是以編整圖書爲主。〔註249〕正因爲人才畢集於此，「由是祕書省罷撰緝，而學士皆在麗正矣」。〔註250〕後馬、褚二人相繼逝世，改由元行沖接掌麗正書院，〔註251〕並纂成目錄學之著作《群書四錄》。〔註252〕開元十年，改由張說執掌麗正書院。十二年時，張說領導麗正書院學者編纂了封禪之儀注，這是極重要的工作。開元十三年（725），玄宗把麗正書院改爲集賢殿書院，其內之官員

民70-6），頁1～5。

〔註242〕《新唐書・張說傳》僅言張說於永昌中被武后拔擢登第（頁4404），但陳祖言氏在《張說年譜》中，認爲張說制舉登科的時間應是在載初元年（頁7～9），今從之。又（清）徐松《登科記考》（點校本，北京：中華書局，1984-8）卷3〈垂拱四年〉條，將張說列於垂拱四年詞標文苑科（頁86～87）。

〔註243〕見《舊唐書・張說傳》，頁3051～3053；《新唐書・張說傳》，頁4406～4408。

〔註244〕參見前引許道勛、趙克堯《唐玄宗傳》，頁159～161。

〔註245〕見《舊唐書・禮儀志三》，頁891～892；《新唐書・禮樂志四》，頁352。

〔註246〕見《舊唐書・禮儀志三》，頁892～900；又可參見前引（韓）金相範《唐代封禪研究》，頁69～76。

〔註247〕參見前引許道勛、趙克堯《唐玄宗傳》，頁163。

〔註248〕見《新唐書》卷47〈百官志二〉，頁1212～1213。

〔註249〕參見前引劉健明〈論唐玄宗時期的集賢院〉，頁55。

〔註250〕見《新唐書》卷199〈儒學中・馬懷素傳〉，頁5682。

〔註251〕見《新唐書》卷200〈儒學下・元行沖傳〉，頁5691。

〔註252〕見《新唐書・藝文志二》，頁1498。又，此書在《舊唐書》卷46〈經籍志上〉載爲《群書四部錄》（頁1962）。

俱稱為學士或直學士，並想把集賢殿書院變成天下賢士畢集之所。然而張說更進一步的計畫，是欲將集賢殿書院變成君主與學士講道論治之地，使之成為輔佐君主施政的重要機構。在張說之後，集賢院學士都由宰相來擔任，所以集賢院成了另一個政治中心。〔註253〕在《唐六典》中載集賢院學士之職責為：

> 集賢院學士掌刊緝古今之經籍，以辯明邦國之大典，而備顧問應對。凡天
> 下圖書之遺逸，賢才之隱滯，則承旨而徵求焉。其有籌策之可施於時，著
> 述之可行於代者，較其才藝，考其學術，而申表之。〔註254〕

可見集賢院的工作，不只是在進行典籍的編纂，還要徵集培養賢才，以供皇帝引用。

　　後來張說因與宇文融結黨相爭，玄宗遂將二人同時免去相位。〔註255〕至開元十七年（729）張說方再復相，玄宗因敬其有「修謁陵儀注功」，故多加禮遇，「當時榮寵，莫與為比」。〔註256〕

　　劉昫於《舊唐書》評論張說曰：

> （張說）喜延納後進，善用己長，引文儒之士，佐佑王化，當承平歲久，
> 志在粉飾盛時。其封泰山，祠脽上，謁五陵，開集賢，修太宗之政，皆說
> 為倡首。〔註257〕

《新唐書》亦稱張說「粉澤典章，成一王之法」。〔註258〕可見張說雖大興典禮，但事實上是為了相應玄宗盛世之舉措。玄宗亦欲有所為，方會重用張說，並遵張說之請，多行禮事。誠如前文所見，玄宗自開元以來的勵精圖治，國家大致已臻富足之境，「功成作樂，治定制禮」之心態，早已在他心中蘊釀，故才會讓外放已久，「文成典禮」的「一代詞宗」〔註259〕張說來主導政事。

　　相應於任用張說，開元十年起用韋縚掌五禮，並命陸堅等撰修《六典》等事，〔註260〕多少可以顯示玄宗意欲展開經典事業之企圖。又如開元六年八月，玄宗頒

〔註253〕參見前引劉健明〈論唐玄宗時期的集賢院〉，頁55～58。

〔註254〕見（唐）李林甫等撰，陳仲夫點校《唐六典》（點校本，北京：中華書局，1992-1）卷9〈中書省‧集賢殿書院〉，頁280～281。

〔註255〕見《舊唐書‧玄宗紀上》，頁190。關於張說與宇文融之爭，參見前引劉健明〈論唐玄宗時期的集賢院〉，頁58～60；閻守誠〈論張說與宇文融之爭〉（《晉陽學刊》1989-4，1989-7）。

〔註256〕見《舊唐書‧張說傳》，頁3056；《新唐書‧張說傳》，頁4409。

〔註257〕見《舊唐書‧張說傳》，頁3057。

〔註258〕見《新唐書‧張說傳》，頁4410。

〔註259〕見《唐大詔令集》卷44〈大臣‧命相一‧張說兼中書令制〉，頁197。

〔註260〕見《大唐新語》卷9〈著述〉，頁136；《新唐書‧藝文志二》頁1477。

鄉飲酒禮於州縣；〔註261〕開元七年十月，讓太子李嗣謙就國學行齒冑禮。〔註262〕由此諸事，可知玄宗早已經留意於禮儀的推行。開元七年四月之時，王仁皎卒，其子王守一上請築墳，但墳高違令，〔註263〕玄宗本允之，但引起宋璟、蘇頲的反對；〔註264〕閏七月時，盧履冰奏請廢武則天時的服制，恢復父在爲母服喪期年之議，也引起爭論連連。〔註265〕可見開元七年之際，在禮制上同時有許多事件發生，有可能因此而引發玄宗修訂禮儀之意，所以才有後來的張星、王琇被罷，以及韋縚、張說被重用之事。

　　由此可見，開元中葉之時，國家已達到安定富裕的局面，可是開元之前的政局長期不安，國家局勢大變，禮典與禮制均已不堪爲當時所用；加上唐玄宗欲展現其盛世之雄心與企圖，正好張說有粉飾盛世的認知，並有大興禮儀之作爲，這才造成《大唐開元禮》編纂的契機。

二、《大唐開元禮》的編修

　　《舊唐書‧禮儀志一》記載《大唐開元禮》的編纂過程曰：

> （開元）十四年（726），通事舍人王喦上疏，請改撰禮記，削去舊文，而以今事編之。詔付集賢院學士詳議。右丞相張說奏曰：「禮記漢朝所編，遂爲歷代不刊之典。今去聖久遠，恐難改易。今之五禮儀注，貞觀、顯慶兩度所修，前後頗有不同，其中或未折衷。望與學士等更討論古今，刪改行用。」（玄宗）制從之。初令學士右散騎常侍徐堅及左拾遺李銳、太常博士施敬本等檢撰，歷年不就。說卒後，蕭嵩代爲集賢院學士，始奏起居舍人王仲丘撰成一百五十卷，名曰大唐開元禮。二十年九月，頒所司行用焉。〔註266〕

整段文字可以分爲三個部分：第一部分是開元十四年王喦上奏改修《禮記》，張說表示改修《禮記》不可行，但是可以折衷貞觀、顯慶二禮以編纂新禮，玄宗表示贊同。第二部分是由徐堅、李銳、施敬本等人撰修禮典，歷年不就。第三部分是蕭嵩繼任

〔註261〕見《通鑑》卷212〈唐紀28〉「玄宗開元六年八月」條，頁6733。

〔註262〕見《舊唐書‧玄宗紀上》，頁180。

〔註263〕當是依開元七年三月頒佈的新令而言，見《舊唐書‧刑法志》，頁2150；《唐會要》卷39〈定格令〉，頁822。

〔註264〕見《通鑑》卷212〈唐紀28〉「玄宗開元七年四月壬午」條，頁6735～6736。

〔註265〕見《通鑑》卷212〈唐紀28〉「玄宗開元七年閏七月」條，頁6736～6737。

〔註266〕見《舊唐書‧禮儀志一》，頁818～819。又《通鑑》卷213〈唐紀29〉「玄宗開元十四年正月」條，將張說奏請修禮之事繫月於正月（頁6770）。

集賢院學士，並奏上改由王仲丘所撰成之《大唐開元禮》，後玄宗頒行之。《通典》、《唐會要》與《新唐書》文字大致相同，〔註267〕最主要的差異點，是《通典》與《新唐書》在第三部分均言是「李銳」卒後，蕭嵩方代爲集賢院學士。另外，《唐會要》記載《開元禮》撰成人爲王丘，此當是脫漏「仲」字。〔註268〕

其間疑點甚多。首先，王喦在什麼背景下提出改修《禮記》之議？其次，第一批修撰者爲何歷年不就？再者，蕭嵩是接替張說或是李銳之職？再次，王仲丘與第一批修撰者間有何傳承關係？最後，完成《開元禮》的編纂者只有王仲丘一人嗎？

關於第一個問題，並沒有史料可資解答。在兩《唐書》中，王喦除了提出重修《禮記》之議外，他的名字並沒有再出現於兩《唐書》、《唐會要》、《通鑑》等史書中，管見所及之文獻中亦未尋得，故暫且置之。不過關於改修《禮記》之事，倒有另一條史料可提供作爲旁證說明，《大唐新語》卷7〈識量〉條曰：

> 開元初，玄宗詔太子賓客元行沖修魏徵撰次禮記疏，擬行之於國學。及成，奏上之。中書令張說奏曰：「今上禮記，是戴聖所編。歷代傳習，已向千載，著爲經教，不可刊削。至（曹）魏，孫炎始改舊本，以類相比，有同鈔書，先儒所非，竟不行用。貞觀中，魏徵因炎舊書，更加釐正，兼爲之注。先朝雖加賜賚，其書亦竟不行。今行沖勒成一家，然與先儒義乖，章句隔絕。若欲行用，竊恐未可。」詔從之，留其書於內府，竟不頒下。時議以爲：說之通識，過於魏徵。〔註269〕

《禮記疏》完成於開元十四年八月。〔註270〕由張說所言之內容看來，玄宗所欲刊行，作爲國學教本的《禮記疏》，其內容是將禮儀的文字加以分類整理，並非是對《禮記》文字的注疏。孫炎乃鄭玄的門生，孫炎之所以撰著《禮記注》，全是爲批駁王肅而作。〔註271〕張說認爲魏徵仿孫炎之做法而撰《次禮記》〔註272〕，雖說可稱之爲新作，但仍是不能取代《禮記》的地位，而成爲國學教本。玄宗此議與前述王喦之奏，至少代表唐代人曾企圖對《禮記》的內容加以重編整理，以符當時之用。不過張說皆

〔註267〕見《通典・禮志一・禮序》，頁1122；《新唐書・禮樂志一》，頁309；《唐會要・五禮篇目》，頁783。

〔註268〕《唐會要》卷10上〈后土〉條即載王仲丘撰成《開元禮》（頁261），可見在〈五禮篇目〉條是脫漏了「仲」字。

〔註269〕見《大唐新語》卷7〈識量〉，頁103；亦可見《唐會要》卷77〈貢舉下・論經義〉條，頁1667～1668。又《唐會要》稱《禮記疏》爲《禮記義疏》。

〔註270〕見《唐會要》卷77〈貢舉下・論經義〉條，頁1667。

〔註271〕見《三國志》卷13〈魏書・王肅傳附孫叔然傳〉，頁420～421。

〔註272〕見《舊唐書》卷46〈經籍志上〉，頁1973。《次禮記》或稱《類禮》，見《舊唐書》卷71〈魏徵傳〉，頁2559。

反對之，原因在於他認為《禮記》已成為經典，不可率意更動，歷代以來欲增刪《禮記》者，或「以類相比，有同鈔書」，或「與先儒義乖，章句隔絕」，故這類書籍皆不得行於後世。可見張說個人主張必須維持傳統禮的意義，後世所能變更者，僅是禮的儀文；他也不贊成因為禮儀的改變，而使《禮記》經典的地位喪失。這個見解在當時並獲得讚譽。

有學者認為《禮記疏》之所以不得頒行，是因為以張說為首的文士，排斥元行沖等以儒學知名的麗正書院學士，〔註 273〕所以《禮記疏》因此而被擱置。〔註 274〕此可備為一說。

既然不宜修纂《禮記》，而《貞觀禮》與《顯慶禮》之間又存有矛盾歧義，並且已存在多年，但因為政治因素而未得改修，故張說修禮之建議獲得玄宗的讚允，並命由張說所領導的集賢院主持編纂之工作。主要的修撰人有徐堅、施敬本、李銳等人。

徐堅，其先祖原是東海郯人，並歷仕於南朝，隋平陳後，才遷入關中，居於馮翊，〔註 275〕可見徐堅出身於南朝士族。其父徐齊聃以文學入仕；〔註 276〕其姑徐惠為太宗之妃，且有賢名。〔註 277〕徐堅自少即遍覽經史，博學之聲遠播，與薛登、劉知幾齊名，〔註 278〕後舉進士。〔註 279〕從武周時開始，朝廷每有編修典籍之事，徐堅常是不可或缺的編修成員。其所參與編纂完成的重要典籍如下：

一、聖曆中，參與張昌宗所主撰《三教珠英》、《御覽》、《文思博要》等書的編纂工作，於大足元年（701）十一月完成。〔註 280〕在編修《三教珠英》時，張昌宗等「彌年不下筆，堅與（張）說專意撰綜，條彙粗立，諸儒因之乃成書」，〔註 281〕可見張說與徐堅之才學在武周時已展露無遺。

〔註 273〕參見前引汪籛〈唐玄宗時期吏治與文學之爭──玄宗朝政治史發微之二〉，頁 199～200。
〔註 274〕參見劉海峰《唐代教育與選舉制度綜論》（臺北：文津出版社，民 80-7），頁 179。
〔註 275〕見（唐）張九齡〈贈太子少保東海徐文公神道碑并序〉（收入氏著《曲江張先生文集》，四部叢刊正編本，臺北：臺灣商務印書館，民 68-11），頁 125 下。又《新唐書》卷 199〈儒學中・徐齊聃傳〉言徐齊聃（徐堅之父）是湖州長城人（頁 5661），東海在今江蘇與山東交界地帶，湖州則是在江蘇南部之太湖流域。由張九齡之文看來，徐堅之先祖最早當是居於東海，仕進南朝之時方是居於湖州。關於其世系可見岑仲勉《元和姓纂四校記》（臺北：臺聯國風出版社，民 64-11）卷 2，頁 196。
〔註 276〕見《舊唐書》卷 190 上〈文苑・徐齊聃傳〉，頁 4998；《新唐書・徐齊聃傳》，頁 5661。
〔註 277〕見《舊唐書》卷 51〈后妃上・賢妃徐氏傳〉，頁 2167～2169。
〔註 278〕見《舊唐書》卷 101〈薛登傳〉，頁 3136；《新唐書》卷 132〈劉知幾傳〉，頁 4520。
〔註 279〕見《舊唐書》卷 102〈徐堅傳〉，頁 3175。
〔註 280〕見《唐會要》卷 36〈修撰〉條，頁 766～767。
〔註 281〕見《新唐書》卷 199〈徐堅傳〉，頁 5662。

二、神龍元年五月，柳沖上奏議請修纂氏族宗譜，中宗從之，徐堅並參與修纂。至先天二年（713）七月，柳沖奏上《姓族錄》二百卷，又至開元二年（714）七月完成續修。〔註282〕

三、神龍二年（706），魏元忠編成《則天皇后實錄》與文集上奏中宗，徐堅亦有參與編撰工作。〔註283〕

四、景龍元年（707）十月，有鑑於神龍元年所刪定之格式有所疏漏，於是中宗時曾經進行修訂；睿宗景雲元年（710）又再下令刪定格令，至太極元年（712）二月完成，是爲「太極格」。徐堅、唐紹皆曾參與「太極格」的修纂。〔註284〕

五、如前節所述，徐堅於開元十三年，與張說等共同修撰封禪儀注。

六、開元十五年（727），張說奏上徐堅所主持編纂的《初學記》。《初學記》編纂之原由，是因玄宗請張說編修適合給皇子閱讀之書，張說遂與徐堅「纂經史文章之要，以類相從」。〔註285〕奏上後，玄宗定名爲《初學記》，〔註286〕至今仍有流傳。

　　由上述諸書的內容，可見徐堅才學相當廣博，故史稱徐堅「多識典故，前後修撰格式、氏族及國史等」。〔註287〕除此之外，徐堅亦通曉禮儀。武周聖曆年間，精通「三禮」的王方慶「每有疑滯，常就（徐）堅質問，堅必能徵舊說，訓釋詳明，方慶深善之」。〔註288〕長安三年（703）三月，王元感奏上《禮記繩愆》等書，諸學士因墨守章句，無法詳其可否。徐堅與劉知幾、魏師古等因雅好異聞，故得申明其理，並上表推薦，〔註289〕武則天因而下詔稱王元感爲「儒宗」。〔註290〕可知徐堅不僅通文史律令，也善於禮儀，此亦可由與張說同撰封禪儀注一事可以看出。

　　從開元十年張說漸掌修撰之事起，徐堅即不斷輔助張說從事編修之工作。事實

〔註282〕見《唐會要》卷36〈氏族〉條，頁776；《舊唐書》卷92〈蕭至忠傳〉則稱《姓族錄》爲《姓族系錄》（頁2971）；《新唐書》卷199〈儒學中‧柳沖傳〉則稱爲《姓系錄》（頁5678）。

〔註283〕見《舊唐書》卷92〈魏元忠傳〉，頁2953。

〔註284〕見《唐會要》卷39〈定格令〉條，頁821；《舊唐書‧刑法志》，頁2149～2150。

〔註285〕見《唐會要‧修撰》，頁768。

〔註286〕見《大唐新語‧著述》，頁137。

〔註287〕見《舊唐書‧徐堅傳》，頁3176。

〔註288〕見《舊唐書‧徐堅傳》，頁3175。此事亦可見《唐會要》卷37〈服紀上〉，頁792～793。

〔註289〕見《舊唐書‧王元感傳》，頁4963；《唐會要》卷77〈貢舉下‧論經義〉條，頁1662。

〔註290〕見《新唐書》卷199〈儒學中‧王元感傳〉，頁5666。

上從編修《三教珠英》起，徐堅就已經與張說一起從事典籍的編纂，二人「好尚頗同，情契相得」，〔註291〕並有詩歌往來。〔註292〕開元十年，張說為麗正殿書院修書使，並奏請徐堅與賀知章、趙冬曦等皆入書院編纂《六典》、《文纂》等書。〔註293〕但是編纂《六典》的工作，卻使徐堅遭遇到前所未有之難題，《新唐書》卷132〈韋述傳〉：

> 先是，（玄宗）詔脩六典，徐堅構意歲餘，歎曰：「吾更脩七書，而六典歷年未有所適。」及蕭嵩引（韋）述撰定，述始摹周六官領其屬，事歸其職，規制遂定。〔註294〕

編修《六典》之事，可以說讓徐堅等人構思甚久，但卻始終未能完成《六典》，這使得《六典》的編修受到延宕。

開元十三年，麗正書院因完成並奏上封禪儀注，玄宗賜宴學士與禮官於集仙殿，並改麗正書院為集賢書院，以張說為學士，知院事，徐堅為副。〔註295〕開元十四年則開始修撰《開元禮》。不過在開元十五年左右，徐堅正進行編纂《初學記》，可能無法同時專注於《開元禮》的編寫。而且徐堅卒於開元十七年（729）五月，〔註296〕故參與修禮的時間應該不長。不過《新唐書·藝文志》關於《開元禮》的記錄中，並未將徐堅列為撰輯者，或許不甚妥當，但這也顯示徐堅投注在《開元禮》的時間確實很少。

施敬本，潤州丹陽人，〔註297〕亦是出身於江南。開元十二年任四門助教時，曾上奏駁舊封禪禮八條，張說則將其中的四條意見納入封禪儀注中。〔註298〕後曾協助元行沖刊削《禮記義疏》。〔註299〕《新唐書·施敬本傳》中言「敬本以太常博士為集賢院脩撰」，但並無其他的史料可供細論，可能是因參議封禪禮儀而被引用，但並不知擔任集賢院修撰的確切時間。據《新唐書·藝文志三》的記載，施敬本也有參

〔註291〕見《大唐新語》卷8〈文章〉，頁130。

〔註292〕在《全唐詩》（點校本，北京：中華書局，1960-4）卷107中，有兩首徐堅送張說之詩（頁1111～1112）；張說在徐堅卒後亦撰贈挽歌，見（唐）張說《張說之文集》（四部叢刊正編本，臺北：臺灣商務印書館，民68-11）卷9，頁65下b。

〔註293〕見《舊唐書》卷190中〈文苑·賀知章傳〉，頁5033；《新唐書》卷196〈隱逸·賀知章傳〉，頁5606。

〔註294〕見《新唐書》卷132〈韋述傳〉，頁4530。

〔註295〕見《唐會要》卷64〈史館下·集賢院〉條，頁1322。

〔註296〕見（唐）張九齡〈贈太子少保東海徐文公神道碑并序〉，頁127上a。

〔註297〕見《新唐書》卷200〈施敬本傳〉，頁5697。

〔註298〕見《舊唐書·禮儀志三》，頁896～898。

〔註299〕見《唐會要·貢舉下·論經義》，頁1667；《新唐書·元行沖傳》，頁5691。

與《初學記》的修撰。〔註300〕由於史料的缺乏，除上述之事跡外，甚難探尋施敬本的其他作為。

至於李銳，兩《唐書》中並無傳記。編纂《初學記》時，李銳亦曾參與其事。〔註301〕開元十六年（728）五月，唐昌公主出降，將於紫宸殿行五禮，右補闕施敬本、左拾遺張烜、右拾遺李銳聯名上奏，表示婚禮不當在宮廷內舉行，玄宗遂將婚禮移至光順門外行之，〔註302〕李銳此時官任右拾遺。另外，在《新唐書·韋述傳》中，提到令狐德棻與吳兢欲撰武德以來之國史，因為都沒有完成，後來改由韋述繼之。蕭嵩想將國史早日完成，遂引用居舍人賈登、著作佐郎李銳來幫助韋述撰作國史。〔註303〕蕭嵩於開元十七年六月兼中書令，〔註304〕故引李銳、賈登之事，至少在開元十七年六月後方有可能發生。根據《唐六典》，右拾遺官品是從八品上，〔註305〕著作佐郎是從六品上，〔註306〕按理來說，李銳因年資而升官，這是合於常理的。

張說於開元十四年諫請修禮，到開元十五年二月罷相，〔註307〕十六年二月再兼集賢殿學士，〔註308〕復掌集賢院事。張說的起落，相信已影響到集賢院原先修撰計畫的正常運作，再加上《開元禮》主要的修撰人員，同時還要投入《初學記》的編纂，因此可以說從開元十四年到十六年之間，《開元禮》的編纂並沒有步上軌道。張說雖於十七年三月復相，〔註309〕但是集賢院的主要人物徐堅卒於五月，修禮的工作又為之頓挫。張說在開元十八年（730）困於疾病，〔註310〕對修禮之工作，應該是無法有效地推動。張說後於十八年十二月病逝，〔註311〕因此修撰禮典的工作，雖是由張說一手所推動，但是張說卻無法親眼看到《開元禮》的完成。

《開元禮》的編纂，隨著張說的政治起伏而受到影響；再加上《開元禮》編纂

〔註300〕見《新唐書》卷59〈藝文志三〉，頁1563。
〔註301〕見《新唐書》卷59〈藝文志三〉，頁1563。
〔註302〕見《唐會要》卷30〈大明宮〉，頁645。
〔註303〕見《新唐書·韋述傳》，頁4530。
〔註304〕見《通鑑》卷213〈唐紀29〉「玄宗開元十七年六月甲戌」條，頁6785。
〔註305〕見《唐六典》卷9〈中書省〉，頁277。
〔註306〕見《唐六典》卷10〈著作局〉，頁301。
〔註307〕見《通鑑》卷213「玄宗開元十五年二月乙巳」條，頁6777。
〔註308〕見《通鑑》卷213「玄宗開元十六年二月壬申」條，頁6782。
〔註309〕參見嚴耕望《唐僕尚丞郎表》（南港：中央研究院歷史語言研究所，民45-4）卷2〈通表上〉，頁43。
〔註310〕見《舊唐書·張說傳》，頁3056。
〔註311〕見《舊唐書·張說傳》，頁3056。

之初，主要的撰寫人員投入了《初學記》的編纂，這都使得從開元十四年展開的修禮工作受到相當影響。開元十七年到十八年，集賢院的主要人物徐堅、張說又相繼謝世，《開元禮》無法完成是可以理解的。

　　關於第三個問題，據《新唐書·禮儀志一》與《通典·禮志一·禮序》所言：在李銳卒後，蕭嵩代為集賢院學士。〔註312〕這一記載實有兩種可能：一是史文有誤，將張說之卒誤為李銳之卒；另一則是李銳曾代張說為學士。就前述李銳的身分論之，在蕭嵩執掌相權前，官品才從八品上的官人，何以能掌理當時如此重要的集賢院？其次，李銳不知何時身亡，而張說去世的時間大致與蕭嵩繼位的時間可以銜接。再加上《冊府元龜》、《通鑑》與《玉海》等文獻之記載皆同於《舊唐書》，〔註313〕更可肯定《通典》與《新唐書》之記載有誤。

　　張說卒後，改由蕭嵩擔任集賢院學士，《開元禮》便是在蕭嵩的主導下所完成。不同於張說的是，蕭嵩是開國功臣宋國公蕭瑀的曾姪孫，門第顯赫；〔註314〕至蕭嵩時則更為昌盛，包括蕭嵩在內，蕭嵩之子孫在唐代共有七人拜相。〔註315〕蕭嵩在學術上並沒有很大的成就，故當時人多不看重蕭嵩。開元十五、六年間，蕭嵩因連續對吐蕃累有戰功，遂於十七年兼中書令，後加集賢殿學士，兼修國史，可說是備受榮寵。〔註316〕蕭嵩因身居集賢院之首，所以當《開元禮》修成之後，即由蕭嵩領銜奏上。

　　蕭嵩所奏上的《開元禮》，是由起居舍人王仲丘所編纂完成的。王仲丘，沂州琅邪人。其祖王師順，曾於咸亨三年（672）議漕運之事而著稱。〔註317〕王仲丘在開元年間歷任左補闕內供奉、集賢修撰、起居舍人等職，〔註318〕並曾參與元行沖所主修《群書四錄》的編纂，〔註319〕據此推測，王仲丘在開元十年之前，應當就曾參與

〔註312〕據（日）內藤乾吉的考證，蕭嵩應是在開元十九年三月知集賢院事，見（日）內藤乾吉〈唐六典の行用に就いて〉（收入氏著《中國法制史考證》，東京：有斐閣，1963-3）注釋 3.與 4.之說明（頁 86）。

〔註313〕見《冊府元龜》卷 564〈掌禮部·制禮二〉，頁 2184c；《通鑑》卷 213「玄宗開元二十年九月」條，頁 6798～6799；《玉海》卷 69〈禮儀·禮制下〉「唐開元禮、開元後禮」條，頁 1350 下。

〔註314〕見《舊唐書》卷 99〈蕭嵩傳〉，頁 3093。

〔註315〕參見毛漢光〈隋唐政權中的蘭陵蕭氏〉（收入氏著《中國中古社會史論》，臺北：聯經出版事業公司，民 77-2），頁 414～415。

〔註316〕見《舊唐書·蕭嵩傳》，頁 3094～3095；《新唐書》卷 101〈蕭嵩傳〉，頁 3953～3954。

〔註317〕見《舊唐書》卷 49〈食貨志下〉，頁 2113。

〔註318〕見《新唐書》卷 200〈儒學下·王仲丘傳〉，頁 5700。

〔註319〕見《新唐書·藝文志二》，頁 1498。

麗正殿的編纂工作。麗正殿書院改爲集賢殿書院後，王仲丘所任之官職中雖有集賢
修撰，可惜未有史料說明是於何時開始擔任此職。不過在《新唐書・禮樂志三》言
王仲丘曾在開元中議論祭天祈穀之事，文字在引完王仲丘之言後，直接道出「既而
蕭嵩等撰定開元禮」之語；〔註 320〕此段記載在《舊唐書・禮儀志一》中則是先說蕭
嵩改撰新禮後，續言「時起居舍人王仲丘既掌知修撰」。〔註 321〕根據兩《唐書》所
載，可以推測王仲丘擔任集賢院修撰，應當是在蕭嵩主持修禮之後，故王仲丘應該
是被蕭嵩所徵用而參與編纂《開元禮》。蕭嵩因徐堅、張說相繼辭世而掌集賢院，後
又把李銳調助韋述撰寫國史，所以《開元禮》最後是由王仲丘負責並完成，王仲丘
遂成爲《開元禮》主要的修撰人。撰成後，再由蕭嵩上呈玄宗。此外，王仲丘的修
禮原則如同張說般，也是主張折衷貞觀、顯慶二禮，〔註 322〕所以王仲丘編撰《開元
禮》的原則，應當也是秉持張說之主張。關於《開元禮》修撰的第三個問題，應可
作如此解答。

　　關於第四個問題，《開元禮》的編纂人員，除了前述的徐堅、施敬本、李銳、王
仲丘之外，《新唐書・藝文志二》還載有賈登、張烜、陸善經、洪孝昌等人。〔註 323〕

　　賈登，河內野王人，〔註 324〕兩《唐書》無傳。先天二年登手筆俊拔超級流輩科，
〔註 325〕任起居舍人時曾助韋述撰國史。〔註 326〕《全唐文》中有孫逖〈授賈登中書
舍人制〉一文，〔註 327〕但未知何時撰成。除此之外，無法得知賈登的其他事跡。

　　張烜，兩《唐書》無傳，身世不詳。曾參與《初學記》的編纂，〔註 328〕開元十
六年任左拾遺時，曾與施敬本、李銳同上言唐昌公主婚禮之非，〔註 329〕恐怕張烜當
時也是集賢院的修撰。若是如此，則張烜應該在開元十五年左右，就已經參與編纂
《開元禮》。

　　陸善經，兩《唐書》亦無傳。其學精通經史，〔註 330〕曾任河南府倉曹參軍、集

〔註 320〕見《新唐書・禮樂志三》，頁 334。
〔註 321〕見《舊唐書・禮儀志一》，頁 833～835。
〔註 322〕見《舊唐書・禮儀志一》，頁 835～836；《新唐書・禮樂志三》，頁 334。
〔註 323〕見《新唐書・藝文志二》，頁 1491。
〔註 324〕參見岑仲勉《元和姓纂四校記》卷 7，頁 687。
〔註 325〕見《唐會要》卷 76〈貢舉中〉，頁 1634。
〔註 326〕見《新唐書・韋述傳》，頁 4530。
〔註 327〕見《全唐文》卷 308〈授賈登中書舍人制〉，頁 1401b。
〔註 328〕見《新唐書・藝文志三》，頁 1563。
〔註 329〕見《唐會要・大明宮》，頁 645。
〔註 330〕《舊唐書》卷 118〈元載傳〉言：「（陸）珽，國子司業（陸）善經之子也，少傳父
　　　　業，頗通經史。」（頁 3415）可見陸善經當是精通於經史之學。

賢院直學士、國子司業等職。〔註331〕陸善經之所以能夠進入集賢殿書院，是因蕭嵩的引薦，〔註332〕故陸善經應是在開元十九年（731）後方入集賢院。在《開元禮》完成後，陸善經亦曾參與編修《六典》、〔註333〕《御刊定禮記月令》〔註334〕等。

洪孝昌，兩《唐書》無傳，身世不詳。開元十九年入集賢院擔任修撰，〔註335〕在開元二十二年（734）時任右衛兵曹兼集賢院大學士，〔註336〕可見洪孝昌是在蕭嵩時方成為編纂人，應當也是為蕭嵩所引用。

《宋史》中言《開元禮》「一云王立等作」，〔註337〕但在唐代的文獻中並未見及王立此人，姑存疑之，恐怕是錯誤的記載。

修纂《開元禮》之議，是因開元十四年王喦提出修改《禮記》，經過集賢院評議之後，張說認為修改《禮記》不可行，反倒建議折衷貞觀、顯慶二禮來編修五禮，並命徐堅、李銳、施敬本等人執行撰寫的工作。但是因為《初學記》也在同時進行編纂，其修撰人員亦與《開元禮》大多重疊，使得《開元禮》的編纂受到影響。加上倡議者張說，在開元十五年因與宇文融政爭之故而遭罷相，這可能也影響到《開元禮》編纂工作的進行。後張說雖於開元十六年復任集賢院學士，但是徐堅卒於開元十七年，張說亦於十八年遭病魔侵襲後去世。因此《開元禮》雖歷經四年的修撰，卻仍未能順利完成。蕭嵩繼張說成為集賢院學士後，接續了《開元禮》的編纂，除了任命王仲丘主導整個編纂工作之外，而且吸納了陸善經、洪孝昌等人進入集賢院協助修禮，終於在開元二十年完成《開元禮》一百五十卷，並由蕭嵩領銜奏上，九月由玄宗頒行。

此處有一個現象值得注意，那就是從開元十年任禮儀使的韋縚，並沒有參與編纂的工作。開元十一年，韋縚任衛尉少卿兼禮儀使，與張說同議享圜丘之事；〔註338〕十二年時，韋縚任太常少卿，與張說、徐堅同定東封之儀注。〔註339〕韋縚為韋叔夏

〔註331〕參見岑仲勉《元和姓纂四校記》卷10，頁901。

〔註332〕見《玉海》卷46〈藝文〉「唐武德以來國史」條引《集賢注記》，頁913下a。

〔註333〕見《大唐新語·著述》，頁136；《新唐書·藝文志二》，頁1477。

〔註334〕見《新唐書》卷57〈藝文志一〉，頁1434。

〔註335〕見（北宋）孫逢吉《職官分紀》（文淵閣四庫全書本，北京：中華書局，1988-2）卷15〈集賢院·修撰〉條注引《集賢注記》，頁382上a。

〔註336〕見周紹良主編《唐代墓誌彙編》（上海：上海古籍出版社，1992-11）下冊〈唐故宣德郎守潞州大都督府參軍裴肅墓誌銘〉，頁1431～1432。

〔註337〕見（元）脫脫《宋史》（點校本，臺北：鼎文書局，民83-6）卷204〈藝文志三〉，頁5131。

〔註338〕見《舊唐書·禮儀志一》，頁833；《新唐書·禮樂志三》，頁335。

〔註339〕見《舊唐書·禮儀志三》，頁892。

之子，熟悉禮儀之文，且擔任禮儀使，並曾與張說、徐堅共事，那為何沒有參與修禮？史文並沒有說明。不過在開元十五年時，韋縚任光祿卿，並曾受命與玉真公主至道士司馬承禎處修金籙齋，〔註340〕可能是因為玄宗當時崇尚道教，並命韋縚掌理崇道諸事，故無法參與修禮。

《開元禮》撰成之後，中唐時的杜佑評曰：

　　百代之損益，三變而著明，酌乎文質，懸諸日月，可謂盛矣。〔註341〕

歐陽修亦對《開元禮》論曰：

　　由是，唐之五禮之文始備，而後世用之，雖時小有損益，不能過也。〔註342〕

正因《開元禮》內容詳實，結構完整，使得後世在制定禮典之時受到重視，〔註343〕故《四庫全書總目》稱《開元禮》「誠考禮者之圭臬也」。〔註344〕足見《開元禮》的編纂過程雖屢經波折，但其內容尚稱嚴謹，才能獲致後世的好評與效法。

在《大唐開元禮》頒行之前，有超過半個世紀的時間，唐代朝廷並沒有明確的國家禮典可用；加之從武氏掌政後到玄宗正式執政的這段期間，政局一直不甚穩定，制度亦常遭到政治權力的扭曲。而唐玄宗在開元二十年九月頒行《大唐開元禮》，二十五年（737）完成律令格式的修訂，〔註345〕二十六年（738）公佈《大唐六典》，〔註346〕二十九年（741）制定「大唐樂」。〔註347〕由此可見在開元後半，玄宗已陸續完成國家典章制度的頒行，顯示玄宗欲藉《大唐開元禮》與《唐六典》、「開元律令」、「大唐樂」的頒行，來傳達在他的治理下，不但「功成治定」，且禮樂法紀俱備的訊息。更進者，透過燦然齊備的典章，玄宗乃欲展現唐代的國運在開元、天寶（開元二十九年之次年乃天寶元年）年間已達到最高峰的事實。

天寶十四載（755）安祿山兵起范陽，掀起長達七年又三個月的「安史之亂」，唐的國力在亂平後亦隨之大衰，無法再造如同貞觀、開元般之盛世。因此唐室也無

〔註340〕見《舊唐書》卷192〈隱逸・司馬承禎傳〉，頁5128。
〔註341〕見《通典・禮典一・禮序》，頁1122。
〔註342〕見《新唐書・禮樂志一》，頁309。
〔註343〕參見（日）池田溫〈大唐開元禮解說〉（收於《大唐開元禮》書末，東京：古典研究會，1972-11），頁825～826；趙瀾〈《大唐開元禮》初探——論唐代禮制的演化歷程〉（《復旦學報（社會科學版）》1994-5，1994-9），頁90～91。
〔註344〕見（清）紀昀等《四庫全書總目》（武英殿聚珍版叢書本，樹林：漢京文化事業公司，民70-12）卷82〈史部・政書類〉，頁447上b。
〔註345〕見《舊唐書・刑法志》，頁2150。
〔註346〕《唐六典》完成奏上的時間有開元二十六年與二十七年兩種不同的記載，當以二十六年為確：參見前引（日）內藤乾吉〈唐六典の行用に就いて〉，頁64～69。
〔註347〕見《舊唐書》卷28〈音樂志一〉，頁1044～1045。

力再大舉編纂禮典，就只能增補《開元禮》而行之。所以在沒有後繼禮儀典範的情況下，《開元禮》已經成為唐代禮典不可取代的象徵。

第四節　《大唐開元禮》的流傳與版本

本節將就《大唐開元禮》的流傳情況，與現今可見之版本做一說明。

一、《大唐開元禮》的流傳

關於《開元禮》的流傳，在兩《唐書》中，在後晉所編的《舊唐書·經籍志》裏並沒有《開元禮》的著錄，其乙部史錄的儀注類中，僅僅載錄大約從唐初至開元初期所完成之典籍，〔註348〕可見《舊唐書·經籍志》闕漏甚多；《新唐書·藝文志二》則是較完整地收錄了《開元禮》，以及其諸種注釋書籍。〔註349〕記載宋代典籍的文獻中，《崇文總目》、《直齋書錄解題》、《宋史》（元人所編）均有《開元禮》一百五十卷的記載。〔註350〕

朱子在南宋高宗紹興二十三年（1153）時掌福建同安縣之縣學，〔註351〕二十五年（1155）時有鑑於縣學之釋奠禮，多以地方人吏之意行事，於禮不合，故欲重新制定釋奠禮。但當時因同安縣並無《政和五禮新儀》〔註352〕之印本，故朱子參考《周禮》、《儀禮》、《唐開元禮》與「紹興祠令」等禮律文字，繪製釋奠禮實行時所用的禮器、衣服等圖樣，以供學生辨明禮事。〔註353〕可見在南宋紹興間，福建同安縣內仍存有《開元禮》，不過此部《開元禮》，究竟是縣學（或縣衙）所藏，抑是朱子自有，或得自於其他的管道，現在已難以得知。〔註354〕

〔註348〕據《舊唐書·經籍志上》乙部史錄的儀注類所刊列之典籍，其中卒年最晚者的典籍作者，當屬開元初時卒的郭山惲（頁 2009）。

〔註349〕見《新唐書·藝文志二》，頁 1491。

〔註350〕見（北宋）王堯臣等編次，（清）錢東垣輯釋《崇文總目》（粵雅堂叢書本，臺北：臺灣商務印書館，民 67-7）卷 1〈禮類〉，頁 12；（南宋）陳振孫《直齋書錄解題》（聚珍版叢書本，臺北：臺灣商務印書館，民 67-5）卷 6〈禮注類〉，頁 175～176；《宋史·藝文志三》，頁 5131。

〔註351〕見（清）王懋竑纂訂《朱子年譜》（國學基本叢書本，臺北：臺灣商務印書館，民 60-4）卷 1 上，頁 9～10。

〔註352〕見《朱子年譜》卷 1 上，頁 11；《四庫全書總目·史部·政書類》，頁 447 下 a。

〔註353〕見《朱子年譜》卷 1 上，頁 10。

〔註354〕（日）池田溫氏認為朱子據《開元禮》等書定「釋奠圖」之事，可以證明地方縣衙中保存有《開元禮》，並用之行事；參見前引（日）池田溫〈大唐開元禮解說〉，頁 828。

在元代以後，《元史》、《明史》中皆未見有《開元禮》的記載，所能見及者，只有在明、清的公家與私家藏書目錄中方可見及，現將所見及者列於表一。

表一 明清藏書目錄中所收《大唐開元禮》一覽表〔註355〕

	編 著 者	書 名	版 本	卷 數	冊 數
1	明·楊士奇	文淵閣書目			15 冊
2	明·葉盛	菉竹堂書目			15 冊
3	明·焦竑	國史經籍志		150	
4	清·朱彝尊	竹垞行笈書目	抄本		8 冊
5	清·曹寅	楝亭書目	抄本	150	2 函 12 冊
6	清·紀昀	四庫全書總目	兩淮鹽政採進本	150	
7	清·于敏中	欽定天祿琳瑯書目·續目	影宋鈔本	150	4 函 16 冊
8	清·彭元瑞	知聖道齋書目			12 冊
9	清·孫星衍	孫氏祠堂書目	撰寫本		
10	清·張金吾	愛日精廬藏書志	抄本	150	
11	清·朱學勤	知一廬書目	南昌彭氏鈔本		12 冊
12	清·莫繩孫	邵亭知見傳本書目	四庫抄本	150	
13	清·周星詒	傳忠堂書目	王晚聞手校鈔本	150	17 冊
14	清·周星詒	傳忠堂書目	陳仲魚鈔本	150	16 冊
15	清·陸心源	皕宋樓藏書志·續志	舊抄本	150	
16	清·丁丙	善本書室藏書志	舊鈔本	150	16 冊
17	清·丁立中	八千卷樓書目	抄本	150	16 冊

史源：
1. （明）楊士奇等編《文淵閣書目》（讀畫齋叢書本，收入《叢書集成新編》第 1 冊，臺北：新文豐出版公司，民 74-1）卷 3〈元字號第一廚書目·禮書〉，頁 705 上 b。
2. （明）葉盛編《菉竹堂書目》（粵雅堂叢書本，收入《叢書集成新編》第 2 冊）卷 1〈禮書〉，頁 16 下 b。
3. （明）焦竑輯《國史經籍志》（粵雅堂叢書本，收入《叢書集成新編》第 1 冊）卷 3〈史類·儀注〉，頁 636 下 b。
4. （清）朱彝尊《竹垞行笈書目》（《潛采堂書目四種》之一，晨風閣叢書本，收入《叢書集成續編》第 5 冊，臺北：新文豐出版公司，民 78-7），頁 548 下 b。

〔註355〕表一的編號次序，是按照藏書目錄編著者所處的時代先後來排列。

5. （清）曹寅《棟亭書目》（遼海叢書本，收入《叢書集成續編》第 5 冊）卷 2〈經濟〉，頁 466 下 b。

6. （清）紀昀等《四庫全書總目‧史部‧政書類》，頁 447 上 b。

7. （清）于敏中、彭元瑞等編《欽定天祿琳瑯書目‧續目》（清光緒中長沙王氏合刊本，臺北：廣文書局，民 57-3）後編卷 8〈影宋鈔諸部〉，頁 1303～1305。

8. （清）彭元瑞《知聖道齋書目》（玉簡齋叢書本，收入《叢書集成續編》第 4 冊）卷 2〈史部〉，頁 687 上 a。

9. （清）孫星衍《孫氏祠堂書目》（岱南閣叢書本，收入《叢書集成新編》第 2 冊）內編卷 3〈史學‧故事〉，頁 251 下 a。

10. （清）張金吾《愛日精廬藏書志》（道光七年張氏家刻本，臺北：文史哲出版社，民 71-3）卷 19〈史部‧政書類〉，頁 568～571。

11. （清）朱學勤編《知一廬書目》（郋園先生全書本，收入《叢書集成續編》第 5 冊）卷 2〈史部‧政書類〉，頁 257 下 a。

12. （清）莫繩孫纂錄《邵亭知見傳本書目》（臺北：文海出版社，民 73-6）卷 6〈史部 13‧政書類‧儀制之屬〉，頁 5a。

13. （清）周星詒輯《傳忠堂書目》（逸園叢書本，收入《叢書集成續編》第 5 冊）卷 2〈史部〉，頁 374 上 a。

14. （清）周星詒輯《傳忠堂書目》卷 2〈史部〉，頁 374 上 a。

15. （清）陸心源編《皕宋樓藏書志‧續志》（十萬卷樓刊本，臺北：廣文書局，民 57-3）卷 35〈史部‧政書類〉，頁 1544～1550。

16. （清）丁丙《善本書室藏書志》（清光緒末年原刊本，臺北：廣文書局，民 56-8）卷 13〈史部‧政書類‧典禮之屬〉，頁 12b～13a。

17. （清）丁立中《八千卷樓書目》（民國十二年錢塘丁氏鉛印本，臺北：廣文書局，民 59-6）卷 9〈史部‧政書類〉，頁 6a。

從表一所列的版本看來，第 1 至 3 條是明代的藏書目錄。楊士奇等人所編之《文淵閣書目》是於明英宗正統六年（1441）所完成，乃明代皇室的圖書總目，〔註356〕其中尚存有完整的《開元禮》。而葉盛的《菉竹堂書目》當是沿襲《文淵閣書目》而來。〔註357〕明神宗萬曆二十二年（1594）時曾議修國史，但僅焦竑完成《經籍志》，其餘的部分皆未完成，〔註358〕此《經籍志》即表一第 3 條所列之《國史經籍志》。不過《國史經籍志》不論存佚皆予收錄，且未加考證，〔註359〕故難以論斷其版本。

第 4 條以下則是清代的藏書目錄。第 4 條朱彝尊的藏本相當值得注意，因為朱

〔註356〕見（清）張廷玉等《明史》（點校本，臺北：鼎文書局，民 83-8）卷 96〈藝文志一〉，頁 2343。

〔註357〕《菉竹堂書目》雖題為葉盛所撰，但事實上此書目存在有許多問題，茲不詳論，請參見（日）長澤規矩也著，梅憲華等譯《中國版本目錄學書籍解題》（北京：書目文獻出版社，1990-6），頁 104～106。

〔註358〕見《明史》卷 288〈焦竑傳〉，頁 7392。

〔註359〕參見前引（日）長澤規矩也著，梅憲華等譯《中國版本目錄學書籍解題》，頁 24。

彝尊於康熙三十五年（1696）曾爲《開元禮》作跋，而朱本《開元禮》原是從胡兆龍家中抄得，後來此抄本爲徐乾學所獲，當對徐乾學撰《讀禮通考》提供不少的助益。〔註360〕朱彝尊在《竹垞行笈書目》中，並未註明所載之《開元禮》是何種版本，但由上述可知來源是一抄本，可惜不知胡兆龍家藏之《開元禮》由何而來。

　　另外，王鳴盛在完成於乾隆年間的《十七史商榷》中，曾說從平望人汪鳴珂處借錄了 108 卷的《開元禮》，〔註361〕不過王鳴盛對此並未多加說明，故今已無從考察此殘本《開元禮》是由何而來。

　　至於四庫全書本的來源，則頗令人玩味。當清高宗爲《四庫全書》而下詔徵集天下圖書後，浙江省曾呈商邱宋氏寫本之《開元禮》，全書共十二冊。〔註362〕不過《四庫全書》最後卻是採用兩淮鹽政採進本。〔註363〕爲何不採浙江省之進獻本，而改用兩淮鹽政採進本，目前並無史料可資說明。

　　第 7 條所列爲于敏中、彭元瑞所主編《欽定天祿琳瑯書目·續目》，《開元禮》收錄在彭元瑞所編的後編（即《續目》）中。與《四庫全書總目》相同的是，《天祿琳瑯書目·續目》也是以國家之力來編纂清宮所藏之書目（《四庫全書》尚有向全國徵集圖書）。不過在冊數與版本上，與《四庫全書》所徵集收錄者並不相同。更特別的是《續目》言此版源自宋鈔本，其眞實度頗令人懷疑。〔註364〕

　　另外，彭元瑞自編之《知聖道齋書目》中亦有《開元禮》的著錄，但未知其版本爲何。而朱學勤《知一廬書目》中的《開元禮》是南昌彭氏鈔本，南昌彭氏恐怕是指彭元瑞，因爲彭元瑞正是江西南昌人，且兩者的冊數又剛好同爲 12 冊，所以這個可能性相當大。但是「知聖道齋」本的《開元禮》不知從何處所獲，按彭氏的經歷，恐是由清宮得來。

　　陸心源《皕宋樓藏書志》所言之舊抄本，當是指陸氏十萬卷樓之藏本。陸氏「皕宋樓」及「十萬卷樓」之藏書在光緒年間極富盛名，可惜的是陸心源之子陸樹藩，於光緒三十三年（1897）時透過日人島田翰的介紹，將藏書售予日本三菱系財閥岩崎彌之助（字蘭室），成爲靜嘉堂文庫之藏書。〔註365〕現靜嘉堂文庫中收藏有陸心

〔註360〕參見前引（日）池田溫〈大唐開元禮解題〉，頁 828。
〔註361〕見（清）王鳴盛《十七史商榷》（點校本，臺北：大化書局，民 66-5）卷 82〈新舊唐書 14·開元禮〉，頁 893。
〔註362〕參見前引（日）池田溫〈大唐開元禮解題〉，頁 828。
〔註363〕見《四庫全書總目·史部·政書類》，頁 447 上 b。
〔註364〕《天祿琳瑯書目》中有許多僞造之記載，參見（日）長澤規矩也著，梅憲華等譯《中國版本目錄學書籍解題》，頁 58～59。
〔註365〕參見（日）島田翰〈皕宋樓藏書源流攷〉（收入（清）陸心源編《皕宋樓藏書志·

源十萬卷樓本之《開元禮》，原本是 8 冊，現存者已分裝爲 16 冊，而 8 冊之冊首均有「竹垞藏本」的印字，〔註366〕顯見陸心源之舊抄本，是源自朱彝尊《竹垞行笈書目》中所載錄的版本。

　　至於《善本書室藏書志》的作者丁丙，與《八千卷樓書目》的作者丁立中，兩人是父子關係。丁丙卒前，曾命其長子丁立中續編其家之藏書志，故事實上《善本書室藏書志》與《八千卷樓書目》所載之藏書，大部分是相同的。不過因爲清末時丁氏困於債務，本欲出售八千卷樓之藏書，兩江總督端方有鑑於陸心源之藏書已流落外人之手，故斥資將丁氏之藏書購入，運至金陵，並且於宣統二年（1910）成立江南圖書館，民國二年（1913）改稱江蘇省立圖書館，民國十八年（1929）再改稱爲江蘇省立國學圖書館。〔註367〕在《善本書室藏書志》與《八千卷樓書目》中，都未注明家藏之《開元禮》共有幾冊，現據《江蘇省立國學圖書館圖書總目》可知共有 16 冊，〔註368〕表一所列丁氏所藏《開元禮》之冊數是由此而來。不過抗戰時江蘇省立國學圖書館的圖書散佚不少，所幸《開元禮》仍在戰火中仍獲倖存。〔註369〕

　　表一所述《大唐開元禮》之版本，除少數之外，今已不知流落何方，所以僅能從藏書目錄中略論一二。至於今天所能見到之《開元禮》，將於下一個小節進行討論。

二、《大唐開元禮》現存的版本

　　本小節所欲討論者乃《大唐開元禮》現存可見的版本，但這部分的討論勢必受到相當大的侷限。因爲除了公開發行的圖書之外，目前私人典藏之古籍，尚無法透過公開的管道得知其書目，而圖書館之藏書又有圖書館所在地的限制，無法一一探訪查詢，所以能夠得知現存版本的方法，只有透過各圖書館的館藏目錄來查詢。

　　目前公開印行《大唐開元禮》者，僅有 1972 年日本古典研究會影印東京大學東洋文化研究所所藏之「洪氏唐石經館叢書」本，〔註370〕以及民國七十五年（1986）

　　　　續志》書首），頁 7～8。

〔註366〕參見前引（日）池田溫〈大唐開元禮解題〉，頁 828。

〔註367〕參見喬衍琯〈江蘇省立國學圖書館圖書總目讀後記〉（收入江蘇省立國學圖書館編《江蘇省立國學圖書館圖書總目》，民國 22 年至 25 年國學圖書館編印本，臺北：廣文書局影印版，民 59-6），頁 12～14。

〔註368〕見江蘇省立國學圖書館編《江蘇省立國學圖書館圖書總目》卷 15〈史部・政書類〉，頁 6b。

〔註369〕見江蘇省立國學圖書館編《江蘇省立國學圖書館現存書目目錄》（民國 36 年國學圖書館編印本，臺北：廣文書局影印版，民 59-6），頁 2。

〔註370〕本版由東京古典研究會於 1972 年 11 月出版，東京汲古書院發行，全書共 1 冊，書

由臺灣商務印書館景印故宮博物院所藏之「文淵閣四庫全書」本，〔註371〕餘則未見公開印行。曾有學者推測「四庫全書」本就是「洪氏唐石經館叢書」本，〔註372〕不過加以比較之後，發現二者之間存在有若干的差異，故兩者應是出於不同之版本。〔註373〕

　　至於目前所能得知之現存版本，現據臺灣所能獲見各地圖書館之館藏資料，依地區之別，臺灣與日本部分製成表二，中國大陸部分則是製成表三。現將表二臚列於下。

表二　臺灣與日本所藏《大唐開元禮》版本及收藏地一覽表

	版　　本	卷　數	冊　　數	書寫格式〔註374〕	收　藏　地
1	文淵閣四庫全書本	150	24	8 行 21 字	臺北故宮博物院
2	洪氏唐石經館叢書	150	16	10 行 20 字	現知有五處〔註375〕
3	清初抄本	150	8	10 行 20 字	臺北國家圖書館
4	東北大學舊鈔本	150	36	10 行 20 字	臺北國家圖書館
5	清孔氏嶽雪樓鈔本	150	20	10 行 21 字	臺北國家圖書館
6	十萬卷樓舊鈔本	150	16	10 行 20 字	日本靜嘉堂文庫
7	舊鈔本	150	40	10 行 21 字	日本靜嘉堂文庫

末並附有（日）池田溫教授之解題。1981 年 8 月出版第二版，池田教授並另撰〈第二版附記〉。

〔註371〕本版收於《景印文淵閣四庫全書》第 646 冊，由臺北臺灣商務印書館於民國 75 年 3 月出版，全套《文淵閣四庫全書》共 1500 冊，另附總目及索引 1 冊。

〔註372〕參見前引（日）池田溫〈大唐開元禮解題〉，頁 828。

〔註373〕參見高明士《戰後日本的中國史研究（修訂版）》（臺北：文海學術思想研究發展文教基金會，1996-3），頁 293；前引（日）池田溫〈大唐開元禮第二版附記〉。

〔註374〕書寫格式是指正文每頁的行數，以及每行的字數而言。

〔註375〕洪氏唐石經館叢書本是由清人洪汝奎所編，其中之《大唐開元禮》是光緒十二年（1886）由洪氏公善堂所刊行，現存《開元禮》之版本以此為最多。現典藏「洪氏本」《開元禮》之圖書館，臺灣有中央研究院傅斯年圖書館。日本則有東京大學東洋文化研究所（見東京大學東洋文化研究所編《東京大學東洋文化研究所漢籍分類目錄》，東京：東京大學東洋文化研究所，1973-2，頁 360）、京都大學人文科學研究所（見京都大學人文科學研究所編《京都大學人文科學研究所漢籍目錄》，京都：同朋社，1981-12，頁 928）、東洋文庫（見東洋文庫編《東洋文庫所藏漢籍分類目錄・史部》，東京：東洋文庫，1986-12，頁 421）、國立國會圖書館（見國立國會圖書館圖書部編《國立國會圖書館漢籍目錄》，東京：國立國會圖書館，1987-3，頁 278）等。

史源：

1. （清）永瑢等編《文淵閣四庫全書》（臺北：臺灣商務印書館，民75-3）第646冊，頁38；前引高明士〈戰後日本的中國史研究（修訂版）〉，頁293～294。

2. （日）東京大學東洋文化研究所編《東京大學東洋文化研究所漢籍分類目錄》，頁360；（日）京都大學人文科學研究所編《京都大學人文科學研究所漢籍分類目錄》，頁928；（日）東洋文庫編《東洋文庫所藏漢籍分類目錄‧史部》，頁421；（日）國立國會圖書館圖書部編《國立國會圖書館漢籍目錄》，頁278。

3. 國立中央圖書館特藏組編《國立中央圖書館善本書目（增訂二版）》（臺北：國立中央圖書館，民75-12），頁352。

4. 國立中央圖書館特藏組編《國立中央圖書館善本書目（增訂二版）》，頁352。

5. 國立中央圖書館特藏組編《國立中央圖書館善本書目（增訂二版）》，頁352。

6. （日）靜嘉堂文庫編《靜嘉堂文庫漢籍分類目錄》（臺北：大立出版社影印版，民69-6），頁367；前引（日）池田溫〈大唐開元禮解說〉，頁828～829。

7. （日）靜嘉堂文庫編《靜嘉堂文庫漢籍分類目錄》；前引（日）池田溫〈大唐開元禮解說〉，頁828～829。

因日本地區所藏之版本無法得見原版書，所以無從探討。基本上，表二所羅列之各個版本，除了「洪氏唐石經館叢書」本是印本之外，其餘皆是抄本。另外在格式上，並沒有那一個版本比較特出。

至於各版本在內容上亦有部分的差異。「四庫本」除《開元禮》的原序（南宋周必大所撰）外，在序後還有〈大唐開元禮考略〉，列舉《新唐書》以至《文獻通考》中有關《開元禮》之史料。「洪氏本」之書首雖仿四庫本〈大唐開元禮考略〉的方式列舉相關史料，但「洪氏本」所引用之典籍則遠比「四庫本」豐富；同時還增列有「譔書人名氏備考」這一項，考察了《開元禮》撰著人的相關資料。因此「洪氏本」可以說在考證功夫上，較「四庫本」更加詳盡。

至於臺北國家圖書館所藏的三個版本，目前均已拍攝成微卷。而三個版本之間，亦各有其特點。「清初抄本」在書首有一序文，可惜文末未能留下序文作者的署名和撰寫的時間。序後則列有與「四庫本」相同之考略，不過沒有標出「大唐開元禮考略」的篇目標題。按理論來說，若是抄自「四庫本」，應當還會再抄錄《四庫全書總目》之提要，但是此抄本並未載錄，故此抄本很有可能是在「四庫本」之前所出現之抄本，且曾為「四庫本」所參考。

原藏於東北大學的「舊鈔本」並無序或跋，較難斷定其出現之時間。至於「孔氏嶽雪樓鈔本」，亦未標出是何人何時所傳抄，只在書首有「孔氏嶽雪樓影鈔本」的文字。不過此版本很明顯的是在「四庫本」後才面世，因為書首即有「四庫提要」、《開元禮》原〈序〉、〈考略〉等之文字。書末並錄有朱彝尊的跋文，故「孔氏本」恐怕是源於朱彝尊之抄本。

日本靜嘉堂所藏「十萬卷樓舊鈔本」，在前文已經說明是出於朱彝尊之「竹垞藏本」。靜嘉堂另一個版本是日人島田重禮所藏之舊鈔本，不過此版本誤抄錯字很多，且缺卷 56 之後半部，並不是一個好版本。〔註376〕

另外值得注意的，是國家圖書館還藏有清代溧水（屬江蘇省江寧府）人朱紹頤所撰之《大唐開元禮校勘記》一百五十卷，附校勘撮要一卷，書後並有朱紹頤之弟朱紹亭之跋文。此書於宣統元年（1909）以八冊稿本的形態問世。〔註377〕此書並未抄錄《開元禮》的內文，作者是以其所見各種版本之《開元禮》，而刊載《開元禮》的校勘說明。

撰寫此書的原因，在朱紹亭的跋中有所說明。起初涇縣人洪琴西（字都轉）有鑑於《開元禮》鮮見善本，故謀為重新刻板，並請朱紹頤搜羅各種版本而加以考訂，洪琴西遂於光緒丙戌年（即光緒十二年，1886）刊行了校正後的《大唐開元禮》。三十餘年後，朱紹亭再整理朱紹頤之稿件加以傳抄，方以「校勘記」的形式面世。故在卷一有「涇縣洪都轉鑒定」，「溧水朱紹頤參校」等文字。

按前述「洪氏唐石經館叢書」之刊行人洪汝奎亦是涇縣人（屬安徽省寧國府），「洪氏本」之《大唐開元禮》正是刊行於光緒十二年，顯見二者所指都是同一件事，洪琴西與洪汝奎的關係可能是同一支的親族，而且關係相當密切；而涇縣與溧水之間亦有地緣關係，可見朱紹頤所校勘的，正是洪氏本之《開元禮》。經比對後，發現《校勘記》中所載校勘之後的更正文字，即是「洪氏本」《開元禮》之內文，可見「洪氏本」之《開元禮》，基本上是經過相當程度的校勘後方行出版。從「校勘撮要」中可以得知，朱紹頤是以陸本（恐是陸心源之抄本）為底本，在《校勘記》中亦可以發現參校本有《通典》（陸本原校多據《通典》）、丁本（當是丁丙之抄本）、浙本、李本、婁本、上海本（皆不知為何本）等。

由於「洪氏唐石經館叢書」本已經由朱紹頤校勘，可以說是目前較佳之版本。但是由於學界對《大唐開元禮》通論及細部的研究尚嫌不足，故學界利用《開元禮》來進行研究者並不多。期盼學界能夠早日收集各種版本之《開元禮》，進行文字的比對校勘，更進一步則是加以標點與注解，以便於研究的展開。

至於中國大陸各大圖書館收藏《開元禮》的情況，則請詳見表三。

〔註376〕參見前引（日）池田溫〈大唐開元禮解題〉，頁 828～829。
〔註377〕見國立中央圖書館特藏組編《國立中央圖書館善本書目（增訂二版）》，頁 353。

表三　中國大陸所藏《大唐開元禮》版本及所藏地一覽表〔註378〕

	版　　　　　本	收　藏　地
1	文津閣四庫全書本	北京國家圖書館
2	文淵閣四庫全書本	甘肅省圖書館
3	洪氏唐石經館叢書	現知有三處〔註379〕
4	清初抄本	北京大學圖書館
5	清抄本	現知有五處〔註380〕
6	清嘉慶十六年（1811）朱邦衡抄本	山東大學圖書館
7	清汪氏環碧山房抄本	江蘇泰州市圖書館
8	清抄本（朱紹頤等人校本）	江蘇南京圖書館
9	清抄本（徐松校本）	上海圖書館
10	清抄本（丁丙校本）	江蘇南京圖書館
11	清抄本（含王念孫等撰之《辯證》1 卷）	北京圖書館

　　因爲大陸所藏之《開元禮》版本，因目前無法前往考察，亦不能獲得較詳盡之版本資料，故僅能列表標示各版本之藏館。至於更深入之探討，待日後再行研究。

第五節　小　結

　　由本章的敘述可知，《開元禮》的修纂原則，乃是繼承並折衷「貞觀」與「顯慶」二禮。而《開元禮》編修之原因，則是基於玄宗欲展現其盛世雄心，創制完整的國家典章，並要掃除武周以來禮制紊亂未定的現象，而禮典正是玄宗重定典章的重要部分。這個工作最後是由張說、蕭嵩所領導的集賢殿書院所完成。

〔註378〕表三之史源，除另以註釋說明外，均是參見中國古籍善本書目編輯委員會編《中國古籍善本書目（史部）》（上海：上海古籍出版社，1993-4）下冊，頁 1142。

〔註379〕現典藏「洪氏本」《開元禮》之大陸圖書館，有上海圖書館、廣西僮族自治區第一圖書館（見上海圖書館編《中國圖書綜錄（一）》，上海：上海古籍出版社，1986-2，頁 972～973）。另外，民國 27 年（1938）所出版《北京人文科學研究所藏書目錄》（臺北：進學書局影印版，民 59-8）中亦載有此版本之《開元禮》（頁 350）；北京人文科學研究所的藏書，現大多收藏於北京中國科學院，故此部《開元禮》現應存於北京中國科學院；此承陳弱水師告知，謹此致謝。

〔註380〕五處分別是浙江杭州大學圖書館、吉林長春市圖書館、江蘇南京圖書館、北京圖書館、浙江天一閣文物保管所。

誠如前章所言，禮典所載之內容，本來就是以國家作為主體所發抒的規範性概念，雖然儒家已經賦予禮強烈的個人與心性化之意涵，但在皇帝與國家的權威下，禮規範禁制的色彩，才是統治者所欲強調的部分。孔子雖然說「非天子，不議禮，不制度，不考文」，但也強調「雖有其位，苟無其德，不敢作禮樂焉；雖有其德，苟無其位，亦不敢作禮樂焉」。〔註381〕不過真正有德的君主古來幾何？禮非天子不出，不論天子是否有道有德，裁斷禮儀的權力永遠是掌握在統治者之手。況且國家禮典所記載者，絕大部分是公家（皇室）之禮儀，只有少數是士大夫等官僚階層之禮，〔註382〕故違禮即危害統治權威，透過違禮則入律的運作，藉以維繫禮儀之權威性。因此國家禮典必須盡載儀文與禮數，使禮律有明確的規範。這些禮典的內在運作機制，往往限制住國家禮典所能推展之禮論。雖然說有「三禮」之禮義可以參循，但因時空背景不同，如何解讀禮義，則是歷代修纂禮典時最大的困擾。在《通典・禮典》中記錄了許多唐代之前的禮儀爭議，其原因即在於此。

因為國家禮儀的內容繁瑣，大規模編修者並不多，大半只就五禮中之一禮，甚至是單一儀節進行修訂與注解，此由正史的「經籍志」與「藝文志」當中，特別是史部儀注部分所記載的典籍即可看出。能夠同時將「五禮」納入禮典的朝代，往往是統一的王朝。五禮盡備的國家禮典，從西晉時的《新禮》一直到《開元禮》，當中除了《梁禮》之外，其餘都是在天下一統時所修纂，可見禮典的修纂是與皇帝權力的大小，以及政治局勢的安定度息息相關。

不過就嚴格的字義來說，國家所頒佈之禮典，實際上應是「儀」典，而非兼及禮義的「禮」典，因為國家的禮典中是不討論禮義的。〔註383〕對漢代以下國家不斷編纂儀文，卻罕論禮義的情況，歐陽修論之曰：

> 及三代已亡，遭秦變古，後之有天下者，自天子百官名號位序、國家制度、宮車服器一切用秦，……其朝夕從事，則以簿書、獄訟、兵食為急，曰：「以為政也，所以治民。」至於三代禮樂，具其名物而藏於有司，時出而用之郊廟、朝廷，曰：「此為禮也，所以教民。」此所謂治出於二，而禮樂為虛名。故自漢以來，……習其器而不知其意，忘其本而存其末，又不

〔註381〕此段文字見於《中庸》，見《四書章句集注》（點校本，臺北：長安出版社，民80-2），頁36。但此段話古來即有學者認為非孔子之言，而是秦代之語，參見錢穆《（修訂重版）四書釋義》（臺北：臺灣學生書局，民79-3），頁384～385。

〔註382〕參見前引高明士〈隋代的制禮作樂──隋代立國政策研究之二〉，頁20。

〔註383〕參見姜伯勤〈唐禮與敦煌發現的書儀──《大唐開元禮》與開元時期的書儀〉（收入氏著《敦煌藝術宗教與禮樂文明》，北京：中國社會科學出版社，1996-11），頁425～427。

　　能備具，所謂朝覲、聘問、射鄉、食饗、師田、學校、冠婚、喪葬之禮在

　　者幾何？〔註384〕

從漢代以下禮典編纂的角度來考察歐陽修的觀點，可發現歐陽修所言實爲的論。對

此，歐陽修發出了深沈的感歎曰：

　　具其文而意不在焉，此所謂「禮樂爲虛名」也哉！〔註385〕

〔註384〕見《新唐書》卷11〈禮樂志一〉，頁307～308。

〔註385〕見《新唐書》卷11〈禮樂志一〉，頁309。

第四章 《大唐開元禮》的內容探析

　　《大唐開元禮》既然是中國現存最早的國家禮典，那麼透過《開元禮》的內容，不但可以得知唐代禮儀的實態，更可從其中探索唐人，甚至於更早之六朝時人，對禮的看法與國家禮儀範疇的界定。本章的課題，便是針對《開元禮》的內容進行討論。第一節乃就《開元禮》的編排加以說明；第二節、第三節則是討論《開元禮》的特點，以及《開元禮》對前代禮典之繼承；第四節則是為本章論述作一小結。

第一節　《大唐開元禮》的內容編排

　　現存之《開元禮》，〔註1〕全書共一百五十卷。其內容排列順序，依次為：「序例」3卷（卷1～3）、「吉禮」75卷（卷4～78）、「賓禮」2卷（卷79～80）、「軍禮」10卷（卷81～90）、「嘉禮」40卷（卷91～130）、「凶禮」20卷（卷131～150）。不過《通典》卷106〈禮典・開元禮纂類一〉中所記載《開元禮》的五禮順序，是為「吉、嘉、賓、軍、凶」；〔註2〕《玉海》卷69〈禮儀，禮制下〉「唐開元禮、開元後禮」條引《集賢注記》所述《開元禮》之五禮次序，則為「吉、賓、嘉、軍、凶」。〔註3〕

〔註1〕　本章所引之《大唐開元禮》，基本上是以「洪氏唐石經館叢書」本（東京：古典研究會，1972-11）為準。若有引用其他版本，將會特別標示注明。
〔註2〕　見（唐）杜佑《通典》（點校本，北京：中華書局，1988-12），頁2761～2763。
〔註3〕　見（南宋）王應麟《玉海》（元後至元三年慶元路儒學刊本，臺北：華文書局，民53-1），頁1351上b。

「五禮」一詞從《周禮》中出現後，〔註4〕東漢之鄭眾（鄭司農）將「五禮」注解爲「吉、凶、賓、軍、嘉」五種禮儀。〔註5〕在蕭梁及隋代編纂國家禮典時，五禮順序基本上還是維持鄭眾之排序。〔註6〕可見從漢代一直到隋代，國家禮典中五禮的次序，基本上是按照「吉、凶、賓、軍、嘉」的順序來編排。

不過在唐太宗貞觀年間，五禮次序開始有了比較大的變化。《貞觀禮》將「凶禮」移至五禮最後，並增加「國恤禮」，故《貞觀禮》篇目的排序爲「吉、賓、軍、嘉、凶、國恤」。〔註7〕《顯慶禮》雖然刪去國恤禮，〔註8〕但是其五禮之順序，應是同於《貞觀禮》。《開元禮》中的五禮，仍是遵循《貞觀禮》更動後的次序，也就是「吉、賓、軍、嘉、凶」。至於《通典》與《集賢注記》何以變動《開元禮》五禮的次序，今已難以探知。

《開元禮》中所記載五禮儀節的種類，共有一百五十二項，每項各成一篇，故總篇數爲 152 篇。其中吉禮之儀文有 55 篇、賓禮有 6 篇、軍禮有 23 篇、嘉禮有 50 篇、凶禮有 18 篇。〔註9〕基本上，唐代的禮典都是將每項儀文稱爲一篇，並將每項儀文內容的多寡，或一篇成一卷，或數篇成一卷，或一篇分成數卷。現將《貞觀禮》、《顯慶禮》與《開元禮》之五禮篇數，臚列成爲表四，以供比較。

〔註4〕 見（東漢）鄭玄注，（唐）賈公彥疏《周禮注疏》（（清）阮元刻十三經注疏本，臺北：藝文印書館，民82-9）卷 10〈地官司徒・大司徒〉，頁 161 下 b；卷 14〈地官司徒・保氏〉，頁 212 下 b；卷 19〈春官宗伯・小宗伯〉，頁 290 下 b。

〔註5〕 見《周禮注疏》卷 10〈地官司徒・大司徒〉，頁 161 下 b；卷 19〈春官宗伯・小宗伯〉，頁 290 下 b。

〔註6〕 見（唐）姚思廉《梁書》（點校本，臺北：洪氏出版社，民69-11）卷 25〈徐勉傳〉，頁 381；（唐）魏徵《隋書》（點校本，臺北：鼎文書局，民82-10）卷 6〈禮儀志一〉，頁 105。

〔註7〕 參見高明士〈論武德到貞觀禮的成立──唐朝立國政策的研究之一〉（收入中國唐代學會主編《第二屆國際唐代學術會議論文集》下冊，臺北：文津出版社，民82-6），頁 1164～1165。

〔註8〕 關於《顯慶禮》之篇目與編纂過程，詳見本書第三章第二節。

〔註9〕 見（唐）李林甫等撰，陳仲夫點校《唐六典》（點校本，北京：中華書局，1992-1）卷 4〈尚書禮部・禮部郎中、員外郎〉條，頁 111～112；《通典》卷 106〈禮典，開元禮纂類一〉，頁 2761～2763。

表四　唐代各禮典五禮篇數比較表

	吉　禮	賓　禮	軍　禮	嘉　禮	凶　禮	國恤禮	篇　數	卷　數
貞觀禮〔註10〕	61	4	20	42	6	5	138	100
顯慶禮							299〔註11〕	130
開元禮〔註12〕	55	6	23	50	18		152	150

　　因為《顯慶禮》在史書中並未詳列五禮的篇數，故僅能列出五禮的總篇數與卷數，以供備考。從表四中可以看出：相較於《貞觀禮》，《開元禮》的份量顯然增加了許多。除了吉禮部分的篇數略有減少之外，《開元禮》不但在卷數上比《貞觀禮》多，在五禮的篇目上也有所增加，尤其是在凶禮的部分增加最多。《顯慶禮》的總篇數雖然明顯多於《貞觀禮》與《開元禮》，但是《顯慶禮》的卷數並未顯著增加，可以想見《顯慶禮》的禮儀項目雖然增加了，但其儀節內容可能較為簡略。可是目前因受限於史料，無法取得充分的證據，來對《顯慶禮》做更進一步的說明。不過可以確定的是，相較於《貞觀禮》與《顯慶禮》，《開元禮》不論是在禮儀項目或篇幅上，均有超邁前人的貢獻。

　　《開元禮》修成之後，唐玄宗與蕭嵩等人並未留下序或跋。現列於《開元禮》書首之「序」文，是由南宋時之宰相周必大所撰，〔註13〕「跋」文則為清初時朱彝尊刊刻《開元禮》時所撰寫。〔註14〕

　　為便於討論，現將《開元禮》的目錄及其相應的禮儀項目表列成表五。

〔註10〕 資料引自《舊唐書》（點校本，臺北：洪氏出版社，民66-6）卷21〈禮儀志一〉，頁817。

〔註11〕 在《新唐書》（點校本，臺北：洪氏出版社，民66-6）卷58〈藝文志二〉（頁1491），與《冊府元龜》（景明崇禎十五年刻本，臺北：大化書局，民73-10）卷563〈掌禮部・制禮二〉「顯慶三年正月」條（頁2983b）均言《顯慶禮》共有299篇；但《唐會要》（點校本，上海：上海古籍出版社，1991-1）卷37〈五禮篇目〉則載為229篇（頁782），《舊唐書》卷4〈高宗紀上〉則為259篇（頁78）。茲暫取《新唐書》與《冊府元龜》之說。

〔註12〕 資料引自《唐六典》卷4〈尚書禮部・禮部郎中、員外郎〉條，頁111～112。

〔註13〕 原文刊於（南宋）周必大所撰之《詞科舊稿》卷2，現「四庫全書本」、「孔氏嶽雪樓影鈔本」及「洪氏唐石經館叢書本」書首均載有此序文。

〔註14〕 原文刊於（清）朱彝尊所撰之《曝書亭集》卷43，現「孔氏嶽雪樓影鈔本」及「洪氏唐石經館叢書本」書首均載有此跋文。

表五　《大唐開元禮》卷目〔註15〕與禮目〔註16〕對照表

卷	五禮別	卷　　　　目	禮　　　　目
1	序例上	擇日、神位、俎豆	
2	序例中	大駕鹵簿、皇后鹵簿、皇太子鹵簿、皇太子妃鹵簿、親王鹵簿、王公已下鹵簿、內命婦鹵簿、外命婦鹵簿	
3	序例下	衣服、齋戒、祈禱、雜制	
4	吉　禮	皇帝冬至祀圓丘	冬至祀圓丘
5	吉　禮	冬至祀圓丘有司攝事	
6	吉　禮	皇帝正月上辛祈穀于圓丘	祈穀于圓丘
7	吉　禮	正月祈穀于圓丘有司攝事	
8	吉　禮	皇帝孟夏雩祀于圓丘	雩祀于圓丘
9	吉　禮	孟夏雩祀于圓丘有司攝事	
10	吉　禮	皇帝季秋大享于明堂	大享于明堂
11	吉　禮	季秋大享于明堂有司攝事	
12	吉　禮	皇帝立春祀青帝于東郊	祀青帝于東郊
13	吉　禮	立春祀青帝于東郊有司攝事	
14	吉　禮	皇帝立夏祀赤帝于南郊	祀赤帝于南郊
15	吉　禮	立夏祀赤帝于南郊有司攝事	
16	吉　禮	皇帝季夏土王日祀黃帝于南郊	祀黃帝于南郊
17	吉　禮	季夏土王日祀黃帝于南郊有司攝事	
18	吉　禮	皇帝立秋祀白帝于西郊	祀白帝于西郊
19	吉　禮	立秋祀白帝于西郊有司攝事	
20	吉　禮	皇帝立冬祀黑帝于北郊	祀黑帝于北郊
21	吉　禮	立冬祀黑帝于北郊有司攝事	
22	吉　禮	皇帝臘日蜡百神于南郊	禕祭百神于南郊
23	吉　禮	臘日蜡百神于南郊有司攝事	

〔註15〕 「卷目」是指《開元禮》目錄中每卷之標題。

〔註16〕 「禮目」是指《開元禮》所載152項五禮之儀節,《唐六典・尚書禮部・禮部侍郎、員外郎》條（頁111～112）與《通典・禮典・開元纂類一》（頁2761～2763）均有記載。不過在文字上,《唐六典》的記載較爲簡略,《通典》則較爲詳細。但因《唐六典》在五禮次序上同於《開元禮》,故禮目部分以《唐六典》所載爲本,兩者間若有歧異之處,則會出注給予補充説明。

24	吉 禮	皇帝春分朝日于東郊	朝日于東郊
25	吉 禮	春分朝日于東郊有司攝事	
26	吉 禮	皇帝秋分夕月于西郊	夕月于西郊
27	吉 禮	秋分夕月于西郊有司攝事	
28	吉 禮	祀風師、祀雨師、祀靈星、祀司中司命司人司祿	祀風師、〔註17〕雨師、靈星、司中、司命、司人、司祿
29	吉 禮	皇帝夏至祭于方丘　　后土禮同	夏至祭于方丘
30	吉 禮	夏至祭于方丘有司攝事	
31	吉 禮	皇帝孟冬祭神州于北郊	祭神州于北郊
32	吉 禮	孟冬祭神州于北郊有司攝事	
33	吉 禮	皇帝仲春仲秋上戊祭太社	祭太社
34	吉 禮	仲春仲秋上戊祭太社有司攝事　　蜡禮同	
35	吉 禮	祭五嶽四鎮	祭五嶽〔註18〕、四鎮
36	吉 禮	祭四海四瀆	祭四海、四瀆
37	吉 禮	皇帝時享于太廟	時享于太廟
38	吉 禮	時享于太廟有司攝事	
39	吉 禮	皇帝祫享于太廟	祫享于太廟
40	吉 禮	祫享于太廟有司攝事	
41	吉 禮	皇帝禘享于太廟	禘享于太廟
42	吉 禮	禘享于太廟有司攝事	
43	吉 禮	肅明皇后廟時享有司攝事	
44	吉 禮	孝敬皇帝廟時享有司攝事	
45	吉 禮	皇帝拜五陵、皇后拜五陵	拜五陵
		太常卿行諸陵	太常卿行諸陵〔註19〕
46	吉 禮	皇帝孟春吉亥享先農、耕藉	享先農
47	吉 禮	孟春吉亥享先農于藉田有司攝事	

〔註17〕《唐六典》將「風師」作爲「風伯」，今據《開元禮》、《通典》與《大唐郊祀錄》（適園叢書本，附刊於《大唐開元禮》，東京：古典研究會，1972-11，頁776下a）改爲「風師」。事實上，風伯與風師都是指風神而言，風師是指能致風氣之神，而風伯是指風師之長；參見（東漢）應劭撰，王利器校注《風俗通義校注》（臺北：漢京文化事業公司，民72-9）卷8〈祀典・風伯〉，頁364。

〔註18〕《唐六典》將「嶽」作「岳」，今據《開元禮》與《通典》改爲「嶽」，以下均同。

〔註19〕《唐六典》作「巡五陵」，現因《通典》之標目較爲近原意，故改依《通典》。

48	吉 禮	皇后季春吉巳享先蠶、親桑	享先蠶
49	吉 禮	季春吉巳享先蠶于公桑有司攝事	
50	吉 禮	有司享先代帝王	享先代帝王
51	吉 禮	薦新于太廟、季夏祭中霤于太廟	薦新于太廟、季夏祭中霤于太廟
		孟冬祭司寒　　納冰開冰附	祭司寒
		興慶宮祭五龍壇	五龍壇
52	吉 禮	皇帝皇太子視學	視學
53	吉 禮	皇太子釋奠于孔宣父	皇太子釋奠
54	吉 禮	國子釋奠于孔宣父	國學釋奠
		皇子束脩、國學生束脩	
55	吉 禮	仲春仲秋釋奠于齊太公	釋奠于齊太公
56	吉 禮	皇帝巡狩告于圓丘	巡狩告于圓丘
57	吉 禮	巡狩告于圓丘有司攝事	
58	吉 禮	皇帝巡狩告于太社	巡狩告于社稷
59	吉 禮	巡狩告于太社有司攝事	
60	吉 禮	皇帝巡狩告于太廟	巡狩告于宗廟
61	吉 禮	巡狩告于太廟有司攝事	
62	吉 禮	皇帝巡狩	巡狩
63	吉 禮	皇帝封祀于太山	封禪
64	吉 禮	皇帝禪于社首山	
65	吉 禮	時旱祈于太廟	祈于太廟
		時旱祈于太社	祈于太社
66	吉 禮	時旱祈嶽鎮于北郊　　報祠禮同	祈于北郊
67	吉 禮	時旱就祈嶽鎮海瀆、久雨禜國門	祈于嶽瀆
68	吉 禮	諸州祭社稷	諸州祭社稷
69	吉 禮	諸州釋奠于孔宣父	諸州釋奠
		州學生束脩	
70	吉 禮	諸州祈社稷、諸州祈諸神、諸州禜城門	諸州祭禜
71	吉 禮	諸縣祭社稷、諸里祭社稷	諸縣祭社稷
72	吉 禮	諸縣釋奠于孔宣父	諸縣釋奠
		縣學生束脩	
73	吉 禮	諸縣祈社稷、諸縣祈諸神、諸縣禜城門	諸縣祈禜

74	吉　禮	諸太子廟時享	諸太子廟時享
75	吉　禮	三品以上時享其廟	王公已下時享其廟
76	吉　禮	三品以上祫享其廟	王公已下祫享其廟
		三品以上禘享其廟	王公已下禘享其廟
77	吉　禮	四品五品時享其廟	四品已下時享其廟
78	吉　禮	六品以下時祠	六品已下時祭
		王公以下拜掃　寒食拜掃附	王公以下拜掃
79	賓　禮	蕃國王來朝以束帛迎勞	蕃國王〔註20〕來朝
		遣使戒蕃王見日	戒蕃王見
		蕃王奉見	蕃王奉見
		受蕃國使表及幣	受蕃使表及幣
80	賓　禮	皇帝燕蕃國王	燕蕃國王
		皇帝燕蕃國使	燕蕃國使
81	軍　禮	皇帝親征類于上帝	親征類于上帝
82	軍　禮	皇帝親征宜于太社	宜于太社
83	軍　禮	皇帝親征造于太廟	造于太廟
84	軍　禮	皇帝親征禡于所征之地	禡于所征之地
		親征及巡狩郊祀有司載于國門	載于國門
		親征及巡狩告所過山川	告所過山川
		平蕩賊寇宣露布	宣露布
		遣使勞軍將	勞軍將
85	軍　禮	皇帝講武	講武
		皇帝田狩	田狩
86	軍　禮	皇帝射于射宮	射于射宮
		皇帝觀射于射宮	觀射于射宮
87	軍　禮	制遣大將出征有司宜于太社	遣將出征宜于太社
88	軍　禮	制遣大將出征有司告于太廟	遣將告于太廟
		制遣大將出征有司告于齊太公廟	遣將告于太公廟
89	軍　禮	祀馬祖	祀馬祖
		享先牧	享先牧
		祭馬社	祭馬社
		祭馬步	祭馬步

〔註20〕《通典》於賓禮部分，均將「蕃」作「番」，「王」作「主」。

90	軍　禮	合朔伐鼓	合朔伐鼓
		合朔諸州伐鼓	合朔諸州伐鼓
		大儺	大儺
		諸州縣儺	諸州、縣儺
91	嘉　禮	皇帝加元服上	皇帝加元服
92	嘉　禮	皇帝加元服下	
93	嘉　禮	納后上	納后
94	嘉　禮	納后下	
95	嘉　禮	皇帝元正多至受皇太子朝賀	正、至受皇太子朝賀
		皇后元正多至受皇太子朝賀	皇后正、至受皇太子朝賀
96	嘉　禮	皇帝元正多至受皇太子妃朝賀	正、至受皇太子妃朝賀
		皇后元正多至受皇太子妃朝賀	皇后正、至受皇太子妃朝賀
97	嘉　禮	皇帝元正多至受群臣朝賀	正、至受群臣朝賀
		皇帝千秋節受群臣朝賀	千秋節受群臣朝賀
98	嘉　禮	皇后元正多至受群臣朝賀	皇后正、至受群臣朝賀
		皇后正至受外命婦朝賀	皇后受外命婦朝賀
99	嘉　禮	皇帝于明堂讀孟春令	皇帝于明堂讀春令
		皇帝于明堂讀仲春令	
		皇帝于明堂讀季春令	
100	嘉　禮	皇帝于明堂讀孟夏令	讀夏令
		皇帝于明堂讀仲夏令	
		皇帝于明堂讀季夏令	
101	嘉　禮	皇帝于明堂讀孟秋令	讀秋令
		皇帝于明堂讀仲秋令	
		皇帝于明堂讀季秋令	
102	嘉　禮	皇帝于明堂讀孟冬令	讀冬令
		皇帝于明堂讀仲冬令	
		皇帝于明堂讀季冬令	
103	嘉　禮	皇帝于明堂及太極殿讀五時令	太極殿讀五時令〔註21〕
104	嘉　禮	皇帝養老于太學	養老于太學

〔註21〕　《唐六典》並無此項禮目，今據《通典》增補。

105	嘉 禮	臨軒冊命皇后	臨軒冊皇后
106	嘉 禮	臨軒冊命皇太子	臨軒冊皇太子
107	嘉 禮	內冊皇太子	內冊皇太子
108	嘉 禮	臨軒冊命諸王大臣	臨軒冊王公
		朝堂冊命諸臣	朝堂冊諸臣
		冊內命婦二品以上	冊內命婦
109	嘉 禮	遣使冊授官爵	遣使冊授官爵
		朔日受朝	朔日受朝
		朝集使引見　并辭	朝集使辭見
110	嘉 禮	皇太子加元服	皇太子加元服
111	嘉 禮	皇太子納妃	納妃
112	嘉 禮	皇太子元正冬至受群臣賀	正、至受群臣賀
113	嘉 禮	皇太子元正冬至受宮臣朝賀　并會	受宮臣賀
		皇太子與師傅保相見	與師、傅、保相見
		皇太子受朝集使參辭	受朝集使參辭
114	嘉 禮	親王冠	親王冠
115	嘉 禮	親王納妃	納妃
116	嘉 禮	公主降嫁	公主降嫁
117	嘉 禮	三品以上嫡子冠	三品以上冠
118	嘉 禮	三品以上庶子冠	
119	嘉 禮	四品五品嫡子冠	四品以下冠
120	嘉 禮	四品五品庶子冠	
121	嘉 禮	六品以下嫡子冠	六品以下冠
122	嘉 禮	六品以下庶子冠	
123	嘉 禮	三品以上婚	三品以上婚
124	嘉 禮	四品五品婚	四品以下婚
125	嘉 禮	六品以下婚	六品以下婚〔註22〕
126	嘉 禮	朝集使于尚書省禮見　并辭	朝集使禮見及辭
		任官初上相見　諸州上佐同	任官初上
		京兆河南牧初上　諸州刺史都督同	
		萬年長安河南洛陽令初上　諸縣令同	

〔註22〕《通典》中無此項禮目。

127	嘉 禮	鄉飲酒	鄉飲酒
128	嘉 禮	正齒位	正齒位
129	嘉 禮	宣赦書	宣赦書
		群臣詣闕上表	群臣詣闕上表
		群臣奉參起居	群臣起居
		遣使詣蕃宣勞	遣使宣勞諸蕃
130	嘉 禮	皇帝遣使宣撫諸州	遣使宣撫諸州
		皇帝遣使諸州宣制勞會	遣使諸州宣制
		皇帝遣使諸州宣赦書	遣使諸州宣赦書
		諸州上表	
131	凶 禮	凶年振撫	凶年振撫
	凶 禮	皇帝勞問疾苦	勞問疾患
	凶 禮	中宮勞問疾苦	中宮勞問
	凶 禮	東宮勞問疾苦	皇太子勞問
132	凶 禮	五服制度	五服制度
133	凶 禮	訃奏、臨喪、除喪	皇帝為小功已上舉哀
134	凶 禮	敕使弔	敕使弔祭
		會喪	會喪
		策贈	冊贈
		會喪	會喪
		致奠	致奠
135	凶 禮	中宮、太皇太后、皇太后、皇后服	皇后舉哀弔祭
136	凶 禮	東宮服	皇太子舉哀弔祭
137	凶 禮	東宮妃服	皇太子妃舉哀弔祭
138	凶 禮	三品以上喪之一	
139	凶 禮	三品以上喪之二	
140	凶 禮	三品以上喪之三	三品已上喪
141	凶 禮	三品以上喪之四	
142	凶 禮	四品五品喪之一	
143	凶 禮	四品五品喪之二	
144	凶 禮	四品五品喪之三	四品以下喪〔註23〕
145	凶 禮	四品五品喪之四	

〔註23〕《通典》作「五品已上喪」。

146	凶　禮	六品以下喪之一	六品以下喪
147	凶　禮	六品以下喪之二	
148	凶　禮	六品以下喪之三	
149	凶　禮	六品以下喪之四	
150	凶　禮	王公以下喪通儀	王公已下喪

　　從《開元禮》的目錄中可以看出，唐代國家禮典中所規定的禮儀項目相當清楚而明確。在「三禮」當中，與後來國家禮典性質最接近者，厥為《儀禮》，不過《儀禮》中所載之禮儀項目只有十五種，〔註24〕而且其中之儀文頗為簡略。從《儀禮》到《開元禮》，其間歷經了近千年的時間，隨著國家體制、皇帝制度，以及禮學的發展，為適應時代的需求，禮儀變得較為精細且具系統性。

　　《開元禮》全書之開頭為〈序例〉三卷。〈序例〉相當於《開元禮》的總則，其中規定了行禮時的前置作業，如擇日、齋戒等；或者是行禮時之器物，如神位、俎豆、衣服、鹵簿等。不過最重要的部分，是祭祀等級的規定，〔註25〕也就是「三祀禮」的規定。〔註26〕

　　〈序例〉之後便是「五禮」的儀文，行禮的主體包括了皇帝、皇后、皇太子、皇室成員（親王、公主）、官人及其家庭成員、官學學生、外藩（國王與使臣）。其中官人可以分成三品以上、四品至五品、六品以下等三個等級。官人職事官之官品若在三品以上，在《唐律疏議》中稱之為「貴」，可以享獲減刑之優惠。〔註27〕在禮儀上，三品以上之官人亦可獲得有別於其他官人之尊崇。〔註28〕五品以上之官人是所謂的「通貴」，亦可享有刑罰上的優惠。〔註29〕而五品與六品之間亦是唐代官

〔註24〕《儀禮》共十七卷，其篇名為〈士冠禮〉、〈士昏禮〉、〈士相見禮〉、〈鄉飲酒禮〉、〈鄉射禮〉、〈燕禮〉、〈大射禮〉、〈聘禮〉、〈公食大夫禮〉、〈覲禮〉、〈喪服〉、〈士喪禮〉、〈既夕禮〉、〈士虞禮〉、〈特牲饋食禮〉、〈少牢饋食禮〉、〈有司〉等。其中「既夕禮」是「士喪禮」的下篇，「有司」是「少牢饋食禮」的下篇，故《儀禮》實際只記載了十五種禮儀。
〔註25〕詳見（日）金子修一〈唐代の大祀・中祀・小祀について〉（《高知大學學術研究報告・人文科學》25-2，1976-10）。
〔註26〕參見前引高明士〈論武德到貞觀禮的成立──唐朝立國政策的研究之一〉，頁1166～1170。
〔註27〕見（唐）長孫無忌等撰，劉俊文點校《唐律疏議》（點校本，北京：中華書局，1993-9）卷1〈名例律〉總7「八總」條，頁18。
〔註28〕參見王德權《唐代官制中的散官與散位》（臺北：國立臺灣大學歷史學研究所碩士論文，民78-6），頁110～125。
〔註29〕見《唐律疏議》卷2〈名例律〉總13「五品以上妾有犯」條，頁39。

人地位一個分界點：文散官五品以上為諸大夫，六品以下為郎；武散官在五品以上為諸將軍，六品以下為諸尉。〔註30〕可見官人是依其官品來分別禮儀上的尊卑。

雖說《開元禮》中行禮的主體包含甚廣，涵蓋了皇室、官人，以及外藩。不過全書中最重要的部分，還是在皇室禮儀，尤其以皇帝所行之禮儀是為重心。官人之禮在《開元禮》中雖佔有相當之比例，但在篇幅上仍是明顯地少於皇室之禮。可見五禮不外乎是公家之禮，再者便是士大夫家之禮。至於平民，一般是不適用於國家禮典。〔註31〕在整部《開元禮》中，老百姓只可能在「喪服」中尋得可行之禮了。

在編纂《顯慶禮》時，許敬宗與李義府刪去了「國恤禮」，導致高宗以後皇家喪禮付之闕如。現就《開元禮》凶禮的部分看來，《開元禮》並未對國家恤禮再予編修。關於皇家喪禮儀注的編纂工作，則要等到唐德宗命顏真卿等編修《元陵儀注》時，才又再度進行皇帝凶禮的修撰。〔註32〕

除了凶禮之外，《開元禮》在吉禮方面亦有相當特殊之處，那就是「有司攝事」。有司攝事是指皇帝無法親自主持祭祀或廟享之時，則由負責祭典之官人代行主持攝事。〔註33〕唐代國家的祭典甚多，由《開元禮》的目錄，可知皇帝幾乎每個月都必須參與天地山川或宗廟的祭祀，這些祭典有大祀、中祀、小祀之分，〔註34〕皇帝必須親臨祠祀者，每年至少有 22 到 24 項祭典。〔註35〕事實上，每個祭典所花費的時間，不僅只是在祭典本身，在祭典之前的準備工作，其所耗費的時間更是長久，加上主祭者在參與祭典之前亦須先行齋戒。若皇帝每逢祭典都事必躬親，則皇帝是否還有餘裕從事其他之政務，此頗令人懷疑。〔註36〕因此《開元禮》中「有司攝事」的規定，顯示禮典對皇帝是否親祭，其實保有相當程度的彈性，唐代皇帝亦多以有

〔註30〕參見前引王德權《唐代官制中的散官與散位》，頁 33。

〔註31〕參見高明士〈隋代的制禮作樂——隋代立國政策研究之二〉（收入黃約瑟、劉健明主編《隋唐史論集》，香港：香港大學亞洲研究中心，1993），頁 20。

〔註32〕參見姜伯勤〈唐貞元、元和間禮的變遷——兼論唐禮的變遷與敦煌元和書儀文書〉（收入氏著《敦煌藝術宗教與禮樂文明》，北京：中國社會科學出版社，1996-11），頁 443～444。

〔註33〕詳細規定可見《大唐郊祀錄》卷 2〈凡例中，奠獻〉，頁 741 下 b～743 下 a。

〔註34〕參見前引（日）金子修一〈唐代の大祀・中祀・小祀について〉，頁 13～14；前引高明士〈論武德到貞觀禮的成立——唐朝立國政策的研究之一〉，頁 1166～1170。

〔註35〕見《新唐書》卷 11〈禮樂志一〉，頁 310。

〔註36〕歷代以來，各朝皇帝與皇后對各種祭祀典禮的參與率，雖未有正式而完整的統計，但事實上參與率應當是很低，甚至連典禮的執行率恐怕都不高。此不僅僅與皇帝及皇后沒有太多的時間與精力來參與，這還與禮典的功用有關，因為禮典最重要的功能，應是作為國家或皇帝的門面與象徵。關於此課題所涉及的層面較廣，待日後再另文探討。此觀念蒙陳弱水師啟迪，謹此誌之。

司代行郊廟之事。〔註37〕至於有司攝事的起源，目前尚難確定，但較有可能的說法，可能是起源於南朝。〔註38〕

　　大致來說，由皇帝與皇后所主持之祭典，均另編排了有司攝事之儀文，僅享肅明皇后（睿宗后劉氏）廟與孝敬皇帝（李弘）廟是以有司攝事行之。肅明皇后是睿宗被立為太子時的太子妃，在長壽二年（693A.D.）為武則天所殺，〔註39〕在睿宗景雲元年（710）時追諡為肅明皇后。〔註40〕不過因為玄宗是昭成皇后竇氏所生，所以玄宗即位後，遂遷昭成皇后之神主入太廟。〔註41〕而肅明皇后就另立儀坤廟，直到開元二十年（732）才祔於太廟。〔註42〕不過當時《開元禮》已頒行，故有〈肅明皇后廟時享有司攝事〉之卷。至於李弘，在顯慶元年（656）被高宗立為太子，深受高宗與武后的喜愛。但是李弘在上元二年（675）暴卒，後被諡為孝敬皇帝。中宗再度即位後，將李弘祔於太廟，並封號為義宗。景雲元年（710）時，姚元之（崇）與宋璟認為此不合昭穆之序，遂將李弘改祀於太廟之夾室，開元六年（718）則別建孝敬皇帝廟，並停義宗之號。〔註43〕可見肅明皇后廟與孝敬皇帝廟均是別立之廟，故不是由皇帝親享，這是《開元禮》中比較特別之廟祭。

　　再者，由《開元禮》吉禮的部分，可以看出關於天地山川等神祇祭祀的規定，在數量上遠多於宗廟的祭祀。就實際的情況來說，唐代皇帝舉行郊祀的比例，是較漢代皇帝高出了許多。〔註44〕

　　此外，《開元禮》也顯現了綜合《貞觀禮》與《顯慶禮》的特色。誠如前章第二節所言，在郊祀的部分，《貞觀禮》採取了鄭玄說，《顯慶禮》改採王肅說，《開元禮》則兼採二者並行。〔註45〕這從《開元禮》吉禮所列舉的祭典項目中，可以明顯看出

〔註37〕參見（日）金子修一〈唐代皇帝祭祀の親祭と有司攝事〉（《東洋史研究》47-2，1988-9），頁77。

〔註38〕參見（日）金子修一〈關於唐代後半的郊祀和帝室宗廟〉（收入前引中國唐代學會主編《第二屆國際唐代學術會議論文集》下冊），頁1131。

〔註39〕見《舊唐書》卷51〈后妃上・睿宗昭成皇后竇氏傳〉，頁2176。

〔註40〕見《舊唐書》卷51〈后妃上・睿宗肅明皇后劉氏傳〉，頁2176。

〔註41〕見《舊唐書・睿宗昭成皇后竇氏傳》，頁2176。

〔註42〕見《舊唐書・睿宗肅明皇后劉氏傳》，頁2176。

〔註43〕此段敘述，均見《舊唐書》卷86〈高宗中宗諸子・孝敬皇帝李弘傳〉，頁2828～2831。

〔註44〕詳見（日）金子修一〈魏晉より隋唐に至る郊祀・宗廟の制度について〉（《史學雜誌》88-10，1979-10），頁52～53；（日）金子修一〈中國古代における皇帝祭祀の一考察〉（《史學雜誌》87-2，1978-2）。另可參考章群《唐代祠祭論稿》（臺北：學海出版社，民85-6）下篇「天地與諸神」。

〔註45〕參見前引高明士〈論武德到貞觀禮的成立──唐朝立國政策的研究之一〉，頁1184～1185；另可參考（日）戶崎哲彥〈唐代における祫禘論爭とその意義〉（《東方學》

此情況。

　　若由《開元禮》的內容看來，體例堪稱嚴謹，條目清楚，對前朝之禮典又多有承繼，其之所以能夠成為唐代國家禮典的代表，甚至於中國國家禮典的典範，並非憑空得來。

第二節　禮典與國家權力的尊隆

　　禮的功能在於強調「親疏」、「尊卑」、「貴賤」身分地位的分別，每個人不可僭越自己的身分所當行之禮儀。國家禮典所載的內容既然是國家禮儀，其作用乃在強調國家禮儀神聖不可侵犯的性質。

　　秦始皇建立起皇帝的權威，將天子的地位比擬成宇宙的支配者；漢代採取儒家的學說，利用君臣與父子關係，來解釋皇帝權力是由上天所賦予，表現在禮儀上，則是以主持郊廟之禮來彰顯統治權力。〔註46〕新任皇帝則是以即位禮儀，來宣告政治權力的轉移。〔註47〕因此漢代的國家禮儀，可以說就是在解釋皇帝權力的合法性，而此建構過程一直持續到唐代才算真正完成。〔註48〕誠如本書第二章第二節所言，若有違此機制者，則國家會以刑律（甚至是兵刑）懲治之，藉以維護國家禮儀的權威。

　　漢帝國陵夷後，長達四百年的大分裂時代開始，國家的力量無法再讓皇帝擁有絕對的權力；再加上士族門閥成為社會的主要勢力，並且與皇室的關係若即若離，這使得皇室無法完全以國家的力量，來貫徹禮儀的裁斷權。〔註49〕但是這不表示禮儀的運作機制遭到破壞，而是皇權與國家刑律的裁判，無法透過統治機制而完全獲得執行。這是因為士族往往以自律性質的「家禮」，來裁斷士族自身違禮之事，而士族的「家禮」往往是以國家禮儀為範本，只是裁決者常是士族本身；若面對無法論

　　　　80，1990-7）。

〔註46〕詳見（日）西嶋定生〈皇帝支配の成立〉（收入氏著《中國古代國家と東アジア世界》，東京：東京大學出版會，1983-8）；（日）金子修一〈中國——郊祀と宗廟と明堂及び封禪〉（收入（日）井上光貞等編《日本古代史講座9・東アジアにおける儀禮と國家》，東京：學生社，1982-10）。

〔註47〕詳見（日）西嶋定生〈漢代の即位禮儀〉（收入前引氏著《中國古代國家と東アジア世界》）；（日）尾形勇〈中國即位禮儀〉（收入前引（日）井上光貞等編《日本古代史講座9・東アジアにおける儀禮と國家》）。

〔註48〕參見高明士〈皇帝制度下的廟制系統——以秦漢至隋唐作為考察中心〉（《國立臺灣大學文史哲學報》40，民82-6），頁65～83。

〔註49〕參見（日）神矢法子〈漢魏晉南朝における「王法」について〉（《史淵》114，1977-3）。

斷之爭議，再上到朝廷公議。〔註50〕因此，禮儀對士人行為的約制並沒有遭到否定，反而透過這樣的過程，讓禮儀的功能產生持續性的效果。

東漢末的士族，是透過實踐儒教的禮儀與道德，來建立自己的名望，並經由鄉論而取得政治與社會地位，再以交游來營造全國性的輿論，從而建構起以士族為中心的人際脈絡。〔註51〕九品官人法的實施，更使士族之政治地位獲得有力的保障。〔註52〕但是透過九品官人法的實施，魏晉以下的國家不斷企圖透過官品的機制，將士族這種「私」的人際網路，逐步納入「公家」〔註53〕權力所能制約的範圍中。如此則將士人的公私生活，逐漸納入國家禮儀的管轄，並使國家成為禮儀的裁判者，更進一步則是建立起以皇帝為中心的人際關係。所以從西晉開始，國家透過不斷編修禮典，使禮典法制化。〔註54〕這努力終於在隋唐統一之後逐步完成。由前節所述，可知《開元禮》的內容，是以皇室與官人之禮佔絕大多數，也就是說以「公家」之禮為主體，而非「私家」之禮。可見六朝國家長久以來的努力，在隋唐終於得到了成果，而這成果的具體呈現，便是今天可以見到的《開元禮》和《唐律疏議》。

禮律是一體兩面的國家制度，平時要求守禮，若是失禮則以刑律制裁，因此刑罰可以說是維繫國家制度與權威的最終手段。故在《唐律疏議》卷1〈名例律〉言：

> 德禮為政教之本，刑罰為政教之用，猶昏曉陽秋相須而成者也。〔註55〕

《唐律》在此明確地指出：「德禮」與「刑罰」兩者必須相輔相成。〈名例律〉又道：

> 古者大刑用甲兵，其次用斧鉞；中刑用刀鋸，其次用鑽笮；薄刑用鞭扑。
>
> 〔註56〕

〔註50〕參見（日）神矢法子之二篇論文：〈晉時代における王法と家禮〉《東洋學報》60-1、2，1978-11）；〈晉時代における違禮審議──その嚴禮主義的性格〉《東洋學報》67-3、4，1986-3）。

〔註51〕詳見（日）川勝義雄《六朝貴族制社會の研究》（東京：岩波書店，1982-12）第Ⅰ部〈貴族制社會の形成〉。

〔註52〕關於此課題，請參見（日）宮崎市定《宮崎市定全集6‧九品官人法の研究》（東京：岩波書店，1992-8）。

〔註53〕「公家」之定義，乃指國家（包括皇室與官僚）之權力，詳見（日）尾形勇著，張鶴泉譯《中國古代的「家」與國家》（長春：吉林文史出版社，1993-8），頁235～241。

〔註54〕參見甘懷真《唐代京城社會與士大夫禮儀之研究》（臺北：國立臺灣大學歷史學研究所博士論文，民82-12）第三、四、五章。

〔註55〕見《唐律疏議》卷1〈名例律〉卷首疏議，頁3。

〔註56〕見《唐律疏議》卷1〈名例律〉卷首疏議，頁1。又，《唐律》所引之文字，乃源自於《國語》（點校本，臺北：宏業書局，民69-9）卷4〈魯語上〉「臧文仲說僖公請免衛成公」條（頁162）。

此處指出刑罰不止是法制上的權力，還包括了軍事的權力。〔註57〕可見刑罰懲治的對象，不僅僅是在中國之人，還包括了外藩與鄰邦。〔註58〕不過因爲刑罰是藉由懲處的手段，來顯現國家的權力，誠屬非到萬不得已時方才使用的方法。平時積極維持國家秩序的正常機制，應該還是「德」和「禮」。所謂「禮者禁於將然之前，而法者禁於已然之後」，〔註59〕兩者在本末先後上還是有所區別的。不過相比之下，「德」的概念畢竟還是較爲抽象，遠不及「禮」可用具體的行爲與儀式表現出來。事實上，禮的概念在《唐律》中是很常見的，在律疏中往往是以「依禮」來決定行爲是否違律；而援禮入律亦表示了《唐律》對禮的依賴性。〔註60〕

不過刑罰亦不可太濫，因爲禮律雖說在實際層面上，眞正的目的主要都是在維護皇權；但就理論層面而言，禮律眞正的目的，應該是在維護國家的權力。《貞觀政要》卷5〈公平〉：

> （唐）太宗曰：「法者，非朕一人之法，乃天下之法。」〔註61〕

唐太宗是歷代罕見之明君，這由他對於「法」的認識可見一斑。太宗認爲法並非單爲天子而設，而是爲天下人所制定。法既然是天下之法，天子也必須遵守。由此推之，《貞觀禮》將皇室之凶禮列入國家禮典中，顯然有要求皇室在行凶禮之時，必須要遵守禮典的意味。另外，《舊唐書》論及《貞觀禮》時言：

> 又皇太子入學及太常行山陵、天子大射、合朔、陳五兵於太社、農隙講武、納皇后行六禮、四孟月讀時令、天子上陵、朝廟、養老於辟雍之禮，皆周、隋所闕，凡增多二十九條。〔註62〕

由《貞觀禮》所增二十九條（北）周禮與隋禮闕文之禮目看來，大部分也都是天子與皇太子之禮。可見《貞觀禮》在編修時，曾對天子所當行之禮加以增補，可能有

〔註57〕另可參見陳顧遠〈軍法起源與兵刑合一——中國法制史上一個觀察〉（收入氏著《陳顧遠法律文集》上，臺北：陳顧遠文集出版委員會，民71-9）。

〔註58〕詳見高明士〈從天下秩序看古代的中韓關係〉（收入中華民國韓國研究學會編《中韓關係史論集》，臺北：中華民國韓國研究學會，民72-12）第二章「天下秩序的原理」。

〔註59〕見（清）王聘珍《大戴禮記解詁》（點校本，臺北：文史哲出版社，民75-4）卷2〈禮察〉，頁22。

〔註60〕參見霍存福〈論《唐律》「義疏」的法律功能〉（《吉林大學社會科學學報》1987-4，1987-7），頁5～6。關於《唐律》與禮的關係，較詳盡的論述，當屬劉俊文所撰之二篇論文：〈唐律與禮的關係試析〉（《北京大學學報（哲學社會科學版）》1983-5，1983-10）；〈唐律與禮的密切關係例述〉（《北京大學學報（哲學社會科學版）》1984-5，1984-9）。

〔註61〕見（唐）吳兢《貞觀政要》（點校本，臺北：宏業書局，民79-7），頁258。

〔註62〕見《舊唐書》卷21〈禮儀志一〉，頁817。

藉以規範皇帝的寓意。

《顯慶禮》以「國恤禮爲預凶事，非臣子之宜言」〔註63〕爲理由，而刪除了國恤禮，這顯然是許敬宗與李義府等爲求鞏固皇權，希旨附會，以取媚於武后。〔註64〕因爲如此，皇帝在行國恤禮時，可免受國家禮典的制約。另外，《顯慶禮》在郊祀上行王肅之說，廢五方帝之祀，將天子直接置於天地與宗廟之下，減少了必須稱臣的祭祀，藉以強調皇帝爲頂點的中央集權制。〔註65〕《開元禮》在這方面雖然是折衷《貞觀禮》與《顯慶禮》，但基本上還是遵從《顯慶禮》，只在從祭祀五帝的這方面承襲了《貞觀禮》，並加強了昊天上帝與五方帝的區別。〔註66〕可見《開元禮》主要還是繼承了《顯慶禮》，強調以皇帝爲禮儀頂點的這個原則。〔註67〕

再者，由於唐代的皇帝往往比較強調郊祀，此與漢代注重祭祀宗廟的情況有所不同，這顯示唐代皇帝比漢代皇帝更加看重國家禮儀（公家之禮）。因爲漢代重視宗廟之祀，祭祀的對象是皇室私家的祖先，故皇帝在禮儀上明顯地較具有封閉性的色彩；而唐代因強調郊祀，祭祀對象是萬民所共尊的天地，故在禮儀上較具有開放性的特質，藉以彰顯天子是國家權力的頂點，而且代表著國家的權威。〔註68〕這個特點，從《開元禮》中吉禮篇章的比重即可看出。在另一方面，也因爲唐代注重國家禮儀，故在實行祭典時，亦強調禮儀的展示性，也就是說透過國家禮儀的展現，來顯示統治的正當性。〔註69〕同時，開放性國家禮儀的大量施行，這使長安的城市空間顯得較具禮儀性；事實上，長安城的設計也是相應於禮儀的要求。〔註70〕不過，

〔註63〕 見《唐會要》卷37〈五禮篇目〉，頁782。

〔註64〕 見《新唐書》卷11〈禮樂志一〉，頁308。

〔註65〕 參見前引高明士〈論武德到貞觀禮的成立——唐朝立國政策的研究之一〉，頁1207～1208。

〔註66〕 參見前引（日）金子修一〈魏晉より隋唐に至る郊祀・宗廟の制度について〉，頁46～48。

〔註67〕 不過郭紹林氏認爲，昊天上帝的地位，以及官僚機構等因素，對唐代的皇權仍是有所制約；參見郭紹林〈論唐代社會對皇權的制約機制〉（《複印報刊資料・中國古代史（一）》1995-12，1996-1；原刊於《中國史研究》1995-3，1995-8）。

〔註68〕 詳見前引（日）金子修一〈魏晉より隋唐に至る郊祀・宗廟の制度について〉；前引（日）金子修一〈中國古代における皇帝祭祀の一考察〉；前引（日）尾形勇〈中國の即位儀禮〉。

〔註69〕 參見（美）Howard J. Wechsler, *Offerings of Jade and Silk: Ritual and Symbol in the Legitimation of the T'ang Dynasty*, New Heaven: Yale University Press, 1985, PP.9～36.

〔註70〕 參見楊寬《中國古代都城制度史研究》（上海：上海古籍出版社，1993-12），頁200。另可參見（日）妹尾達彥〈唐代の科舉制度と長安の合格禮儀〉（收入（日）唐代史研究會編《律令制——中國朝鮮の法と國家》，東京：汲古書院，1986-2）。

隨著唐代後期祭典的多樣化，長安的城市空間也漸趨世俗化。〔註71〕

　　《開元禮》除了和「唐律」有密切關係之外，與「唐令」之間亦有相當的關聯。日人仁井田陞氏的《唐令拾遺》，從《開元禮》的三卷〈序例〉中，整理出了許多「唐令」的令文。（日）池田溫氏則更進一步結合其他相關史料，整理出「祠令」、〔註72〕「鹵簿令」、「衣服令」、「儀制令」、「喪葬令」及「假寧令」〔註73〕在內的許多「唐令」令文。同時，唐代「禮部式」（主要是禮部的太常寺、光祿寺等之令式）文，亦由《開元禮》的內容中整理出不少遺文。〔註74〕

　　在《開元禮》中，佔凶禮最大篇幅者，是為官人之喪禮，顯示《開元禮》相當注意對官人在禮儀上的管束，這可能與唐代盛行厚葬及其他特殊的喪葬禮儀有關。〔註75〕

　　前節已經提到「有司攝事」，是《開元禮》吉禮部分的特點之一。在唐玄宗之前的唐代皇帝比較重視親祭，較著名的二個例子：一是唐太宗在貞觀十七年（643），為求鞏固太子李治的地位而親祭；另一則是玄宗於開元十一年（723），為證明國家已經擺脫武則天以來之亂象而親祭。〔註76〕由此二例可知皇帝親祭是有其政治目的存在。不過大體上，唐代仍是以有司代表皇帝行使祭典的情況較多，在唐朝後半甚

〔註71〕參見（日）妹尾達彥〈唐長安の禮儀空間──皇帝儀禮の舞台を中心に〉（《東洋文化》72，1992-3）。

〔註72〕關於「祠令」的部分，可參見（日）菊池克美〈神祇令における法繼受の問題〉（收入（日）池田溫編《中國禮法と日本律令制》，東京：東方書店，1994-4）。

〔註73〕關於「假寧令」的部分，可參見（日）丸山裕美子〈仮寧令と節日──古代社會の習俗と文化〉（收入前引（日）池田溫編《中國禮法と日本律令制》）。

〔註74〕詳論請參見（日）池田溫〈唐令と日本令──〈唐令拾遺補〉編纂によせて〉（收入前引氏編《中國禮法と日本律令制》）。另外，「唐禮」與「格」之間亦有關聯，但史料甚少，限於時間與學力，日後再行討論。

〔註75〕參見張長臺《唐代喪禮研究》（臺北：私立東吳大學中國文學研究所博士論文，民79-6）第三章；（日）西脇常記〈唐代葬俗研究序說──特に埋葬法について〉（《東洋學術研究》18-3，1979-6）。

〔註76〕參見（日）金子修一〈唐代皇帝祭祀の二つの事例──太宗貞觀一七年の場合と玄宗開元一一年の場合〉（收入（日）栗原益男先生古稀記念論集編集委員會編《中國古代の法と社會──栗原益男先生古稀記念論集》，東京：汲古書院，1988-7）；關於唐代皇帝的親祭，金子氏對此課題有一系列的研究成果問世，參見〈唐太宗～睿宗の郊廟親祭について──唐代における皇帝の郊廟親祭〉（收入唐代史研究會編《中國の都市と農村》，東京：汲古書院，1992-7）；〈唐玄宗の謁廟の禮について〉（《山梨大學教育學部研究報告》42，1992）；〈玄宗朝の皇帝親祭について〉（收入前引（日）池田溫編《中國禮法と日本律令制》）；前引〈關於唐代後半的郊祀和帝室宗廟〉等文。

至有成爲慣例的傾向。〔註77〕

　　因爲《開元禮》的內容絕大多數是屬於皇室與官人之禮，且由禮律密切的關係，以及國家透過禮典以制約行禮的情況看來，《開元禮》（也可以説是國家禮典）最重要的功能，是在凸顯國家的權力，並強調國家統治的正當性。

第三節　緣情入禮

　　雖說禮的功能是強調尊尊與親親之「別」，但儒家認爲以禮求別的目的，並不是完全基於政治性（劃分政治地位）的考量，「順人情」〔註78〕而制禮的因素也是相當重要。這種概念在漢代常被學者所強調，甚至連制定刑法也要考慮到人情，諸如「律設大法，禮從人情」；〔註79〕「制禮作教，立法設刑，動緣民情，而則天象地」；〔註80〕「法者，緣人情而制，非設罪以陷人也」〔註81〕等語，皆可看出此趨向，這股潮流到漢末魏晉之時達到高潮。不過禮、情間關係眞正獲得實際層面的討論，則是要到東晉以後。

　　從東漢末葉起，由於外戚與閹宦的鬥爭，造成政治的黑暗；加上經學漸趨末流，無法滿足人心，甚至有爲搏名而逾越禮制服喪等事件發生。〔註82〕於是在當時的社會產生了兩種現象：一是因爲士人大多經過儒教的薰陶，出身背景相同，對現狀多有不滿；加上當時交游結黨的風氣甚盛，使得士人自覺是社會的「清流」，因而產生士大夫的優越感。另一則是學術思潮逐漸從獨尊儒教，轉向富形上學色彩的玄學發展，強調個體的自由與解放。〔註83〕這對以名教維繫秩序的東漢社會，產生了巨大的衝擊，並造成了許多的名教危機，這危機尤其表現在君臣與家庭的關係上；另一

〔註77〕詳見前引（日）金子修一〈唐代皇帝祭祀の親祭と有司攝事〉。

〔註78〕見（東漢）鄭玄注，（唐）孔穎達疏《禮記注疏》（（清）阮元刻十三經注疏本，臺北：藝文印書館，民82-9）卷63〈喪服四記〉，頁1032上b。

〔註79〕見（東漢）劉珍等撰，吳樹平校注《東漢觀記校注》（鄭州：中州古籍出版社，1987-7）卷13〈卓茂傳〉，頁462。

〔註80〕見（東漢）班固《漢書》（點校本，臺北：鼎文書局，民80-9）卷22〈刑法志〉，頁1079。

〔註81〕見王利器校注《鹽鐵論校注（定本）》（北京：中華書局，1992-7）卷10〈刑德〉，頁1079。

〔註82〕詳見（日）神矢法子〈後漢時代における「過禮」をめぐって——所謂「後漢末風俗」再考の試みとして〉（《九州大學東洋學論集》7，1979-3）。

〔註83〕詳論請參見余英時〈漢晉之際士之新自覺與新思潮〉（收入氏著《中國知識階層史論（古代篇）》，臺北：聯經出版事業公司，民69-8）。

方面，因為士族的累世同居，於是在人際關係上也產生了新的觀點，也就是逐漸以情（自然）的角度，而非以禮法（名教）的觀點來解釋人際關係。〔註84〕

西晉統一之後，因為士族取得政治的主導權，所以在政治上自然與名教的衝突漸漸獲得了解決，但在家庭倫理上的衝突仍未得到調解，因此破壞禮教的行為層出不窮，自然與名教之爭的主軸，便轉移到情與禮的衝突上。其中爭議最大者，便是《儀禮》的〈喪服〉篇，因為這是禮對倫理與人際關係最重要的規範，並被納入漢代的律令體制中。〔註85〕而此衝突一直延續到晉室南渡。〔註86〕

為了解決情、禮的衝突，東晉的士族與學者往往兼治玄儒之學，但他們往往不是以儒家的角度來思考問題，而是承襲名教與自然結合之說來解決此問題。〔註87〕這類討論最主要是集中在喪服的問題上，在《通典》的〈禮典〉中，共耗費19卷的篇幅，用以記錄六朝以來喪服的討論，〔註88〕可見這個問題受到矚目的程度。不過這些集中在喪服的討論，並不單只是集中在魏晉時發生，〔註89〕實際上討論的熱潮是經過南北朝，〔註90〕一直延續到唐代。

在《開元禮》卷 132〈五服制度〉中，對於唐代喪服做了明確的規定。這篇文獻是繼《儀禮·喪服》之後，現存第二篇對喪服做全面性規定的文字史料。以下就針對《儀禮》與《開元禮》間喪服的差異加以論述。

《儀禮》將「喪服」分為五等，即斬衰（三年）、齊衰（三年、期年、〔註91〕三月）、大功（七月）、小功（五月）與緦麻（三月）。其中斬衰是為政治與家族傳承而服，主要對象是父、夫、長子、國君等象徵宗法至尊的人物。其餘除了直系親屬外，旁系親屬則大致按與己身之世次親疏，來排定喪服，即一世親服期、二世親服

〔註84〕 參見余英時〈名教危機與魏晉士風的演變〉（收入前引氏著《中國知識階層史論（古代篇）》），頁 333～346。

〔註85〕 參見章景明《先秦喪服制度考》（臺北：臺灣中華書局，民75-9），頁 28～30。

〔註86〕 參見前引余英時〈名教危機與魏晉士風的演變〉，頁 346～358。

〔註87〕 參見唐長孺〈魏晉玄學之形成及其發展〉（收入氏著《魏晉南北朝史論叢》，北京：生活·讀書·新知三聯書店，1955-7），頁 336～337。

〔註88〕 《通典·禮典》討論喪服的卷別，有卷 80～82、88～103。

〔註89〕 關於魏晉時喪服的討論，可參見孫瑞琴《魏晉士人論禮——以喪服為中心之探索》（臺北：國立政治大學中國文學研究所碩士論文，民78-5）；柯金虎〈晉代離亂引發喪服爭議之商榷〉（收入國立政治大學文理學院編《政大文史哲論集》，臺北：國立政治大學文理學院，民81-6）。

〔註90〕 參見（日）宇野精一〈南北朝禮學一斑〉（收入氏著《宇野精一著作·第二卷·中國古典學の展開》，東京：明治書院，1986-8），頁 389～390。

〔註91〕 《儀禮·喪服》稱「期」，即為一年之意；《開元禮》中為避唐玄宗李隆基之名諱，故將「期」改成「周」。

大功、三世親服小功、四世親服緦麻（參見圖一）。不過喪服的等級當然並非如同心圓那般規律，因尚有其他的影響因素。〔註92〕這些因素在《禮記·大傳》中有所說明：

> 服術有六：一曰親親，二曰尊尊，三曰名，四曰出入，五曰長幼，六曰從服。從服有六：有屬從，有徒從，有從有服而無服，有從無服而有服，有從重而輕，有從輕而重。〔註93〕

根據這六項原則，從而訂出正服、義服、降服、加服、報服、生服、從服等七種為服的標準。〔註94〕但是在〈喪服〉本文中，除了報服之外，並未說明是基於何種標準而服喪，而是在「傳」中才予以說明。《開元禮》則與《儀禮》不同，《開元禮》將《儀禮》的七種喪服標準，化約為正服、加服、降服、義服四種，並將每一條喪服項目直接歸類到正服、加服、降服、義服之下，如此不但綱目清楚明確，而且一眼即可明瞭每一條喪服所依據之標準為何。茲舉一例說明，在《儀禮·喪服》「齊衰不杖期」中有此一條：

〔註92〕 參見陶希聖〈服制之構成〉（《食貨月刊》復刊 1-9，民 60-12），頁 471；杜正勝〈五服制的族群結構與倫理〉（收入氏著《古代社會與國家》，臺北：允晨文化實業公司，民 81-10），頁 857～863。

〔註93〕 見《禮記注疏》卷 34〈大傳〉，頁 619 下 b～620 上 a。《禮記》討論喪服原則之文字甚多，如〈喪服小記〉等便是，但仍要以〈大傳〉的這篇文字最為精要。

〔註94〕 詳論請參見前引章景明《先秦喪服制度考》，頁 30～42。

圖一 《大唐開元禮》本宗九族五服喪服圖

圖示：○斬衰三年 ●齊衰三年 □齊衰杖期 ■齊衰不杖期 ◇齊衰五月 ◆齊衰三月
△大功九月 ▲小功五月 ◎緦麻三月 ╳無服（可袒免） 期親 大功親

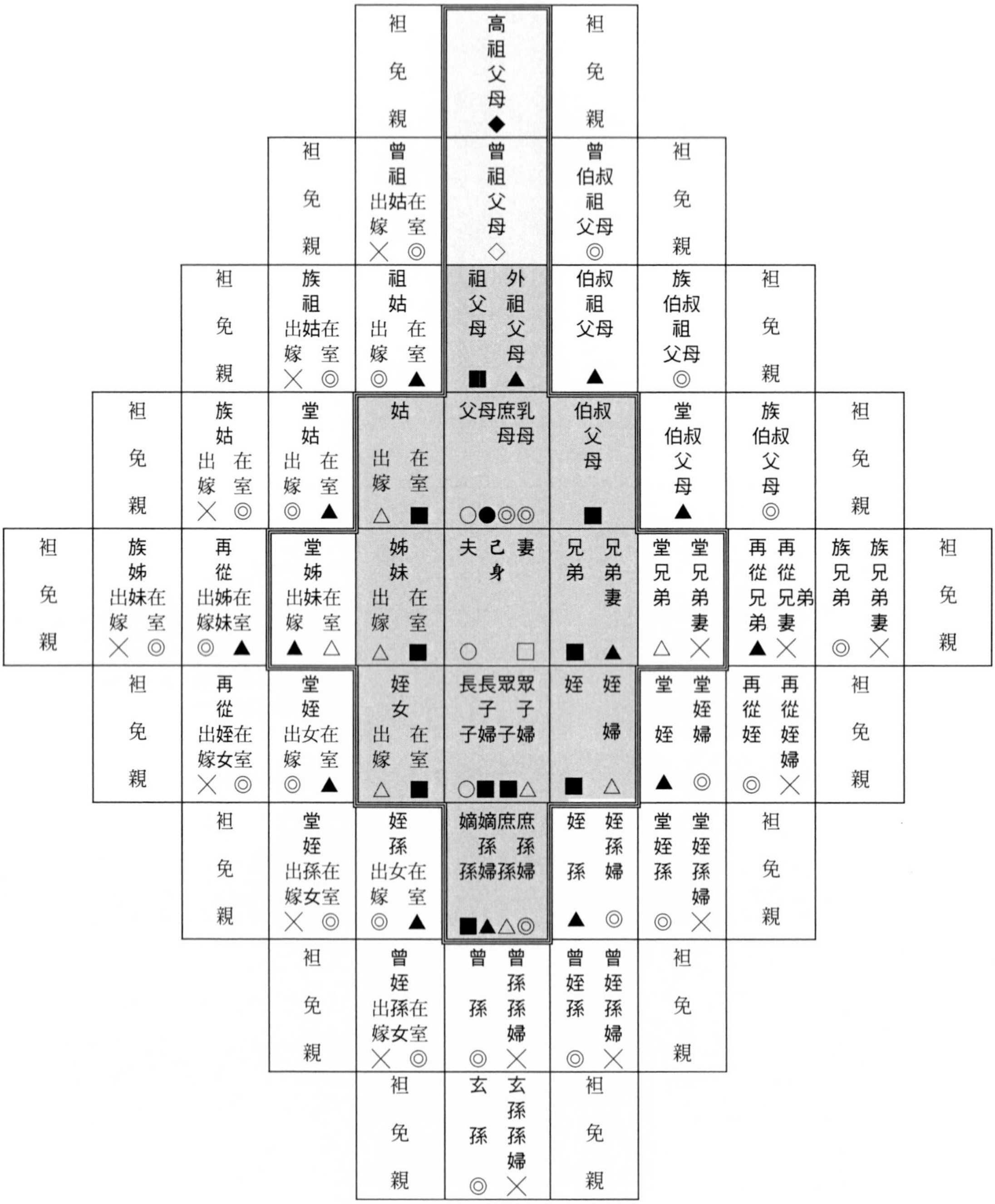
袒免親
高祖父母◆
袒免親
袒免親
曾祖姑 出嫁╳ 在室◎
曾祖父母◇
曾伯叔祖父母◎
袒免親
袒免親
族祖姑 出嫁╳ 在室◎
祖姑 出嫁◎ 在室▲
祖父母■ 外祖父母▲
伯叔祖父母▲
族伯叔祖父母◎
袒免親
袒免親
族姑 出嫁╳ 在室◎
堂姑 出嫁◎ 在室▲
姑 出嫁△ 在室■
父母○● 庶母◎ 乳母◎
伯叔父母■
堂伯叔父母▲
族伯叔父母◎
袒免親
袒免親
族姊妹 出嫁╳ 在室◎
再從姊妹 出嫁◎ 在室▲
堂姊妹 出嫁▲ 在室△
姊妹 出嫁△ 在室■
夫○ 己身 妻□
兄弟■ 兄弟妻▲
堂兄弟△ 堂兄弟妻╳
再從兄弟▲ 再從兄弟妻╳
族兄弟◎ 族兄弟妻╳
袒免親
袒免親
再從姪女 出嫁╳ 在室◎
堂姪女 出嫁◎ 在室▲
姪女 出嫁△ 在室■
長子○ 長子婦■ 眾子■ 眾子婦△
姪■ 姪婦△
堂姪▲ 堂姪婦◎
再從姪◎ 再從姪婦╳
袒免親
袒免親
堂姪孫女 出嫁╳ 在室◎
姪孫女 出嫁◎ 在室▲
嫡孫■ 嫡孫婦▲ 庶孫△ 庶孫婦◎
姪孫▲ 姪孫婦◎
堂姪孫◎ 堂姪孫婦╳
袒免親
袒免親
曾姪孫女 出嫁╳ 在室◎
曾孫◎ 曾孫婦╳
曾姪孫◎ 曾姪孫婦╳
袒免親
袒免親
玄孫◎ 玄孫婦╳
袒免親

女子子適人者，爲其父母、昆弟之爲父後者。

傳曰：爲父何以期也？婦人不貳斬也。婦人不貳斬者何也？婦人有三從之
義，無專用之道，故未嫁從父，既嫁從夫，夫死從子。故父者子之天也；
夫者，妻之天也。婦人不貳斬者，猶曰不貳天也，婦人不能貳尊也。爲昆
弟之爲父後者，何以亦期也？婦人雖在外，必有歸宗，曰小宗，故服期也。

〔註95〕

女子未出嫁，則要爲父服斬衰三年；〔註96〕出嫁後，改爲丈夫服斬衰三年。〔註97〕
基於宗法「不二尊」的緣故，所以出嫁的女兒爲自己的父母改服齊衰期年，此即
爲本條前半部的規定。至於出嫁的女兒爲自己本家的兄弟，要服大功九月；〔註98〕
但對承本家祖胤之兄弟，因爲尊重本家之祖胤，故須改服齊衰期年，此即本條後
半部的規定。原先女子對父母要服三年喪，出嫁後則改爲齊衰不杖期，所以出嫁
女對父母的喪服是屬降服。對女子的兄弟而言，出嫁後一律服大功，但爲承祖胤
的兄弟，則要服期衰不杖期，這是屬加服。出嫁女子對父母與承本家血脈的兄弟，
雖然兩者之喪服相同，但所服喪服之原因並不相同，《儀禮》將兩者同列，容易產
生混淆。

相同的禮文，在《開元禮》中的記載如下：

齊衰不杖周

加服

女子子適人者爲兄弟之爲父後者。……

降服

女子子適人者爲其父母。〔註99〕

《開元禮》將此條分爲兩部分，並分列於加服與降服之下，讓讀禮典者可以清楚地
瞭解何以服此喪服。這改變使喪服不再雜蔓難懂，而且變得較具體系化。由此可知
《開元禮》體例嚴謹之言不虛。〔註100〕

〔註95〕見（東漢）鄭玄注，（唐）賈公彥《儀禮注疏》（（清）阮元刻十三經注疏本，臺北：
藝文印書館，民82-9）卷30〈喪服〉，頁359上a～b。

〔註96〕見《禮儀注疏》卷29〈喪服〉，頁359上a～b。

〔註97〕見《禮儀注疏》卷29〈喪服〉，頁347下b。

〔註98〕見《儀禮注疏》卷32〈喪服〉，頁377上a。

〔註99〕見《大唐開元禮》卷132〈五服制度〉，頁622下a～b。又，「齊衰不杖周」在「洪
氏唐石經館叢書」本之《開元禮》中作「齊衰不杖期」，若爲避唐玄宗諱，當是以「齊
衰不杖周」爲確，且其他版本仍作「齊衰不杖周」，故引文中逕改之。

〔註100〕《開元禮》在「喪服」之部分，對《儀禮‧喪服》做了許多補充與改進，茲不一一
列舉，詳見邱衍文《唐開元禮中之喪禮研究》（臺北：財團法人郁氏印書及講學基

　　比較《禮儀》與《開元禮》在喪服不同的規定之後，除可發現《開元禮》的喪服制度比《儀禮》更清楚，更具條理之外，更可以發現《開元禮》還吸納了六朝以至唐代間喪服討論的成果，而且可以說是前述「緣情制禮」〔註101〕的主張獲得勝利。茲舉數例以說明之。〔註102〕

一、嫂叔服

　　嫂叔之間的關係，從先秦開始就是一個難解的親屬關係。雖然說同住一個屋簷下，但在禮教上嫂叔兩人卻是相當疏遠的，如《禮記·曲禮上》即言：「嫂叔不通問。」〔註103〕在喪服上，嫂叔亦無服，〔註104〕其原因是「蓋推而遠之」。〔註105〕可見至少在漢代，禮制上還是儘量將嫂叔之間的距離拉遠。

　　不過這種限制在曹魏時受到了挑戰，太尉蔣濟認為嫂叔之間，應如同兄長與娣姒婦之間的關係一樣，當服小功之服；蔣濟的意見並獲得曹義的應和。〔註106〕嫂叔無服不被接受的原因，事實上還有社會因素：一是異民族若有兄長死後，弟可代兄而以嫂為妻；另一則是如前所言，也就是「情」的觀念被重視。〔註107〕唐太宗於貞觀十四年（640），召集學者商議嫂叔之服，魏徵等認為「于其時（按：指《儀禮》修纂之時），上無哲王，禮非下之所議，遂使深情鬱乎千載，至理藏於萬古」，故建議嫂叔應服小功五月，太宗制可。〔註108〕開元五年（717）時，盧履冰、元行沖數度上奏，議請恢復《儀禮·喪服》之制，於是開元七年（719）八月，玄宗下詔恢復《儀禮》之制。〔註109〕但在修纂《開元禮》時，蕭嵩等又依貞觀之制，〔註110〕將嫂叔之服定為小功五月義服。〔註111〕此乃「緣情入禮」之一例。

金會，民73-1）。

〔註101〕見《通典》卷92（禮典·凶禮）「嫂叔服」條引曹義之語，頁2506。關於六朝「緣情制禮」之說，可參見前引余英時〈名教危機與魏晉士風的演變〉，頁358～367。

〔註102〕所舉之例，均是參考前引邱衍文《唐開元禮中喪禮之研究》所得。

〔註103〕見《禮記注疏》卷2〈曲禮上〉，頁37上a。

〔註104〕見《禮記注疏》卷56〈奔喪〉，頁945下b。

〔註105〕見《禮記注疏》卷8〈檀弓上〉，頁144上a。

〔註106〕此段論述，均見《通典》92〈禮典·凶禮〉「嫂叔服」條，頁2506～2507。

〔註107〕參見（日）藤川正數《魏晉時代における喪服禮の研究》（東京：敬文社，1960-3），頁220。

〔註108〕見《舊唐書》卷27〈禮儀志七〉，頁1019～1021。

〔註109〕見《通典·禮典·凶禮》「嫂叔服」條，頁2509。

〔註110〕見《舊唐書·禮儀志七》，頁1023～1031。

〔註111〕見《大唐開元禮·五服制度》，頁625下a。

二、子為母服

唐高宗上元元年（674），天后武氏上表謂「子之於母，慈愛特深，非母不生，非母不育」，且「三年在懷，理宣崇報」，故「請父在為母終三年之服」，後高宗同意此請。〔註112〕但此制在玄宗開元五年時，亦遭到盧履冰與元行沖的反對，並在開元七年八月下詔廢武氏之制。可是蕭嵩在修《開元禮》時，又議請恢復上元之制。〔註113〕雖然此制是因為武則天掌握政權，為了提升女權之政治地位所施的手段，但在《開元禮》之前已被停廢，若非《開元禮》之修撰者堅持「緣情制禮」的原則，父在子為母服三年當不可能再被施行。

另有一點值得注意的是，在《儀禮·喪服》中，對女子之喪服常語焉為不詳，不過在《開元禮》中則常是男女並舉，或在注中說明兼含女子；〔註114〕同時也將五服親內在室之女子喪服，均一一條列出來，這些都是《儀禮·喪服》所未有者。這可能與唐代婦女地位高於各代，加上曾有女主登基掌政有關。〔註115〕而《開元禮》的修纂者，亦相當程度地反應並承認這種事實。〔註116〕

三、父卒母嫁為母服

本條之原文，應當是「父卒母嫁及出妻之子為母皆報」。〔註117〕其中「出妻之子為母」是《儀禮》之條文，「父卒母嫁為母」才是《開元禮》所新增者。

在西漢《石渠議》中，記載西漢宣帝時，韋玄成主張「父歿則母無出義，王者不為無義制禮」，而宣帝亦認同韋氏之說。〔註118〕所以在漢代，兒子是不可為父亡後出嫁之母服喪。但在《開元禮》中，則將此條增補列入齊衰杖周，當是與「緣情入禮」之原則有關。

從上述三個喪服的例子，可以看出一個現象，那就是這些喪服在《儀禮》中或是不存在，或是服制較輕；但在《開元禮》中，不是新增了應當服喪的條文，不然

〔註112〕見《舊唐書·禮儀志七》，頁1023。
〔註113〕見《舊唐書·禮儀志七》，頁1023～1031。
〔註114〕參見前引邱衍文《唐開元禮中喪禮之研究》，頁53。
〔註115〕可參見 Chen Jo-shui（陳弱水），"Empess Wu and Proto-Feminst Sentiments in T'ang China", in F. P. Brandauer & Chun-chieh Huang eds., *Imperial Rulership and Culture Change in Traditional China*, Seattle: University of Washington Press, 1994, PP.86～88.
〔註116〕（日）藤川正數氏在〈唐代における母親主義的服紀改制について〉（《東方學》16，1958-6）一文中，指出唐代母親的喪服之所以能夠加重，除女主的因素外，唐代社會有尊重門閥以及外親的風氣，還有道教的信仰等，均是重要的因素（頁15～20）。
〔註117〕見《大唐開元禮·五服制度》，頁622上a。
〔註118〕見《通典》卷89〈禮典·凶禮〉「父卒為嫁母服」條，頁2455。

就是加重服制。而這些服制之所以有新增或加重的需要，那是因爲「情」的因素。因爲有強調「情」的主張，但是《儀禮》所載又無法滿足現今人際的需求，自然會產生爭議。而這些爭議在《開元禮》中，大都得到了裁斷。事實上，《開元禮》中喪服「援情入禮」的例子還有不少，〔註119〕史料中類似的討論還有許多，學界亦有相當的研究成果問世，故此不再舉例說明。〔註120〕

第四節 小 結

　　一般來說，《開元禮》面對新時代政治與人情的需要，多半是採納了新的訴求。以喪服爲例，《開元禮》往往會改變《儀禮》的規範，來回應當時的需要；換言之，也就是從「情」的角度，重新來衡量喪服的輕重。所以《開元禮》並不只是將舊有的儀文加以整編，而是有加入新的成分，那就是承認六朝以來的新觀念與新需求。尤其是經學權威被六朝的現實狀況所打破，爲適應新的社會實況，勢必要有新的禮學觀點來因應。〔註121〕《開元禮》在編纂之時，並不盲從於經典，而是吸收了因應時代需求的因子，這也是《開元禮》相當重要的特色。

　　杜佑在編著《通典》時，將《開元禮》分類剪裁，編輯成〈禮典〉中的「開元禮纂」。〔註122〕《通典》中的〈禮典〉，亦記錄了上古至唐代對五禮的諸般討論，〈禮典〉的篇末又以「開元纂禮」做結尾，顯見杜佑這位國史上最著名政書體的通史家，他對《開元禮》給予非常高的評價，他本身亦是秉持尊重當代制度的態度，來編撰《通典》。

　　因受制於國家禮典的功能，所以《開元禮》並不能將當時所有禮儀，化爲文字而盡悉納入，禮儀的內容也是以記載「公家」與官人之禮爲主要範疇。禮典內容中唯一涉及平民之處，就只有喪服制度。不過從事研究《開元禮》的學者都指出：《開元禮》的體例相當嚴謹，綱目清楚明確，儀節安排合理，內容條理而有系統。〔註123〕

〔註119〕 （清）顧炎武認爲唐人增改服制乃率情之偏，有逾聖人之道；見（清）顧炎武著，徐文珊點校《原抄本日知錄》（臺北：文史哲出版社，民68-4）卷7〈唐人增改服制〉條，頁161～163。

〔註120〕 參見前引（日）藤川正數《魏晉時代における喪服禮の研究》，頁426～435；前引邱衍文《唐開元禮中喪禮之研究》，頁8～100。

〔註121〕 參見前引（日）藤川正數《魏晉時代における喪服禮の研究》，頁226～227。

〔註122〕 見《通典》，卷106～140。

〔註123〕 前引邱衍文《唐開元禮中喪禮之研究》（頁171～172），與張長臺《唐代喪禮研究》（頁232～234），均認爲《開元禮》是中國第一部系統化的禮典。

書中並吸納了「三禮」以來論禮之要點。〔註 124〕因此《大唐開元禮》可以說是兼具有總結性、全面性與系統性於一身的國家禮典。〔註 125〕唐人權德輿亦稱讚唐禮曰：

> 國朝禮文，酌損三代，最爲詳正。〔註 126〕

五代時的趙瑩亦言：

> 五禮之書，代有沿革。至開元刊定，方始備儀。〔註 127〕

從後代的標準論之，《大唐開元禮》或許還不是最完善的國家禮典。但是就當時與中國禮典的發展而言，《開元禮》已經是一部最具時代意義的國家禮典，其地位當然不容忽視。

〔註 124〕 參見（日）池田温〈大唐開元禮解說〉（收入《大唐開元禮》書末，東京：古典研究會，1972-11），頁 825～826。

〔註 125〕 參見趙瀾〈《大唐開元禮》初探——論唐代禮制的演化過程〉（《復旦學報（社會科學版）》1994-5，1994-9），頁 90。

〔註 126〕 見《全唐文及拾遺》（重編本，臺北：大化書局，民 76-3）卷 491〈送徐諮議假滿東歸序〉，頁 2250c。

〔註 127〕 見《全唐文及拾遺》卷 854〈論修唐史奏〉，頁 4023b。

第五章 《大唐開元禮》的影響

　　本章探索的重點，乃針對《大唐開元禮》對於唐代後期，以及唐以後各代的影響進行討論。主要探討的議題，第一節集中在《開元禮》對貢舉的影響，第二節討論《開元禮》對後世禮典與禮制的影響，第三節則更進一步探索《開元禮》對鄰邦的影響，第四節為小結。

第一節 《大唐開元禮》對貢舉的影響
——「開元禮舉」的產生

　　《大唐開元禮》所產生的影響，首推「開元禮舉」的產生。《唐會要》卷76〈貢舉中・開元禮舉〉條曰：

> 貞元二年（786A.D.）六月十一日（德宗）敕：「開元禮，國家盛典，列聖增修，今則不列學科，藏在書府。使效官者昧于郊廟之儀，治家者不達冠婚之義，移風固本，合正其源。自今已後，其諸色舉人中，有能習開元禮者，舉人同一經例，選人不限選數許習，但問大義一百條，試策三道，全通者超資與官。義通七十條，策通兩道已上者，放及第。已下不在放限，其有散官能通者，亦依正官例處分。」〔註1〕

_____

〔註 1〕 見（北宋）王溥《唐會要》（點校本，上海：上海古籍出版社，1991-1），頁 1653。
　　　　本段史文雖在《通典》與《冊府元龜》中均可見到（詳見下文），但論述均不及《唐會要》詳盡，故此處取《唐會要》之史文來做說明。本節以下若再有捨《通典》等時間較早之史料，而改取《唐會要》之文字來做說明者，原因亦與此處相同，不過論述中都會對其間的異同予以說明。

《通典》卷 15〈選舉典·歷代制下〉「大唐」條，以及《冊府元龜》卷 640〈貢舉部·條制二〉「貞元二年六月」條之文字與《唐會要》大致相同。差異較大的部分在最後一句：《通典》之文為「其有散、試官能通者，亦依正員例處分」；〔註 2〕而《冊府元龜》則言「其有試官能通者，亦依正員官例處分」。〔註 3〕統整三者而言，則是說散官與試官能通《開元禮》者，均依正官之例處理。

由《唐會要》之文可以看出：《開元禮》在頒行之後，雖然貴為國家的禮典，但是因為沒有列在學校修習的科目中，所以在名義上，《開元禮》雖是國家行禮最高的準則；可是事實上，《開元禮》卻一直被收藏在官府的書庫中，未能廣為流傳，官人也沒有真正用心去研習。這導致「效官者昧于郊廟之儀，治家者不達冠婚之義」的情況，連官人與家長都不能知禮，顯然頒行禮典的目的並未達成。所以德宗特地設置了「開元禮」科，希望藉由設置貢舉考試科目，來增加當時人們對國家禮典的重視程度。

「開元禮」科的考試內容，是考《開元禮》大義一百條，試策三道。若全部合格通過，則可獲得比登學究一經科〔註 4〕更高的散官入仕；若是大義通過七十條，試策通過兩道以上者，那就以及第論之。也就是說，「開元禮」科最低錄取標準，是在一百條大義中要通過七十條，三道試策中要通過兩道方可算是錄取。如果大義與試策全部通過，則在銓敘上是給予比學究一經及第者更高的散官起敘。達到及第標準者，銓敘同於學究一經。

另外，由「選人不限選數許習」之語看來，「開元禮」科也是吏部選官的科目之一。〔註 5〕原先就有散官、試官等官銜者，表示此人已有出身，若通過吏部「開元禮」科的考試，則亦可比同一般流官銓敘。以國家禮典作為貢舉考試的科目，這可以說是第一次，故貞元二年之詔敕規定，實在具有特別的歷史意義。

七年之後，德宗對「開元禮」科做了些許的更動，《唐會要·開元禮舉》條曰：

貞元九年（793）五月二十日，（德宗）敕：「其習開元禮人，問大義一百

〔註 2〕見（唐）杜佑《通典》（點校本，北京：中華書局，1988-12）卷 15〈選舉典·歷代制下〉「大唐」條，頁 358。

〔註 3〕見（北宋）王欽若等《冊府元龜》（景明崇禎十五年刻本，臺北：大化書局，民 73-10）卷 640〈貢舉部·條制二〉「貞元二年六月」條，頁 3385b。

〔註 4〕《新唐書》（點校本，臺北：洪氏出版社，民 66-6）卷 44〈選舉志上〉中，將學究一經列為明經科之一（頁 1159）。但劉海峰氏認為，學究一經是單獨的科目，而非明經科中的一項，參見氏著《唐代教育與選舉制度綜論》（臺北：文津出版社，民 80-7），頁 196。

〔註 5〕參見吳宗國《唐代科舉制度研究》（瀋陽：遼寧大學出版社，1992-12），頁 33；寧欣《唐代選官研究》（臺北：文津出版社，民 84-9），頁 55。

條，試策三道，全通者爲上等。大義通八十條巳上，策兩道以上，爲次等。

餘一切並准三禮例處分，仍永爲常式。」〔註6〕

這次的變動，並不是改變考試的內容，而是改變錄取的標準與等第。先前大義通過七十條便可及第，現則必須通過八十條方可。敕文中並稱「准三禮例處分」，這就與早先德宗所頒佈的另一道詔敕有莫大關係，《唐會要》卷76〈貢舉中・三禮舉〉條：

貞元九年五月二日（德宗）敕：「……頃有司定議，習禮經者，獨授散官，頗乖指要。姑務弘獎，以廣儒風，自今已後，諸色人中，有習三禮者，前資及出身人，依科目例選。吏部考試白身人，依貢舉例。吏、禮部考試，每經問大義三十條，試策三道。所試大義，仍委主司于朝官、學官中，揀選精通經術三五人聞奏。主司于同試問義策全通爲上等，特加超獎。大義每經通二十五條以上，策通兩道巳上，爲次等，依資與官。如先是員外、試官者，聽依正員例。其諸館學生，願習三禮及開元禮者，並聽。仍永爲常式。」〔註7〕

在《通典・選舉典・歷代制下》「大唐」條中，有部分文字和斷句與《唐會要》有些許的不同，《通典》言：

自今以後，諸色人中有習三禮者，前資及出身人依科目選例，吏部考試；白身依貢舉例，禮部考試。每經問大義三十條，試策三道。〔註8〕

由唐代後半的科舉制度而論，通過科舉取得出身的部分，是由禮部負責考試；吏部所負責者，則是選官的部分。〔註9〕由此看來，點校本《唐會要》的標點明顯有誤。

貞元九年的敕文，是在說明「三禮」科的內容。「三禮」科應是設立於貞元五年〔註10〕五月。而「三禮」科的主考官，依敕令規定，是由精通經學的朝臣或學官來

〔註6〕見《唐會要》卷76〈貢舉中・開元禮舉〉，頁1653。亦可見《通典・選舉典・歷代制下》「大唐」條，頁359；《冊府元龜・貢舉部・條制二》貞元九年五月條，頁3385c～3386a。

〔註7〕見《唐會要》，頁1654；亦可見《通典・選舉典・歷代制下》「大唐」條（頁358～359），以及《冊府元龜・貢舉部・條制二》貞元九年五月條（頁3385c～3386a）。

〔註8〕見《通典》卷15〈選舉典・歷代制下〉「大唐」條，頁358～359。

〔註9〕詳見曾資生著，陶希聖編校《中國政治制度史・第四冊・隋唐五代》（臺北：啓業書局，民68-10），頁436～439；楊樹藩《唐代政制史》（臺北：正中書局，民56-3），頁368～376；任育才〈唐代銓選制度述論〉（收入氏著《唐史研究論集》，臺北：鼎文書局，民64-10），頁117～152。又唐初之貢舉是由吏部所掌，開元二十四年（736）之後，掌管貢舉之官人，方由吏部的考功員外郎改爲禮部侍郎，也就是說改由禮部職掌（見《新唐書・選舉志上》，頁1164）。

〔註10〕《通典》卷15〈選舉典・歷代制下〉「大唐」條（頁358），《玉海》（元後至元三年慶元路儒學刊本，臺北：華聯出版社，民53-1）卷115〈選舉・科舉〉「唐開元禮舉、

擔任，每部禮經各考大義三十條，試策三道。大義與試策全部通過者，列爲上等，敘官時同樣給予優遇以資獎勵；若各通過大義二十五條，試策二條以上者，則算合格通過，列爲次等，按其等第「資」〔註11〕歷敘官。若是擁有員外、試官等出身者，再通過吏部三禮科之考試者，亦可按正員注官，可見「三禮」科亦是吏部選官的科目之一。學館之學生若願意學習「三禮」或《開元禮》者，亦可取得出身。

　　由「三禮」科錄取與敘官之法看來，在制度上，「開元禮」科其實與「三禮」科大致相同，只是在考試的科目內容與試題數目部分有所不同而已。貞元九年五月二十日的敕文，是把「開元禮」科的合格標準提高，並參仿「三禮」科及第之制，把試題全部通過者以「上等」稱之，達合格標準以上者以「次等」稱之。如此，不論是禮的意義或是禮的儀節，在唐代的貢舉科目中，均有設科選材，可謂兩者兼取而不偏重於一端。

　　德宗因何設置「開元禮」科與「三禮」科之背景，實在值得進行探索。《開元禮》頒佈於唐玄宗開元二十年（732），之後約二十餘年，唐室即遭逢安史之亂。亂平之後，不但唐代的國力大傷，地方上藩鎮割據，天子的權威也爲之衰落，這情況在禮儀上也明顯地表現出來。唐代宗於大曆十四年（779）卒時，在其遺詔中特別談到他的陵寢建制曰：

　　　　大唐元陵遺制：其喪儀及山陵制度，務從儉約，並不以金銀錦綵飾。天下
　　　　節度觀察團練使、刺史等，並不須赴哀。祀祭之禮，亦從節儉。〔註12〕

大亂之後，國力未復，所以代宗的喪禮與陵寢務求儉約，此當可理解。但是地方諸使藩鎮不必赴哀，這就大可商議。在漢代，天子駕崩之後，漢代的地方首長至少會派遣使人致哀。〔註13〕貴爲天子之尊，竟然在喪禮時，地方官員不必表示哀敬之意，可見代宗的遺制，除了反映安史亂後唐室對於藩鎮的無法掌控，同時顯示天子對於藩鎮無禮的情況也莫可奈何。〔註14〕天子無法透過禮儀展現其權威，這也表示《開

　　　三禮舉」條（頁 2205 下 b），與《登科記考》（點校本，北京：中華書局，1984-8）
　　　卷 12「貞元五年」條（頁 449～450），均將此事繫年於貞元五年五月。今暫從《通
　　　典》等史籍之說。
〔註11〕關於「資」的問題，可參見王德權《唐代官制中的散官與散位》（臺北：國立臺灣大
　　　學歷史學研究所碩士論文，民 78-6），頁 61～64。
〔註12〕見《通典》卷 80〈禮典・凶禮二・總論喪期〉「大唐」條，頁 2169～2170。
〔註13〕見《續漢書》（點校本，臺北：洪氏出版社，民 67-10）卷 6〈禮儀志下〉，頁 3143
　　　～3144。
〔註14〕參見姜伯勤〈唐貞元、元和間禮的變遷──兼論唐禮的變遷與敦煌元和書儀文書〉
　　　（收入氏著《敦煌藝術宗教與禮樂文明》，北京：中國社會科學出版社，1996-11），
　　　頁 442～445。

元禮》雖然作爲國家禮典，卻對當時之官員與藩鎮沒有太大的約束力。

德宗繼位之後，頗思振作，一開始即想透過代宗葬於元陵之凶禮，來彰顯皇權，於是命顏眞卿爲禮儀使，編纂儀注，此儀注即是《通典》中所引之《元陵儀注》。〔註15〕自許敬宗、李義府在編纂《顯慶禮》時刪去「國恤禮」之後，天子的葬禮即無禮文可遵。而據《元陵儀注》的規定可知：在天子卒後，必須遣使至各地告喪，地方官吏與百姓亦須素服盡哀，「節度觀察團練使、刺史並斬縗絰杖，諸文武官吏服斬縗，無絰杖」，三品以下之儀制則遵《開元禮》。〔註16〕顯見在《元陵儀注》中之規定，強調地方諸官員要爲天子服喪，這表示德宗已欲藉由《元陵儀注》，企圖重振天子在禮儀上的權威，並有補充《開元禮》之意。德宗不但修纂《元陵儀注》，還花費大筆金錢建造元陵，但此舉遭到令狐峘的反對。〔註17〕

德宗除在天子之喪禮陵制欲思有所作爲外，在建中初年也想結合古今之禮儀和《開元禮》，對公主出降、〔註18〕武成王廟之釋奠用樂等禮制作一整理。這些婚禮、祭祀等禮制的改革，亦是由顏眞卿所主導。〔註19〕

可惜的是，德宗雖欲重振唐室，在禮制上也想有所更張，但是因爲德宗對藩鎮的問題處理不當，導致建中三年（782）藩鎮大規模的叛亂，而顏眞卿亦在興元元年（784）爲淮西節度使李希烈所殺。〔註20〕亂事直到貞元二年四月方大致被敉平。〔註21〕因此德宗朝的政情，可說到貞元二年以後才較爲穩定。〔註22〕這一場亂事，致使德宗的振作之心遭到嚴重的打擊。

不過從前述貞元二年六月十一日德宗的敕文看來，其中所指陳的「效官者昧于郊廟之儀，治家者不達冠婚之義」，其實正是德宗即位時所欲糾正之事。但是大亂初定，德宗已無力再行修禮，故設立「開元禮舉」，藉此改善當時不行《開元禮》的情況。

〔註15〕 參見前引姜伯勤〈唐貞元、元和間禮的變遷——兼論唐禮的變遷與敦煌元和書儀文書〉，頁444～445。另可參見林耀曾〈唐宋喪禮禮數之比較研究〉（《高雄師院學報》6，民66-11）。

〔註16〕 見《通典》卷83〈禮典・凶禮五・復〉「大唐」條，頁2249。

〔註17〕 見（後晉）劉昫《舊唐書》（點校本，臺北：洪氏出版社，民66-6）卷149〈令狐峘傳〉，頁4011～4013；《新唐書》卷102〈令狐峘傳〉，頁3986～3987。

〔註18〕 見《舊唐書》卷150〈德宗順宗諸子傳〉，頁4046～4047；《唐會要》卷83〈嫁娶〉條，頁1812～1813。

〔註19〕 見（唐）顏眞卿著，凌家民點校《顏眞卿集》（點校本，哈爾濱：黑龍江人民出版社，1993-12），頁13～16。

〔註20〕 見《舊唐書》卷128〈顏眞卿傳〉，頁3596。

〔註21〕 見《舊唐書》卷12〈德宗紀上〉，頁353。

〔註22〕 參見王壽南《隋唐史》（臺北：三民書局，民75-12），頁283～295。

德宗在即位之初，除了命顏眞卿等修撰《元陵儀注》外，於其在位的期間，還有許多儀注方面的編纂成果出現，如貞元九年由王涇所編修之《大唐郊祀錄》十卷，〔註23〕與貞元十七年（801）由韋渠牟所編纂之《大唐貞元新集開元後禮》二十卷〔註24〕等，顯示在貞元年間仍是不斷在進行禮文的編修，尤其是針對開元以來禮制的損益，以及所謂的「變禮」而加以整理。〔註25〕由卷數看來，《大唐郊祀錄》與《開元後禮》的份量都不大，《元陵儀注》亦只是編撰天子之喪禮，可見德宗時並非要通修五禮，而是在補充《開元禮》之不足，以及記錄開元至貞元間的禮制變動。從《元陵儀注》與《大唐郊祀錄》所載之禮文可以看出：雖說德宗未能眞正達成重振皇權之目的，但這種企圖仍可由禮儀的修訂中表現出來。〔註26〕「開元禮舉」的設立，正可看出德宗的用心。

從唐初以來，經學與文學出身的官人之間，原本就存在著微妙的緊張關係。〔註27〕在高宗、武則天之時對進士加試雜文詩賦，這使得此緊張關係更爲明顯，並且一直延續到安史之亂以後。〔註28〕進士科是唐代最受重視的科舉項目，也是唐代進入官僚組織，獲得政治權力的主要管道之一。所謂「縉紳雖位極人臣，不由進士者，終不爲美」，〔註29〕可見位極人臣者，若非循進士科入仕，則不能算是出身良美，此情況到中唐以後尤爲明顯。〔註30〕治經學出身者，明顯受到抑制。但在開元以後，朝中也不斷傳出重振經學之呼聲，以經學入仕者亦不斷以浮華淺薄、離經叛道等論調來譏評文士。其中要以代宗寶應二年（763）六月，禮部侍郎

〔註23〕見《新唐書》卷58〈藝文志二〉，頁1492。

〔註24〕見《唐會要》卷36〈修撰〉「貞元十七年七月」條，頁769；《新唐書》卷58〈藝文志二〉，頁1491。

〔註25〕參見前引姜伯勤〈唐貞元、元和間禮的變遷──兼論唐禮的變遷與敦煌元和書儀文書〉，頁446～448。

〔註26〕參見前引姜伯勤〈唐貞元、元和間禮的變遷──兼論唐禮的變遷與敦煌元和書儀文書〉，頁442～448。

〔註27〕關於此課題，可參見牟潤孫〈唐初南北學人論學之異趣及其影響〉（收入氏著《注史齋叢稿》，臺北：臺灣商務印書館，民79-6）。

〔註28〕關於此課題，參見陳寅恪〈唐代政治史述論稿〉（收入氏著《陳寅恪先生文集（三）》，臺北：里仁書局，民71-9）中篇「政治革命及黨派分野」；臺靜農〈論唐代士風與文學〉（收入氏著《靜農論文集》，臺北：聯經出版事業公司，民78-10）；羅龍治《進士科與唐代的文學社會》（臺北：國立臺灣大學文學院，民60-12）；前引劉海峰《唐代教育與選舉制度綜論》第七章。

〔註29〕見（後周）王定保《唐摭言》（點校本，臺北：世界書局，民64-4）卷1〈散序進士〉，頁4。

〔註30〕詳細討論，參見前引羅龍治《進士科與唐代的文學社會》；卓遵宏《唐代進士與政治》（臺北：國立編譯館，民76-3）。

楊綰奏請恢復孝廉等科，並停廢科舉的建議最受矚目。〔註31〕雖然楊綰之請最後並未獲得實行，但是關於進士科是否要考詩賦之爭議仍舊不斷，同時也有強調經學取士的聲浪。〔註32〕「三禮舉」的設立，當是在此背景下所產生。

《唐會要・開元禮舉》條又曰：

> （唐憲宗）元和八年（813）四月，吏部奏：「應開元禮及學究一經登科人等，舊例據等第高下，量人才授官。近日緣校書、正字等名望稍優，但需科第，皆求注擬，堅待員闕，或至踰年，若無科條，恐長僥倖。起今已後，等第稍高，文學兼優者，伏請量注校、正。其餘習開元禮人，太常寺官有闕，相當注。通經人，國子監官闕，相當者，並請先授，以備講討。如不情願，即通注他官。庶名實有名，紀律可守。其今年以往待闕人，亦請依此條限，使爲常制。」（憲宗）敕旨依奏。〔註33〕

《唐會要》所載乃吏部上奏之文，顯見此條所言的重點，是在吏部對「開元禮舉」及第者的銓注問題。

《唐會要》所說的「校書」，當是泛指校書郎與校書，其職務是在「掌校書籍」，〔註34〕在祕書省、弘文館、著作局，以及東宮之崇文館、司經局等職司編纂的機構中皆有此職，〔註35〕而在前三處稱「校書郎」，後二處稱「校書」。「校書郎」與「校書」之官品雖然只有九品，但卻是所謂的「美職」，特別是祕書省的校書郎，尤爲「文士起家之良選」，〔註36〕顯見校書郎是門第士族常循之起家官途徑。「正字」職司「詳定典籍，正其文字」，〔註37〕在祕書省、著作局、司經局等皆有此職。〔註38〕「正字」之官品比「校書郎」與「校書」低一階，但職務內容則大致相同。由《唐會要》之記載看來，「正字」當是與「校書郎」同爲士族起家的美職。貞元八年（792）時，

〔註31〕見《通典・選舉典・歷代制下》「大唐」條，頁358；《新唐書・選舉志上》，頁1166～1168。

〔註32〕參見前引劉海峰《唐代教育與選舉制度綜論》，頁180～188；劉虹《中國選士制度史》（長沙：湖南教育出版社，1992-9），頁182～186。

〔註33〕見《唐會要・開元禮舉》，頁1653～1654。

〔註34〕見（唐）李林甫等撰，陳仲夫點校《唐六典》（點校本，北京：中華書局，1992-1）卷8〈門下省・弘文館〉，頁255。

〔註35〕見《唐六典》卷10〈祕書省〉「校書郎」，頁298；卷8〈弘文館〉「校書郎」，頁255；卷10〈著作局〉「校書郎」，頁302；卷26〈崇文館〉「校書」，頁665；卷26〈司經局〉「校書」，頁666。

〔註36〕見《通典》卷26〈職官典・祕書監〉「祕書校書郎」條，頁736。

〔註37〕見《唐六典》卷10〈祕書省〉「校書郎」，頁298。

〔註38〕見《唐六典》卷10〈祕書省〉「正字」，頁298；卷10〈著作局〉「正字」，頁302；卷26〈司經局〉「正字」，頁666。

曾將祕書省之校書郎四人與正字二人，轉任於集賢殿書院，〔註 39〕憲宗元和二年
（807）才罷置。〔註 40〕

《唐會要》言「校書、正字等名望稍優，但霑科第，皆求注擬，堅待員闕，或至
踰年」，可知校書郎、正字等官因為名望較高，故一旦有「開元禮」或「學究一經」
等功名之人，皆求吏部注擬校書、正字等官，而不願擔任其他的官職。又因「開元禮」
等科皆「選人不限選數」，可以想見人數定當不少，所以吏部才會有此上奏。吏部所
提出的解決辦法，是規定吏部考試等第較高者，才能銓注校書、正字等官；其他「開
元禮」科等第較低者，則到太常寺任職；「學究一經」科等第較低者，則分發至國子
監。如有不願，再另行注擬。可知當時是藉由以等第派任的辦法，來解決這些問題。

不過由於藩鎮自行徵辟僚屬，加上使職太濫，以及宦官與黨爭亂政，造成唐代
後期銓選制度漸壞。〔註 41〕在宣宗大中十年（856）五月之時，中書門下就因為「開
元禮」等九科「取人頗濫」，且「無實藝可採」，故奏請宣宗於大中十年起，將此九
科「權停三年」，三年之後則責成考官要繼續注意這些弊端。〔註 42〕不過之後各地
民亂大起，局勢已不可收拾，故這些要求應當是已經無法落實。

「開元禮舉」雖設立於貞元二年，但至貞元五年（789）始有登開元禮科者。〔註
43〕就管見所及，唐代登「開元禮」科而知其名字者，德宗貞元年間有程异、〔註 44〕
辛祕；〔註 45〕約在穆宗、敬宗時有裴氏；〔註 46〕懿宗、僖宗時有李涪〔註 47〕等人。

雖然說在唐德宗時即設置「開元禮舉」，但在憲宗元和三年（808）時，呂溫代
鄭絪上奏曰：

　　開元禮、六典等，先朝所制，鬱而未用，奉揚遺美，允屬欽明。〔註 48〕
至元和三年時，「開元禮舉」已實行 23 年，從第一位登「開元禮舉」者產生至今也

〔註 39〕見《通典・職官典・祕書監》「祕書正字」條，頁 736。
〔註 40〕見《新唐書》卷 47〈百官志二〉，頁 1213。
〔註 41〕參見前引寧欣《唐代選官研究》，頁 48～52。
〔註 42〕見《唐會要》卷 77〈貢舉下・科目雜錄〉大中十年五月條，頁 1658。
〔註 43〕見《玉海・選舉・科舉》「唐開元禮舉、三禮舉」條引《登科記》，頁 2005 下 b。
〔註 44〕見《舊唐書》卷 135〈程异傳〉，頁 3737。
〔註 45〕見《舊唐書》卷 157〈辛祕傳〉，頁 4150。
〔註 46〕見（唐）元稹《元稹集》（點校本，樹林：漢京文化事業公司，民 72-10）卷 55〈裴公墓誌銘〉，頁 590。
〔註 47〕見（北宋）孫光憲《北夢瑣言》（點校本，臺北：源流文化事業公司，民 72-4）卷 9，頁 72。
〔註 48〕見（唐）呂溫《呂和叔文集》（四部叢刊正編本，臺北：臺灣商務印書館，民 68-11）卷 5〈代鄭相公請刪定施行六典開元禮狀〉，頁 35 上 b。又可參見（日）池田溫〈大唐開元禮解說〉（收入《大唐開元禮》書末，東京：古典研究會，1972-11），頁 827。

已經 20 年，但由呂溫之語，可見《開元禮》仍未真正獲得全面的施行。當知「開元禮舉」的設置，並未真正達到原先所預期的效果，這可能與當時唐代國勢，已遠不及開元時期有莫大的關係。

「開元禮」科與「三禮」科在五代之時，大致上還是沿續唐代之法。「三禮」科在後唐時曾有舉行。〔註 49〕而後周太祖廣順三年（953）正月時，戶部侍郎權知貢院趙上交建議：「開元禮」科考對義三百五十道，而原先是考三百道；「三禮」科原考對義九十道，現則在《周禮》、《儀禮》各加二十道，也就是共加四十道。〔註 50〕但在九月時，同為權知貢院的徐合符則諫請恢復舊法，後獲得周太祖的同意。〔註 51〕至於何時將「開元禮」科的考題，改為考對義三百道，目前尚無法考察出答案。

宋代立國之初，禮部貢舉中亦設有「開元禮」與「三禮」科，「開元禮」科須對墨義三百條，「三禮」科五十條。〔註 52〕太祖開寶六年（973），以「開元禮」科及第者七人，「三禮」科三十八人。〔註 53〕

開寶四年（971）五月，太祖趙匡胤以「四方漸平，民稍休息」，〔註 54〕遂命御史中丞劉溫叟、兵部員外郎知制誥盧多遜等人編修禮典，編撰原則是「以本朝沿革制度，損益開元禮為之」，〔註 55〕這部禮典於開寶六年四月完成奏上，〔註 56〕此即為《開寶通禮》，全書共二百卷。《開寶通禮》今已不存，故無法將《開寶通禮》與《開元禮》做一比較。不過朱子對《開寶通禮》的內容作了如下之描述：

> 開寶禮全體是開元禮，但略改動五禮。新儀其間有難定者，皆稱御製以決
> 之。〔註 57〕

〔註 49〕見《冊府元龜》卷 641〈貢舉部・條制三〉，頁 3390b、3391a；卷 642〈貢舉部・條制四〉，頁 3392b。

〔註 50〕見《冊府元龜》卷 642〈貢舉部・條制四〉，頁 3395a～b。

〔註 51〕見《冊府元龜》卷 642〈貢舉部・條制四〉，頁 3395b～c。又《玉海・選舉・科舉》「唐開元禮舉、三禮舉」條則繫月於八月（頁 2206 上 a）。

〔註 52〕見（元）脫脫《宋史》（點校本，臺北：鼎文書局，民 83-6）卷 155〈選舉志一〉，頁 3604～3605。

〔註 53〕見《宋史》卷 155〈選舉志一〉，頁 3606。

〔註 54〕見《宋史》卷 98〈禮志一〉，頁 2421。

〔註 55〕見《宋史》卷 98〈禮志一〉；《玉海》卷 69〈禮儀・禮制下〉「開寶通禮、義纂」條，頁 1354 上 b。

〔註 56〕見（南宋）李燾《續資治通鑑長編》（浙江書局本，上海：上海古籍出社，1986-2）卷 14「開寶六年夏四月辛丑」條，頁 114b；但是《玉海・禮儀・禮制下》「開寶通禮、義纂」條則繫年於開寶四年六月（頁 1354 上 b）。

〔註 57〕見（元）馬端臨《文獻通考》（萬有文庫十通本，北京：中華書局，1986-9）卷 187

由朱子之語看來，《開寶通禮》基本上並沒有對《開元禮》做太大的變動，應該還是延續《開元禮》的體例。

開寶六年四月十八日，翰林學士盧多遜又奏上新修的《開寶通禮義纂》一百卷，並把禮部鄉貢「開元禮」科改為鄉貢「通禮」科。〔註58〕「開元禮舉」從唐德宗貞元二年開始創設，至五年開始有士人登第，一直到宋太祖開寶六年改為「通禮」科，其間共達 188 年。而開寶六年「開元禮舉」及第的七個人，應是最後一批以「開元禮科」登第者。

「通禮」科創設後，仍是考對義三百道。太宗淳化四年（993）十二月，試題減半為一百五十道；神宗熙寧四年（1071）二月，因王安石變法，罷廢明經及諸科；哲宗元祐六年（1091）又復置「通禮」科，但只實行了一舉；至紹聖元年（1094）又被罷廢。〔註59〕中國史上以國家禮典為內容的科舉考試，在宋哲宗之後，就未再設立類似的科舉項目。以國家禮典為科舉的科目，從貞元二年一直到紹聖元年，總共實行了 309 年。

王安石之所以罷廢明經及諸科，是有鑑於明經等科皆是考帖經與墨義，這種單靠記憶背誦經書文字的考試方式，王安石認為並不符合經學的精神，故將明經等諸科歸入進士，專考經義，以求經世實用。〔註60〕元祐六年因廢熙寧之法，並講求為政的精神在於禮治，故又恢復「通禮」科。〔註61〕哲宗親政後，又復行熙寧變法之制，故於紹聖元年再廢「通禮」科，〔註62〕後來就沒有再行恢復。

「開元禮舉」的設立，是因為安史之亂造成唐代國力大傷，唐室之權威不再，官人對儀文也不嫻熟，導致國家禮典不行，禮儀廢弛的情況。唐德宗有鑑於此，遂設置「開元禮」與「三禮」等科，使士人研習《開元禮》與「三禮」，目的在選取通禮之官人，並帶動社會遵禮之風。不過唐代後半國勢大衰，推動國家禮典之動力不存，且官出多途，故「開元禮舉」設置的目的並未達成。

五代及北宋初皆因繼承唐代舊制，故設有「開元禮」科。在北宋開寶四年時，

〈經籍考·經部〉引《朱子語錄》，頁 1597c。

〔註58〕見《玉海·禮儀·禮制下》「開寶通禮、義纂」條，頁 1354 上 b～下 a。

〔註59〕參見張希清〈宋代貢舉科目述論〉（收入鄧廣銘、漆俠編《國際宋史研討會論文選集》，保定：河北大學出版社，1992-8），頁 326～327。

〔註60〕參見金中樞〈北宋科舉制度研究（上）〉（收入《宋史研究集·第十一輯》，臺北：國立編譯館中華叢書編審委員會，民 68-7），頁 47～59。

〔註61〕參見金中樞〈北宋科舉制度研究（下）〉（收入《宋史研究集·第十二輯》，臺北：國立編譯館中華叢書編審委員會，民 69-2），頁 56～58。

〔註62〕參見前引金中樞〈北宋科舉制度研究（下）〉，頁 64。

為了要編纂國家禮典，故仿《開元禮》而撰成《開寶通禮》，並在開寶六年改「開元禮」科為「通禮」科，而且明確地指出設立「通禮」科的目的，在「使人習學儀典，不至廢墜」。〔註63〕雖說唐代與宋代均企圖透過設置「開元禮」、「通禮」等之科舉項目，來推動士人學習國家禮典；但隨宋代中央集權體制的完成，加上時空的轉變，相對於唐代門第性格較濃厚的社會而言，具有平民化的宋代社會結構已經與唐代社會大不相同。而宋代禮學所關注的焦點，已經不是在國家禮儀和五禮儀文的編訂上，而是與理學相結合，注重現實生活的禮儀規範，強調禮的自覺性與禮的內在化，並建立起禮學的理論架構。這從王安石以下之宋人多治《周禮》與《禮記》，卻罕治《儀禮》的趨向中可以看出來。〔註64〕而國家禮制的討論焦點，則由郊祀等禮儀之儀節，轉變為以《周禮》為中心的政治體制上。〔註65〕

因此，從「開元禮舉」的興廢，可以看出唐宋國家禮典與社會關係的變化：《開元禮》完成於唐國力達到最高峰之時，但局勢不久後便急轉直下，國家必須利用科舉來維繫國家禮儀的權威，不過受限於唐室不振而無法完成；宋代在國家禮典與科舉上雖繼承唐制，但因為國家權力的確立，以及社會結構的改變，使得唐代所形成的制度，已不符合宋代國家與社會的需求。故由「通禮」等科的罷廢與科舉考試的轉變，可以看出唐宋國家與社會性質的轉變。

如同宋代《開寶通禮》撰成後，馬上又編纂了《開寶通禮義纂》來為《開寶通禮》作注解釋義般，《開元禮》撰成之後，自然也出現不少對《開元禮》注解的著述。在《新唐書·藝文志二》、《崇文總目》、《直齋書錄解題》到《宋史·藝文志三》等書志中，均有載錄這方面的書目。〔註66〕現將《新唐書》等書志所記載，注釋義解《開元禮》之書目，製成表六，臚列於下，以供後續討論。

〔註63〕見（清）徐松輯《宋會要輯稿》（民國25年北平圖書館影印本，臺北：新文豐出版公司，民65-10）〈選舉部三·科舉條制〉「仁宗慶曆四年（1044）三月十三日」條，頁4261下a。

〔註64〕詳論參見吳萬居《宋代三禮學研究》（臺北：國立政治大學中國文學研究所博士論文，民84-6）。早在中唐之時，韓愈就嫌《儀禮》難讀又不合時用，可知當時學人對禮學的關注已經在轉變；見馬其昶《韓昌黎文集校注》（臺北：河洛圖書出版社，民64-3）卷1〈讀儀禮〉，頁22。

〔註65〕參見蕭公彥《禮學之內涵與北宋禮學之發展》（臺北：國立臺灣大學歷史學研究所碩士論文，民77-5），頁170～172。

〔註66〕見《新唐書》卷58〈藝文志二〉，頁1491；（北宋）王堯臣等編次，（清）錢東垣輯釋《崇文總目》（粵雅堂叢書本，臺北：臺灣商務印書館，民67-7）卷1〈禮類〉，頁11～12；（南宋）陳振孫《直齋書錄解題》（聚珍版叢書本，臺北：臺灣商務印書館，民67-5）卷6〈禮注類〉，頁176；《宋史》卷204〈藝文志三〉，頁5131。

表六 《開元禮》注解義疏書目表

	作 者	書 名	卷	數〔註67〕		
1	蕭 嵩	開元禮義鏡〔註68〕	唐 100	崇 100		宋 5
2	不著撰人	開元禮京兆義羅	唐 10	崇 10		
3	不著撰人	開元禮類釋	唐 20	崇 20		宋 12
4	蕭 嵩〔註69〕	開元禮百問	唐 2	崇 2	直 2	宋 2
5	韋 彤	開元禮儀釋				宋 20
6	不著撰人	開元禮儀鏡略				宋 10
7	不著撰人	開元禮教林				宋 1

　　由表六可以看出：同爲北宋時所撰之《崇文總目》〔註70〕與《新唐書》，兩者所記載的內容大致相同，而南宋所撰之《直齋書錄解題》則只載錄一部。到了元代修撰《宋史》時，除《開元禮百問》之外，餘書散佚的情況相當嚴重。不過《宋史》又載錄了三部新著，此顯然是宋人所撰，可見宋人仍對《開元禮》有所用力。較爲特殊的是，《舊唐書‧經籍志》中對於這些著作居然沒有記載，此誠爲《舊唐書》之一大闕漏。〔註71〕在元代以下的書志中，就未見有此類著作出現。故就正史所載而言，唐人共撰四部，宋人則撰三部。

　　這些注解之書，除了是對國家禮典進行儀文的注解之外，更重要的功用，則是作爲科舉的教本。〔註72〕不過這樣會產生一個問題：宋代在立國後不久，即將「開元禮」科改爲「通禮」科，那因何宋人還會爲《開元禮》做注解？由上文之論述，可以得知北宋時之典禮，最初是「循用唐開元禮」，而《開寶通禮》也只是對《開元

〔註67〕卷數標「唐」者是指《新唐書‧藝文志二》所列者，「崇」是指《崇文總目‧禮類》所列者，「直」是指《直齋書錄解題‧禮注類》所列者，「宋」是指《宋史‧藝文志三》所列者；數字則是指所載之卷數。

〔註68〕《開元禮義鏡》在《崇文總目》中稱《開元禮義鑑》，在《宋史》中稱《開元禮儀鏡》，原因乃在避宋代之帝諱。

〔註69〕據《崇文總目》與《直齋書錄解題》之注文中，均稱在「唐志」（當是指《新唐書‧藝文志二》）言蕭嵩撰《開元禮百問》，但在《新唐書》中並未有如此之記載。現暫列爲蕭嵩所撰。

〔註70〕《崇文總目》因早已亡佚大半，今本之《崇文總目》是清人之輯本。而關於表六所列《崇文總目》所載的部分，大都是輯自《文獻通考》，參見《文獻通考‧經籍考‧經部》，頁1596b。

〔註71〕見（清）王鳴盛《十七史商榷》（點校本，臺北：大化書局，民66-5）卷82〈新舊唐書‧開元禮〉條，頁893。

〔註72〕參見前引（日）池田溫〈大唐開元禮解說〉，頁827。

禮》做「些許」的修改，並未做出太多的更動；再者，宋代「通禮」科考試的依據雖是《開寶通禮》，但是「通禮」科是依《開元禮》而設科取士。〔註73〕可見兩者在制度上，是存在著相當緊密的延續關係。所以宋人爲《開元禮》做注解，理論上是說得通的。

第二節　《大唐開元禮》對後代禮典的影響

一、對後世禮典的影響

　　《開元禮》編排嚴謹，體例明確，內容條理而有系統，故成爲後世編纂禮典時的最佳典範。前文曾引歐陽修之言：「後世用之，雖時小有損益，不能過也。」〔註74〕歐陽修所言並非溢美之辭，因爲從唐中葉以後一直到北宋的國家禮典，基本上都深受《開元禮》的影響。

　　《開元禮》在頒行之後，因爲不久即遭安史之亂，唐室終年忙於用兵，實難履行禮事。亂平之後，朝廷內有宦者亂政，地方上有藩鎮割據，外族亦屢屢入寇，天子已不復往日的權威，《開元禮》無法確實推行。唐代宗廣德二年（764）時，禮儀使杜鴻漸上奏請依「唐禮」行事；〔註75〕德宗時，有鑑於《開元禮》不行，而導致「效官者昧于郊廟之儀，治家者不達冠婚之義」，故命設「開元禮舉」。〔註76〕這些現象代表《開元禮》在安史亂後，一直未能眞正獲得施行。元和三年呂溫在〈代鄭相公請刪定施行六典開元禮狀〉一文中，說的更加清楚：

> 開元禮、六典等，先朝所制，鬱而未用，奉揚遺美，允屬欽明。然或損益
> 之間，討論未盡；或弛張之間，宜稱不同。將貽永代之規，必候不刊之妙。
> 臣請於常參官內選學藝優深，理識明敏者三、五人，就集賢院各盡異同，
> 量加刪定，然後冀紆睿覽，特降德音，明下有司，著爲恆式，使公私共守，
> 貴賤遵行。苟有愆違，必正刑憲。如此則職官有制，將興濟濟之詩；風俗
> 大同，坐致熙熙之詠。〔註77〕

呂溫認爲玄宗開元年間所編纂的典章，如《開元禮》、《唐六典》，在憲宗當時皆未能眞正行用。呂溫將這些典章不行的原因，指爲「或損益之間，討論未盡；或弛張之

〔註73〕參見前引金中樞〈北宋科舉制度研究（上）〉，頁14。
〔註74〕見《新唐書》卷11〈禮樂志一〉，頁309。
〔註75〕見《冊府元龜》卷564〈掌禮部‧制禮二〉「代宗廣德二年正月」條，頁2984c～2985a。
〔註76〕見《唐會要》卷76〈貢舉中‧開元禮舉〉條，頁1653。
〔註77〕見《呂和叔文集》卷5〈代鄭相公請刪定施行六典開元禮狀〉，頁35上b。

間，宜稱不同」，也就是說《開元禮》與《唐六典》的內容中還存在著不少問題，必須再行討論刊定。這或許有部分符合事實，畢竟《開元禮》等典章，都是唐代國力達到最巔峰時所修撰，時空背景可能已不適宜中晚唐的局勢。但還有另一種可能，那就是國家根本沒有實力來推行，因爲唐室已無力向天下展現國家與皇帝的威儀。正是因爲《開元禮》沒有眞正獲得實行，呂溫於是建議憲宗重新議禮，並確實推行，若有違者，則以刑律懲治。〔註78〕

事實上，唐室在貞元至元和年間，一方面因爲藩鎮的膨脹，唐室爲了加強皇權，於是進行陵寢之禮與國家郊祀的整備；另一方面，因爲私家之禮往往逾越儀制，所以朝廷便開始對士庶的吉凶禮儀進行整頓。在禮典編纂方面的表現，就是上節所述之《元陵儀注》和《大唐郊祀錄》，以及元和年間所完成的《禮閣新儀》、《曲臺新禮》與《續曲臺禮》等禮書問世。〔註79〕

《禮閣新儀》三十卷，〔註80〕元和十一年（816）時由韋公肅撰成。其書乃「錄開元已後禮文，損益爲《禮閣新儀》」，〔註81〕北宋曾鞏爲之序曰：「記開元以後至元和之變禮。」〔註82〕可見《禮閣新儀》最重要的部分，是在整理開元至元和間的「變禮」，而這部分在五代北宋時常爲禮官所徵引，因此可以說《禮閣新儀》是一部具實用性的儀注。〔註83〕

《曲臺新禮》三十卷，全名應爲《元和曲臺新禮》，元和十三年（818）時由王彥威撰成。王彥威有鑑於在當時距《開元禮》編成已有九十餘年，而開元至元和間所奏定的儀制，「不惟與古禮有異，與開元儀禮已自（按：疑爲「有」字）不同矣」，故「集開元二十一年已後至元和十三年五禮裁制敕格」而編成是書。〔註84〕王彥威

〔註78〕禮典是否爲當政者所眞正實行？或其施行的程度高低如何？此一課題並不容易獲得解答，因爲現存之史料並沒有將古代行使典禮的次數與內容一一記錄下來。再者，禮典既然是作爲君主權力的象徵，那麼禮典的存在，就已經相當程度地完成了它門面性的功能。因此，禮典所記載的每一項禮儀，是否必須完全依照禮典來施行，這亦是值得深入探討的課題。此承陳弱水師指點，謹此致謝。

〔註79〕參見前引姜伯勤〈唐貞元、元和間禮的變遷——兼論唐禮的變遷與敦煌元和書儀文書〉，頁446～447。

〔註80〕見《新唐書‧藝文志二》作「二十卷」（頁1491），《玉海》卷69〈禮儀‧禮制下〉「唐禮閣新儀」條引曾鞏序言作「三十篇」（頁1352下a）。

〔註81〕見《新唐書‧禮樂志一》，頁309。

〔註82〕見《玉海‧禮儀‧禮制下》「唐禮閣新儀」條，頁1352下a～b；《文獻通考‧經籍考‧經部》，頁1596c。

〔註83〕參見前引姜伯勤〈唐貞元、元和間禮的變遷——兼論唐禮的變遷與敦煌元和書儀文書〉，頁448～450。

〔註84〕此段論述，均取材自《唐會要》卷37〈五禮篇目〉，頁783～784。

後來「又採元和以來至長慶典禮故事不同者」，〔註85〕益以「王公士民昏祭喪葬之禮」，〔註86〕而編成《續曲臺禮》三十卷。據研究顯示，《曲臺新禮》是一部儀注化的五禮，而《續曲臺禮》則是記載元和新舊禮制的禮典。〔註87〕

由《元陵儀注》以至《續曲臺禮》等幾部禮書看來，主要都是對《開元禮》進行補充，以適應中唐以後的時代變動。而這些禮書有兩個主要的特色：一是對郊祀、宗廟之禮進行整備與簡化，以求中央君權的絕對化；另一則是將士族的家禮習俗，納入五禮中的吉凶之儀，將國家意識形態的控制範圍，擴大到一般士庶的生活，這也使禮儀漸趨實用化的方向發展。〔註88〕由此可見，為因應時代與社會結構的轉變，禮典的性質亦隨之調整。《開元禮》的禮制相當完整，但對於國勢漸衰的中晚唐來說，《開元禮》相對的也顯得很龐大，所以簡約化可以說是中晚唐編纂禮典與行禮的一個趨勢。茲可舉一例說明：

> 文宗太和八年（834）二月，中書門下奏：「……近歲陰陽不和，水旱為害，恐作事有乖於時令，施教未合於天心，……請從來年正月依《開元禮》讀時令。陛下御宣政殿如朝朔之禮無，請太常卿先撰儀注，務於簡便，以酌時宜。」〔註89〕

《開元禮》中對於讀時令的規定相當詳盡，但唐文宗時並未遵循禮典而行。現因天災而欲求補救，想依《開元禮》而讀時令，以表示天子是順天道而施政。但是文宗所欲實行的禮儀，卻不是依循《開元禮》之規定，反倒是為求簡便而另撰儀注，由此可見唐末禮學轉變之一斑。〔註90〕

〔註85〕見《玉海・禮儀・禮制下》「唐曲臺新禮、續曲臺禮、元和新禮」條，頁 1351 下 b ～1352 上 a。

〔註86〕見《新唐書・禮樂志一》，頁 309。

〔註87〕參見前引姜伯勤〈唐貞元、元和間禮的變遷——兼論唐禮的變遷與敦煌元和書儀文書〉，頁 450～452。

〔註88〕參見前引姜伯勤〈唐貞元、元和間禮的變遷——兼論唐禮的變遷與敦煌元和書儀文書〉，頁 455～456。另可參見姜伯勤〈唐禮與敦煌發現的書儀——《大唐開元禮》與開元時期的書儀〉（收入前引氏著《敦煌藝術宗教與禮樂文明》）。

〔註89〕見《冊府元龜・掌禮部・制禮二》，頁 2985a。

〔註90〕姜伯勤氏在《敦煌社會文書導論》（臺北：新文豐出版公司，民 81-12）一書中指出，在敦煌文書裏可以找到像「喪禮書」、「釋奠文」、「祭社文」、各式之「書儀」等關於禮儀方面的文書，其大致皆是以《開元禮》為藍本，但在內容上已有相當程度的簡約化（頁 2～26）。關於唐末禮儀簡約化與實用化的趨勢，目前最具體的研究是從「書儀」所展開之討論，拙稿此處暫不處理此課題，請參考周一良、趙和平《唐五代書儀研究》（北京：中國社會科學出版社，1995-12）。另外，唐代後半禮學的另一重點是家禮，高明士在〈唐代私學的發展〉（《國立臺灣大學文史哲學報》20，民 60-6）一文中已有論及（頁 238～240）；而此課題亦值得再深入探究。

　　五代時，後周世宗於顯德五年（958）十一月敕令竇儼修禮，竇儼遂以《唐會要》之門類爲目，編次《開元禮》與《通典》而完成《大周通禮》。〔註91〕

　　北宋立國之初，宋太祖即命修禮，劉溫叟等人遂於開寶四年完成《開寶通禮》，而《開寶通禮》不論在體例與內容，均是以《開元禮》爲根本，此在上節述之已詳。後來因爲制度儀注漸多，於是北宋各朝對新增之儀注陸續進行編集。〔註92〕宋仁宗嘉祐年間，歐陽修、蘇洵等受命修禮，遂「以《開寶通禮》爲本，而以儀注例冊附見之」，〔註93〕並且參照其他禮書而撰成《太常因革禮》一百卷。就現存《太常因革禮》之殘本來看，其前半部大致還是承襲《開元禮》的體例，並將「序例」改爲「總例」，且增爲28卷，而內容大多是編引自《開寶通禮》；後半則是補充宋代新增之禮。〔註94〕

　　基本上從《開寶通禮》一直到《太常因革禮》，宋代的國家禮典，可以說都是承襲《開元禮》的遺緒。禮儀內容開始發生較大的變動，則要到宋神宗與宋徽宗之後。〔註95〕不過從宋徽宗時所編成的《政和五禮新儀》來看，在編排上還是延續《開元禮》的綱目及體例，〔註96〕甚至在內容上有完全抄自《開元禮》者。〔註97〕事實上，《開元禮》的影響不僅止於北宋，在體例形式與內容的編寫上，就算是晚至《明集禮》當中，仍可看見《開元禮》的影子，這部分將下個小節的論述中進行探討。

二、《開元禮・五服制度》對後世喪服的影響

　　《開元禮》中的〈五服制度〉篇，是自《儀禮・喪服》以下，對喪服做全面性規定的重要文獻。宋代以下的國家禮典，包括《政和五禮新儀》、《明集禮》，以及幾部重要的私家之禮，如《溫公書儀》、《朱子家禮》等，這些禮典中所載的喪服制度，基本上都是以《開元禮》爲標準。〔註98〕以下就舉數例以說明之。

〔註91〕見《玉海・禮儀・禮制下》「周通禮」條，頁1354上a～b。
〔註92〕見《宋史・禮志一》，頁2422。
〔註93〕見《文獻通考・經籍考・經部》，頁1598a～b。
〔註94〕詳見（北宋）歐陽修等《太常因革禮》（史學叢書本，收入《叢書集成新編》第35冊，臺北：新文豐出版公司，民74-1）。
〔註95〕見《文獻通考・經籍考・經部》引石林葉氏與朱子之言，頁1598c～1959a。
〔註96〕詳見（北宋）鄭居中等《政和五禮新儀》（文淵閣四庫全書本，收入《景印文淵閣四庫全書》第647冊，臺北：臺灣商務印書館，民75-3）卷首。
〔註97〕參見邱衍文《唐開元禮中喪禮之研究》（臺北：財團法人郁氏印書及講學基金會，民73-1），頁175～176。
〔註98〕此部分主要參考前引邱衍文《唐開元禮中喪禮之研究》。

　　在體例上,《開元禮》在五服之下是以正服、加服、降服、義服的形式來排列,這是與《儀禮・喪服》在體例差異較大者。但在明代修纂的《明集禮》中,仍然是沿用《開元禮》之體例,〔註99〕可見《開元禮》在喪服上的體例編排,已成後世之定制。

　　在喪服的內容上,《開元禮》在齊衰的部分增加了齊衰五月,這是《儀禮・喪服》所沒有者。而《政和五禮新儀》、《明集禮》、《溫公書儀》、《朱子家禮》等公私禮書,均同於《開元禮》,這部分顯然是承襲於《開元禮》。〔註100〕

　　齊衰三年服方面,《儀禮》規定:父卒方可為母服齊衰三年,父在為母只能服齊衰杖期。《開元禮》則是循武則天於上元元年(674)之建議,將「父在為母」的規定改為齊衰三年,這明顯提升了母親的地位。而宋代以下諸禮書,亦是遵循《開元禮》之制。〔註101〕

　　又如在成人小功方面,《開元禮》在義服部分增加了「為同母異父兄弟姊妹報」。此條在《儀禮・喪服》不載,但《開元禮》之後的諸禮典,則是承續《開元禮》的規定。〔註102〕

　　諸如此類的例子不勝枚舉。從喪服的例子便可發現:《開元禮》將中國的家庭結構與親屬關係,重新加以釐定,並透過喪服的規定而予以落實。《唐律》中不但以喪服來作為親屬關係的界定,親屬間若有犯罪,亦依喪服來裁量罪刑。〔註103〕只是《唐律》對喪服的規定,實不如《開元禮》明確詳盡。所以在宋代以下,不論是國家禮典或者是私人的家禮,大都是因循《開元禮》的喪服制度,來衡量當時的親屬關係。章太炎在論及喪服時,就極力主張喪服制度必須依據《開元禮》來訂定,因為後代之禮典,諸如《清禮》,不但未能繼承《開元禮》的優點,反倒有謬於《儀禮》的精神而制定喪服者。所以章太炎主張,喪服制度須依循《開元禮》來制定。〔註104〕由此當可得知《開元禮》對後世禮制的影響程度矣。

〔註99〕見(明)徐一夔等《明集禮》(文淵閣四庫全書本,收入《景印文淵閣四庫全書》第
　　　　649冊,臺北:臺灣商務印書館,民75-3)卷38〈凶禮三〉。

〔註100〕參見前引邱衍文《唐開元禮中喪禮之研究》,頁74。

〔註101〕參見前引邱衍文《唐開元禮中喪禮之研究》,頁20～21。

〔註102〕參見前引邱衍文《唐開元禮中喪禮之研究》,頁69。

〔註103〕《唐律疏議》(點校本,北京:中華書局,1993-9)中對喪服多有規定,如〈名例律〉
　　　　總6「十惡」條、總7「八議」條,〈戶婚律〉總182「同姓為婚」條、總183「嘗
　　　　為袒免妻而嫁娶」條、總184「夫喪守志而強嫁」條等,皆有喪服親的規定,可搭
　　　　配《開元禮・五服制度》一併參看。

〔註104〕參見章炳麟〈喪服依開元禮議〉(收入氏著《章太炎全集(五)》,上海:上海人民
　　　　出版社,1985-2),頁35～39。

第三節 《大唐開元禮》對鄰邦的影響

自秦統一六國，奠定中國基本的地理版圖始，中國便成為東亞地區最具影響力的國家。中國不但在政軍實力上為他國所不及，在文化上更在東亞地區居於中心的地位。在此區域內主要的國家，有中國、日本、韓國和越南。學界對此文化區域的界定，中國學者多稱之以「中國文化圈」〔註105〕或「漢文化圈」，〔註106〕日本學者則是以「東亞文化圈」或「東亞世界」稱之。〔註107〕而中國文化圈或東亞世界秩序的形成時間，是落在隋唐時代。〔註108〕

隋唐結束南北朝的分裂，完成中國的國家統一，不但成為當時東亞世界國力最強大的國家，而且隋唐文化也成為其他國家所爭習者。在此同時，隋唐的執政者，亦建立起與周邊民族的來往關係，因此隋唐是具有「世界帝國」性格的國家。〔註109〕

構成東亞世界的要素包括了漢字、儒教、律令、科技與佛教等因子。〔註110〕國家禮典則是包含在儒教與律令的因素當中。基於中國的天下秩序，中國將鄰邦皆視為中國的一部分，因為中國君主認為「溥天之下，莫非王土；率土之濱，莫非王臣」，〔註111〕中國的天子不但是天下人民之君，也是天下人民之父，中國天下秩序的基礎正是建立在此觀念上。而天下秩序的統治原理，則是德、禮、政、刑四個要素，也就是說中國本於為君、為父的原則，視鄰邦為臣、為子，並以德、禮待之；若有違逆，則失禮入刑，改以兵刑懲罰。而此天下秩序的建構，也是在隋唐時完成。〔註112〕因此鄰邦遣使來華，中國的君主通常都會賜予外邦中國的經書與國家典章，

〔註105〕詳見朱雲影《中國文化對日韓越的影響》（臺北：黎明文化事業公司，民70-4）。

〔註106〕詳見陳玉龍等《漢文化論綱》（北京：北京大學出版社，1993-6）。

〔註107〕詳見（日）唐代史研究會編《東アジア文化圈の成立をめぐって》（東京：刀水書房，1978-3）。

〔註108〕參見高明士《唐代東亞教育圈的形成——東亞世界形成史的一側面》（臺北：國立編譯館中華叢書編審委員會，民73-1），頁13。

〔註109〕參見（日）田村實造〈唐帝國の世界性〉（《史林》52-1，1969-1）；（日）堀敏一《中國と古代東アジア世界——中華世界と諸民族》（東京：岩波書店，1993-12），頁185～256；羅香林〈唐代天可汗制度考〉（收入氏著《唐代文化史》，臺北：臺灣商務印書館，民63-6）。

〔註110〕詳見前引高明士《唐代東亞教育圈的形成——東亞世界形成史的一側面》之「導論」。

〔註111〕見（西漢）毛亨傳，（東漢）鄭玄箋，（唐）孔穎達疏《詩經注疏》（（清）阮元刻十三經注疏本，臺北：藝文印書館，民82-9）卷13〈小雅〉，頁444上b。

〔註112〕關於天下秩序的課題，請參見高明士〈從天下秩序看古代的中韓關係〉（收入中華民國韓國研究學會編《中韓關係史論集》，臺北：中華民國韓國研究學會，民72-10），頁2～16；高明士〈論倭給隋的「無禮」國書事件——兼釋隋代的天下秩序〉（收入鄭樑生編《中國與亞州國家關係史學術研討會論文集》，淡水：淡江大學歷史學系，

使其實行中華之道。

　　《大唐開元禮》尚未編纂之前，在唐玄宗開元五年（日本養老元年，717）十月，日本任命多治比爲遣唐使至唐朝貢，隨行的有留學僧玄昉、吉備眞備、阿倍仲麻呂等人。〔註113〕其中吉備眞備一直延遲到開元二十三年（日本天平七年，735）四月，才返回日本。吉備眞備返回日本時，攜帶了一批文物，其中包括「唐禮一百卅卷」。〔註114〕吉備眞備所攜帶的這部「唐禮」，應當是《顯慶禮》，而非《開元禮》，因爲《開元禮》共150卷，《顯慶禮》才是130卷。〔註115〕

　　開元二十六年（738）六月，渤海國使入唐，請求抄寫「唐禮」及其他史書，玄宗應允了渤海之請求。〔註116〕此處之「唐禮」，推測應當是指《開元禮》。若眞如此，則《開元禮》在頒行後六年，即向外流傳至渤海國。

　　不過受「唐禮」影響最深的鄰國，當屬日本與韓國。在前述以多治比爲首的日本遣唐使團，於開元七年（日本養老三年，719）正月返回日本後，皆著唐朝所賜之朝服入見元正天皇。〔註117〕二月，元正天皇即下令，即將進行服裝與官笏的改革。〔註118〕大約在日本奈良時代到平安時代初期（約在八、九世紀），日本不斷學習唐代的生活習俗與禮儀制度，這和遣唐使與留學生返日時帶回唐風有很大的關係。〔註119〕相對於中國，這段時間恰好是盛唐至晚唐的時期，也就是《開元禮》成爲唐代國家禮典的階段。因此，《開元禮》對日本的影響是可以想見的。

　　現存最早記載日本古代圖書目錄的典籍，當屬藤原佐世的《日本國見在書目

民 82-10）。

〔註113〕參見（日）茂在寅男等《遣唐使研究と史料》（東京：東海大學出版會，1987-4），頁 209～211。

〔註114〕見《續日本紀》（新訂增補國史大系本，東京：吉川弘文館，1968-5）卷 20「聖武天皇天平七年四月辛亥」條，頁 137。

〔註115〕吉備眞備於開元二十三年返日時，《開元禮》業已頒行（《開元禮》於開元二十年頒行）。不過《開元禮》當時可能多存於官府，民間難以取得；且外國人要傳抄國家之政書，泰半要上請（如下文所述渤海國求寫「唐禮」之事便是），中國亦不可能馬上賜贈最新的政制典冊，因有政治與安全上的考量。故吉備眞備未能攜帶《開元禮》返日之因，當可循此方向進行理解。此承高明士師、邱添生師、陳弱水師提示指正，謹此致謝。

〔註116〕見《唐會要》卷36〈蕃夷請經史〉條，頁778。

〔註117〕見《續日本紀》卷8「元正天皇養老三年正月辛卯」條，頁75。

〔註118〕見《續日本紀》卷8「元正天皇養老三年二月壬戌」條，頁76。

〔註119〕詳見陳水逢《中國文化之東漸與唐代政教對日本王朝時代的影響》（臺北：嘉新水泥公司文教基金會，民55-10），頁227～229；（日）吉田孝等〈九～一〇世紀の日本〉（收入《岩波講座・日本通史・第5卷》，東京：岩波書店，1995-2），頁37～41。

錄》。《日本國見在書目錄》大約是在日本元慶八年（唐僖宗中和四年，884）到後寬平三年（唐昭宗大順二年，891）之間撰寫完成，不過現存之《目錄》是十二、三世紀的略鈔本。〔註120〕《目錄》在「禮家」中，載錄有「江都集禮百廿六卷」、「唐禮百五十卷」、「唐永徽禮百卅卷」等中國的禮典。〔註121〕其中「唐禮百五十卷」即是《開元禮》，顯然日本人是以「唐禮」來指稱《開元禮》。可見在九世紀末葉時，日本不但已有完整的《開元禮》，而日本亦以《開元禮》作為「唐禮」的代表。〔註122〕

日本清和天皇貞觀十三年（唐懿宗咸通十二年，871）九月二十八日，日本太皇大后藤原氏卒。〔註123〕十月五日，清和天皇為該服何種喪服，而與臣下進行討論，群臣或引中國典籍，或引唐及日本的令文為根據而進行討論。〔註124〕其中民部少輔兼東宮學士橘廣相引《江都集禮》以及《開元禮》為據，〔註125〕可見《開元禮》最遲在唐懿宗時已傳入日本。

在日本嵯峨天皇弘仁九年（唐憲宗元和十三年，818）時，下詔令朝會、常服、跪拜等禮儀，不論男女，皆以唐儀為準。〔註126〕此處的「唐儀」不知所指為何？但據（日）彌永貞三氏的研究，在「弘仁式」中所規定的釋奠禮，已經受到《開元禮》的影響，故彌永氏推測於孝謙天皇天平勝寶四年（唐玄宗天寶十一載，752），吉備真備第二次任遣唐使赴唐，〔註127〕在返回日本時，已經帶回了《開元禮》。〔註128〕此推測若是正確，則弘仁九年所謂的「唐儀」，應是指《開元禮》所規範之儀制。嵯

〔註120〕參見（日）池田溫〈古代日本攝取中國典籍問題〉（收入中央研究院國際漢學會議論文集編輯委員會編《中央研究院國際漢學會議論文集・歷史考古組》上冊，臺北：中央研究院，民70-10），頁358。

〔註121〕見（日）藤原佐世《日本國見在書目錄》（黎氏古逸叢書本，臺北：廣文書局，民61-7），頁9～10。

〔註122〕參見前引（日）池田溫〈大唐開元禮解說〉，頁830。

〔註123〕見《日本三代實錄》（新訂增補國史大系本，東京：吉川弘文館，1971-4）卷20「貞觀十三年九月二十八日」條，頁294。

〔註124〕見《日本三代實錄》卷20「貞觀十三年十月五日」條，頁295～299。

〔註125〕見《日本三代實錄》卷20「貞觀十三年十月五日」條，頁296。

〔註126〕參見武安隆《文化的抉擇與發展──日本吸收外來文化史說》（天津：天津人民出版社，1993-1），頁173。

〔註127〕此次吉備真備是任遣唐使之副使，參見前引陳水逢《中國文化之東漸與唐代政教對日本王朝時代的影響》，頁174。

〔註128〕參見（日）彌永貞三〈古代の釋奠について〉（收入氏著《日本古代の政治と史料》，東京：高科書店，1988-12），頁154～155；高明士《日本古代學制與唐制的比較研究》（臺北：學海出版社，民75-12），頁206。

峨天皇此舉，顯然是要將宮廷禮儀中國化（唐化）。〔註129〕另外，唐禮在日本其他儀式上，亦存有深刻的影響，〔註130〕這部分因有不少研究已經問世，此處不再多論。

　　除了禮儀方面之外，以《開元禮》爲代表的「唐禮」，對日本的律令制度亦有很大的影響。以釋奠禮爲例，在日本大寶元年（武周大足元年，701）所完成的「大寶律令」中，即有釋奠禮之規定，其藍本則是唐的「貞觀令」或「永徽令」，〔註131〕可惜今已不存。至弘仁十一年所完成的「弘仁式」，其中對釋奠禮的新規定，則是已經受到《開元禮》的影響，前文業已提及。此外，如「喪葬令」、〔註132〕「假寧令」、〔註133〕「衣服令」、「儀制令」、「神祇令」等〔註134〕令文，均曾受到「唐禮」的影響。

　　《開元禮》對韓國也產生極大的影響。在唐睿宗垂拱二年（686）時，新羅曾遣使入唐請求「唐禮」。〔註135〕而《開元禮》則對十一世紀高麗的官制，也產生了重大的影響。〔註136〕

第四節　小　結

　　綜觀本章所論，《開元禮》不論是在貢舉，或是對後世的禮典、禮制上，都有相當深刻的影響。可見《開元禮》不但對唐代之前的禮典與禮學有所繼承，對後世的

〔註129〕參見（日）井上光貞等編《日本歷史大系 1・原始、古代》（東京：山川出版社，1984-9），頁 702。

〔註130〕參見（日）古瀨奈津子〈儀式における唐禮の繼受──奈良末～平安初期の變化を中心に〉（收入（日）池田溫編《中國禮法と日本律令制》，東京：東方書店，1992-3）；（日）大隅清陽〈唐の禮制と日本〉（收入（日）池田溫編《古代を考える唐と日本》，東京：吉川弘文館，1992-6），頁 137～143。

〔註131〕參見前引（日）彌永貞三〈古代の釋奠について〉，頁 135。關於唐代的釋奠禮，請見高明士〈唐代的釋奠禮制及其在教育上的意義〉（《大陸雜誌》61-5，民 69-11）。

〔註132〕參見（日）池田溫〈唐・日喪葬令の一考察──條文排列の相異を中心として〉（《法制史研究》45，1996-3）。

〔註133〕參見（日）丸山裕美子〈仮寧令と節日──古代社會の習俗と文化〉（收入前引（日）池田溫編《中國禮法と日本律令制》）。

〔註134〕參見前引（日）大隅清陽〈唐の禮制と日本〉，頁 144～153。

〔註135〕參見黃枝連《東亞的禮義世界──中國封建王朝與朝鮮半島關係形態論》（北京：中國人民大學，1994-12），頁 73；韓昇〈南北朝隋唐與百濟新羅的往來〉（《複印報刊資料・中國古代史（一）》1994-5，19946；原刊於《歷史研究》1994-2，1994-4），頁 110。

〔註136〕見（北宋）徐兢《宣和奉使高麗圖經》（知不足齋叢書本，臺北：臺灣商務印書館，民 60-10）卷 8〈人物〉，頁 29；另可參見前引（日）池田溫〈大唐開元禮解說〉，頁 829。

禮典亦顯現出相當程度的影響力，這凸顯了《開元禮》在傳承上的意義。相當特別的是，爲求維護國家禮典的地位，唐代還爲《開元禮》設立了科舉的科目，並延續到北宋，這顯示出唐代對國家禮典的重視，在中國歷代中是很突出的。

　　至於對鄰邦的影響方面，《開元禮》雖然說對日本的禮制儀式影響很大，但是在實質層面上，日本有屬於自己的禮儀傳統。所以日本雖然在許多禮儀的形式上，是採用了「唐禮」的儀式，但在實質的精神上，日本並不是完全依據「唐禮」而行；換言之，日本在禮儀制度上，有許多地方是學習並模仿唐禮，可是日本也在此學習模仿的過程中，亦逐漸蘊釀其自發性與主體性的發展。〔註137〕所以說《開元禮》在中國史以及東亞史上的地位，雖然是相當重要，但也不可因此而誇大了對鄰國的影響度，這是在探討《開元禮》對鄰邦的影響程度時，必須先具備此意識作爲前提，方可避免誇大與誤解。

〔註137〕參見（日）坂本太郎〈儀式と唐禮〉（收入氏著《坂本太郎著作集・第七卷・律令制度》，東京：吉川弘文館，1989-3）。

第六章　結　論

　　「禮」是中國文化中相當重要的一個部分，因為中國文明從起源到發皇，「禮」都扮演著相當重要的角色。但禮的義涵最初是相當狹隘的，不過在祭祀與政治的權力漸為國家所統攝後，「禮」遂變為構成三代國家運作的內在機制。

　　隨著封建體制的瓦解，以皇帝為權力頂端的郡縣國家代之而起，禮儀的角色與功能也因此需要調整：「禮」在封建國家中，原本是貴族階層權力的來源與身分的象徵；但在郡縣國家中，國家最高的權力是來自皇帝，官僚是依附皇帝的權力而存在，故「禮」的建構權與解釋權遂由皇權所掌控。

　　在禮的詮釋上，儒家有極大的貢獻，因為儒家將禮的意義，由政治與社會的層面擴大到生活與精神的層面，使禮成為中國文化的核心。不過國家所依循的儒家禮論並不是來自孔孟，而是採取最接近法家的荀子來解釋禮義；漢代以下便是透過荀子的理論，運用政治權力將「禮」成文化、法典化，進而建構起國家的禮典。正因各朝間前後相承，並且不間斷地展開修撰禮典的工作，故而形成編纂禮典的傳統。從此「禮」變成國家的規範，用以約束人的行為，若有違逆，則以刑罰論處，藉此維護國家的存在。禮典的編撰，雖說是以「三禮」為準則，但事實上還是以皇權為裁斷。禮典的建構過程，則是由漢代開始，至西晉完成第一部國家禮典《新禮》，再經歷魏晉南北朝的動盪，直到隋代的《開皇禮》完成，才真正確立國家禮典的建制。六朝雖然已經不斷在進行禮典的修撰，但因皇權的力量不足，不能維持國家的安定，所以除了西晉與蕭梁之外，一直未能真正同時完成「五禮」兼備的國家禮典。

　　唐代建立後，亦承襲隋代修纂國家禮典的政策，在經過「貞觀」、「顯慶」二禮的過渡，終於在唐代國力最盛的玄宗開元年間，完成了中國歷史上最具代表性的國家禮典——《大唐開元禮》。《開元禮》的編纂雖歷經波折，但終究因玄宗欲成就超

邁前人的國家典制，所以在歷經六年的編纂過程後，完成了此部鉅著。透過禮典的編纂過程，可以發現皇權才是真正主導修禮的力量，若無皇權的支持，禮典通常難以完成。但是經由這種機制所編撰出來的禮典，不一定就能完全獲得士大夫的認同。

《開元禮》完成後，唐朝旋遭安史之亂的摧殘。唐室後來雖將亂事平定，但其國力已無法將《開元禮》推行至天下。其間雖有「開元禮舉」的設立，並不斷修撰補充或解釋《開元禮》的禮典與禮書，但是仍未能挽回唐朝漸趨傾頹的國勢，以及《開元禮》遭到冷落的命運。

《開元禮》地位之所以重要，不僅在於它是唐代的國家禮典，還在於它是一部禮學的結晶，因為它彙集了中國上古以來「公家」禮制的發展，並採納千年來對禮學的共識，將之固定化。諸如將國家的禮儀系統化與法制化，使得禮典與國家禮儀能如刑律一般，成為國家權力與權威的象徵；《開元禮》也吸納了民間對「緣情入禮」的要求，對喪服的內容做了一番調整，使禮典更能符合時代的需要。《開元禮》的這些特點，使其成為後世國家修纂禮典的範本。在中國禮典傳統中居承先啟後的地位，才是《開元禮》對中國禮學的最重要的貢獻。

為了強調國家禮典的重要性，在唐、宋二朝甚至還出現了以《開元禮》為考試內容的「開元禮舉」。雖說這個科目因唐、宋間政治社會結構的改變而無法延續，但《開元禮》的時代意義在此過程中已顯露無遺。而東亞之鄰國亦不斷以《開元禮》為學習對象，創制其本國的禮儀制度。《大唐開元禮》的重要性，以及在中國禮典傳統的歷史地位，早已不言可喻。

筆者雖然針對禮典進行全面性的探索，但受限於學力，並未能將所有重要的課題進行討論，諸如禮典與禮學的關係、禮典傳統的細部論證、公私之禮在禮典中的分野、五禮在禮典中的比重，以及各代禮典間文字與體例的比較等。再者，本書所討論的課題，亦因篇幅與時間的限制，有不少課題的討論尚感疏略。此外，由本書所延伸而值得探索的課題，譬如國家禮典與私禮（家禮）間的關係、唐末以後禮典的簡約化與世俗化、禮典修撰人之社會背景，及其與禮典的關係，乃至禮與禮典在中國文化中所扮演的角色等課題，日後都可以再行探索鑽研。以上所述，都是筆者未來必須努力的目標。

參考書目

一、基本史料

史　部

（一）正史：（按正史朝代順序）

1. （漢）司馬遷《史記》，點校本，臺北：宏業書局，1986-6。
2. （漢）班固《漢書》，點校本，臺北：鼎文書局，1991-9。
3. （劉宋）范曄《後漢書》，點校本，臺北：洪氏出版社，1978-10。
4. （晉）陳壽《三國志》，點校本，臺北：洪氏出版社，1984-8。
5. （唐）房玄齡《晉書》，點校本，臺北：鼎文書局，1992-11。
6. （梁）沈約《宋書》，點校本，臺北：鼎文書局，1993-10。
7. （梁）蕭子顯《南齊書》，點校本，臺北：洪氏出版社，1974-7。
8. （唐）姚思廉《梁書》，點校本，臺北：洪氏出版社，1980-11。
9. （唐）姚思廉《陳書》，點校本，臺北：洪氏出版社，1974-7。
10. （北齊）魏收《魏書》，點校本，臺北：鼎文書局，1993-10。
11. （唐）李百藥《北齊書》，點校本，臺北：洪氏出版社，1974-7。
12. （唐）令狐德棻《周書》，點校本，臺北：洪氏出版社，1974-7。
13. （唐）李延壽《南史》，點校本，臺北：洪氏出版社，1977-6。
14. （唐）李延壽《北史》，點校本，臺北：洪氏出版社，1975-1。
15. （唐）魏徵《隋書》，點校本，臺北：鼎文書局，1993-10。
16. （後晉）劉昫《舊唐書》，點校本，臺北：洪氏出版社，1977-6。
17. （宋）歐陽修、宋祁《新唐書》，點校本，臺北：洪氏出版社，1977-6。
18. （元）脫脫《宋史》，點校本，臺北：鼎文書局，1994-6。

19. （明）宋濂等《元史》，點校本，臺北：鼎文書局，1980-3。

20. （清）張廷玉等《明史》，點校本，臺北：鼎文書局，1994-8。

（二）編年史、雜史、史注：（按成書時代順序）

1. （周）左丘明《國語》，點校本，臺北：宏業書局，1980-9。

2. （唐）吳兢《貞觀政要》，點校本，臺北：宏業書局，1990-7。

3. 《續日本紀》，新訂增補國史大系本，東京：吉川弘文館，1968-5。

4. 《日本三代實錄》，新訂增補國史大系本，東京：吉川弘文館，1971-4。

5. （宋）司馬光《資治通鑑》，點校本，北京：中華書局，1992-4。

6. （宋）李燾《續資治通鑑長編》，浙江書局本，上海：上海古籍出社，1986-2。

7. （清）王鳴盛《十七史商榷》，點校本，臺北：大化書局，1977-5。

8. （清）趙翼撰，杜維運考證《廿二史箚記》，湛貽堂原刻本，臺北：華世出版社，1977-6。

（三）政書、類書：（按成書時代順序）

1. （唐）長孫無忌等撰，劉俊文點校《唐律疏議》，點校本，北京：中華書局，1993-9。

2. （唐）蕭嵩《大唐開元禮》，洪氏唐石經館叢書本，東京：古典研究會，1972-11。

3. （唐）蕭嵩《大唐開元禮》，文淵閣四庫全書本，收入《景印文淵閣四庫全書》第 646 冊，臺北：臺灣商務印書館，1986-3。

4. （唐）蕭嵩《大唐開元禮》，臺北國家圖書館藏清初抄本。

5. （唐）蕭嵩《大唐開元禮》，臺北國家圖書館藏東北大學舊鈔本。

6. （唐）蕭嵩《大唐開元禮》，臺北國家圖書館藏清孔氏嶽雪樓鈔本。

7. （唐）李林甫等撰，陳仲夫點校《唐六典》，點校本，北京：中華書局，1992-1。

8. （唐）杜佑《通典》，點校本，北京：中華書局，1988-12。

9. （唐）王涇《大唐郊祀錄》，適園叢書本，附刊於《大唐開元禮》，東京：古典研究會，1972-11。

10. （宋）王溥《唐會要》，點校本，上海：上海古籍出版社，1991-1。

11. （宋）王欽若等《冊府元龜》，景明崇禎十五年刻本，臺北：大化書局，1984-10。

12. （宋）歐陽修等《太常因革禮》，史學叢書本，收入《叢書集成新編》第 35 冊，臺北：新文豐出版公司，1985-1。

13. （宋）宋敏求《唐大詔令集》，點校本，上海：學林出版社，1992-10。

14. （宋）鄭居中等《政和五禮新儀》，文淵閣四庫全書本，收入《景印文淵閣四庫全書》第 647 冊，臺北：臺灣商務印書館，1986-3。

15. （宋）孫逢吉《職官分紀》，文淵閣四庫全書本，北京：中華書局，1988-2。

16. （宋）王應麟《玉海》，元後至元三年慶元路儒學刊本，臺北：華文書局，1964-1。

17. （元）馬端臨《文獻通考》，萬有文庫十通本，北京：中華書局，1986-9。

18. （明）徐一夔等《明集禮》，文淵閣四庫全書本，收入《景印文淵閣四庫全書》第 649 冊，臺北：臺灣商務印書館，1986-3。

19. （清）徐松輯《宋會要輯稿》，民國 25 年北平圖書館影印本，臺北：新文豐出版公司，1976-10。

（四）地理、傳記、金石、墓誌類

1. （宋）徐兢《宣和奉使高麗圖經》，知不足齋叢書本，臺北：臺灣商務印書館，1971-10。

（五）目錄類：（按作者時代順序）

1. （宋）王堯臣等編次，（清）錢東垣輯釋《崇文總目》，粵雅堂叢書本，臺北：臺灣商務印書館，1978-7。

2. （宋）陳振孫《直齋書錄解題》，聚珍版叢書本，臺北：臺灣商務印書館，1978-5。

3. （日）藤原佐世《日本國見在書目錄》，黎氏古逸叢書本，臺北：廣文書局，1972-7。

4. （明）楊士奇等編《文淵閣書目》，讀畫齋叢書本，收入《叢書集成新編》第 1 冊，臺北：新文豐出版公司，1985-1。

5. （明）葉盛編《菉竹堂書目》，粵雅堂叢書本，收入《叢書集成新編》第 2 冊，臺北：新文豐出版公司，1985-1。

6. （明）焦竑輯《國史經籍志》，粵雅堂叢書本，收入《叢書集成新編》第 1 冊，臺北：新文豐出版公司，1985-1。

7. （清）朱彝尊《竹垞行笈書目》，《潛采堂書目四種》之一，晨風閣叢書本，收入《叢書集成續編》第 5 冊，臺北：新文豐出版公司，1989-7。

8. （清）曹寅《棟亭書目》，遼海叢書本，收入《叢書集成續編》第 5 冊，臺北：新文豐出版公司，1989-7。

9. （清）紀昀等《四庫全書總目》，武英殿聚珍版叢書本，樹林：漢京文化事業公司，1981-12。

10. （清）于敏中、彭元瑞等編《欽定天祿琳瑯書目·續目》，清光緒中長沙王氏合刊本，臺北：廣文書局，1968-3。

11. （清）彭元瑞《知聖道齋書目》，玉簡齋叢書本，收入《叢書集成續編》第 4 冊，臺北：新文豐出版公司，1989-7。

12. （清）孫星衍《孫氏祠堂書目》，岱南閣叢書本，收入《叢書集成新編》第 2 冊，臺北：新文豐出版公司，1985-1。

13. （清）張金吾《愛日精廬藏書志》，道光七年張氏家刻本，臺北：文史哲出版社，1982-3。

14. （清）朱學勤編《知一廬書目》，郎園先生全書本，收入《叢書集成續編》第 5

冊，臺北：新文豐出版公司，1989-7。

15. （清）莫繩孫纂錄《邵亭知見傳本書目》，臺北：文海出版社，1984-6。

16. （清）周星詒輯《傳忠堂書目》，逖園叢書本，收入《叢書集成續編》第 5 冊，臺北：新文豐出版公司，1989-7。

17. （清）陸心源編《皕宋樓藏書志・續志》，十萬卷樓刊本，臺北：廣文書局，1968-3。

18. （清）丁丙《善本書室藏書志》，清光緒末年原刊本，臺北：廣文書局，1967-8。

19. （清）丁立中《八千卷樓書目》，民國十二年錢塘丁氏鉛印本，臺北：廣文書局，1970-6。

20. 北京人文科學研究所編《北京人文科學研究所藏書目錄》，民國 27 年編印本，臺北：進學書局影印版，1970-8。

21. （日）靜嘉堂文庫編《靜嘉堂文庫漢籍分類目錄》，昭和 5 年編印本，臺北：大立出版社影印版，1980-6。

22. 江蘇省立國學圖書館編《江蘇省立國學圖書館現存書目目錄》，民國 36 年國學圖書館編印本，臺北：廣文書局影印版，1970-6。

23. （日）東京大學東洋文化研究所編《東京大學東洋文化研究所漢籍分類目錄》，東京：東京大學東洋文化研究所，1973-2。

24. （日）京都大學人文科學研究所編《京都大學人文科學研究所漢籍目錄》，京都：同朋社，1981-12。

25. 上海圖書館編《中國圖書綜錄》，上海：上海古籍出版社，1986-2。

26. 國立中央圖書館特藏組編《國立中央圖書館善本書目（增訂二版）》，臺北：國立中央圖書館，1986-12。

27. （日）東洋文庫編《東洋文庫所藏漢籍分類目錄・史部》，東京：東洋文庫，1986-12。

28. （日）國立國會圖書館圖書部編《國立國會圖書館漢籍目錄》，東京：國立國會圖書館，1987-3。

29. 中國古籍善本書目編輯委員會編《中國古籍善本書目（史部）》，上海：上海古籍出版社，1993-4。

子部：（按原典成書時代順序）

1. （唐）劉肅《大唐新語》，點校本，臺北：新宇出版社，1985-10。

2. （唐）李肇《唐國史補》，點校本，收入《唐國史補等八種》，臺北：世界書局，1991-6。

3. （唐）鄭處誨《明皇雜錄》，點校本，北京：中華書局，1994-9。

4. （唐）鄭棨《開天傳信記》，百川學海本，收入《叢書集成新編》第 83 冊，臺北：新文豐出版公司，1985-1。

5. （後周）王定保《唐摭言》，點校本，臺北：世界書局，1975-4。

6. （宋）孫光憲《北夢瑣言》，點校本，臺北：源流文化事業公司，1983-4。

7. （清）顧炎武撰，徐文珊點校《原抄本日知錄》，臺北：文史哲出版社，1979-4。

集部：（按作者筆劃順序）

1. 《全唐文及拾遺》，重編本，臺北：大化書局，1987-3。

2. 《全唐詩》，點校本，北京：中華書局，1960-4。

3. （唐）元稹《元稹集》，點校本，樹林：漢京文化事業公司，1983-10。

4. （唐）呂溫《呂和叔文集》，四部叢刊正編本，臺北：臺灣商務印書館，1979-11。

5. （唐）張説《張説之文集》，四部叢刊正編本，臺北：臺灣商務印書館，1979-11。

6. （唐）張九齡《曲江張先生文集》，四部叢刊正編本，臺北：臺灣商務印書館，1979-11。

7. （唐）顏眞卿撰，凌家民點校《顏眞卿集》，點校本，哈爾濱：黑龍江人民出版社，1993-12。

二、重要參考文獻

經　部

（一）經類：（按作者時代順序）

1. 《十三經注疏》，（清）阮元刻十三經注疏本，臺北：藝文印書館，1993-9。

2. （宋）朱熹《四書章句集注》，點校本，臺北：長安出版社，1991-2。

3. （清）孫希旦《禮記集解》，點校本，臺北：文史哲出版社，1990-8。

4. （清）王聘珍《大戴禮記解詁》，點校本，臺北：文史哲出版社，1986-4。

5. 程樹德《論語集釋》，北京：中華書局，1990-8。

6. 屈萬里《尚書集釋》，臺北：聯經出版事業公司，1983-2。

7. 楊伯峻《春秋左傳注（修訂本）》，北京：中華書局，1993-2。

（二）小學類

1. （漢）許愼撰，（清）段玉裁注《説文解字注》，經韻樓本，臺北：天工書局，1992-11。

史　部

（一）編年史、雜史、史注

1. （漢）劉珍等撰，吳樹平校注《東觀漢記校注》，鄭州：中州古籍出版社，1987-7。

（二）政書、類書：（按成書時代順序）

1. （清）徐松《登科記考》，點校本，北京：中華書局，1984-8。

2. （清）秦蕙田《五禮通考》，味經窩初刻試印本，臺北：聖環圖書公司，1994-5。

3. （清）朱紹頤《大唐開元禮校勘記》，臺北國家圖書館藏清宣統元年溧水朱氏清稿本。

4. （日）仁井田陞著，栗勁等譯《唐令拾遺》，長春：長春出版社，1989-11。

（三）地理、傳記、金石、墓誌類：（按作者時代順序）

1. （清）勞格、趙鉞《唐尚書省郎官石柱題名考》，點校本，北京：中華書局，1992-4。

2. （清）王懋竑纂訂《朱子年譜》，國學基本叢書本，臺北：臺灣商務印書館，1971-4。

3. 岑仲勉《元和姓纂四校記》，臺北：臺聯國風出版社，1975-11。

4. 岑仲勉《郎官石柱題名新考訂》，上海：上海古籍出版社，1984-5。

5. 周紹良主編《唐代墓誌彙編》，上海：上海古籍出版社，1992-11。

子部：（按原典成書時代順序）

1. （清）郭慶藩編，王孝魚整理《莊子集釋》，點校本，臺北：群玉堂出版公司，1991-10。

2. （清）王先謙《荀子集解》，點校本，北京：中華書局，1992-2。

3. 陳奇猷《韓非子集釋》，臺北：華正書局，1987-8。

4. 王利器校注《鹽鐵論校注（定本）》，北京：中華書局，1992-7。

5. 黃暉《論衡校釋》，北京：中華書局，1990-2。

6. （漢）應劭撰，王利器校注《風俗通義校注》，臺北：漢京文化事業公司，1983-9。

7. （宋）王讜撰，周勛初校證《唐語林校證》，北京：中華書局，1987-7。

集　部

1. （梁）劉勰撰，周振甫注《文心雕龍注釋》，臺北：里仁書局，1984-5。

2. 馬其昶《韓昌黎文集校注》，臺北：河洛圖書出版社，1975-3。

三、近人論著：（依姓名筆劃與出版年代順序）

專　著

（一）中　文

1. 丁山《中國古代宗教與神話考》，上海：上海藝文出版社據龍門聯合書局1961年版影印，1988-3。

2. 丁山《甲骨文所見氏族及其制度》，北京：中華書局，1988-4。

3. 王健文《奉天承運——古代中國的「國家」概念及其正當性基礎》，臺北：東大圖書公司，1995-6。

4. 王葆玹《西漢經學源流》，臺北：東大圖書公司，1994-6。

5. 王壽南《隋唐史》，臺北：三民書局，1986-12。

6. 王曉波《先秦法家思想史論》，臺北：聯經出版事業公司，1992-8。

7. 王穎樓《隋唐官制》，成都：四川大學出版社，1995-9。

8. 甘懷真《唐代家廟禮制研究》，臺北：臺灣商務印書館，1991-11。

9. 皮錫瑞《經學通論》，臺北：臺灣商務印書館，1989-10。

10. 朱雲影《中國文化對日韓越的影響》，臺北：黎明文化事業公司，1981-4。

11. （日）尾形勇著，張鶴泉譯《中國古代的「家」與國家》，長春：吉林文史出版社，1993-8。

12. 杜正勝《編戶齊民——傳統政治社會結構之形成》，臺北：聯經出版事業公司，1990-3。

13. 李甲孚《中國法制史》，臺北：聯經出版事業公司，1988-10。

14. 李孝定《甲骨文字集釋》，臺北：中央研究院歷史語言研究所，1965-6。

15. 李威熊《中國經學發展史論》，臺北：文史哲出版社，1988-12。

16. 李崇遠《春秋三傳傳禮異同考要》，臺北：嘉新水泥文化基金會，1969-8。

17. 李澤厚《華夏美學》，臺北：時報文化出版公司，1989-4。

18. 李劍農《中國古代經濟史稿·第二卷·魏晉南北朝隋唐部分》，武昌：武漢大學出版社，1990-10。

19. 吳宗國《唐代科舉制度研究》，瀋陽：遼寧大學出版社，1992-12。

20. 呂大吉主編《宗教學通論》，北京：中國社會科學出版社，1990-10。

21. 岑仲勉《唐史餘瀋》，臺北：弘文館出版社，1985-3。

22. 阮芝生《從公羊學論春秋的性質》，臺北：國立臺灣大學文學院，1969-8。

23. 周一良、趙和平《唐五代書儀研究》，北京：中國社會科學出版社，1995-12。

24. 武安隆《文化的抉擇與發展——日本吸收外來文化史說》，天津：天津人民出版社，1993-1。

25. （日）長澤規矩也著，梅憲華等譯《中國版本目錄學書籍解題》，北京：書目文獻出版社，1990-6。

26. 屈萬里《屈萬里生全集 4·先秦文史資料考辨》，臺北：聯經出版事業公司，1983-2。

27. 林聰舜《西漢前期思想與法家的關係》，臺北：大安出版社，1991-4。

28. 林麗娥《先秦齊學考》，臺北：臺灣商務印書館，1992-2。

29. 來新夏等《中國古代圖書事業史》，上海：上海人民出版社，1990-4。

30. 卓遵宏《唐代進士與政治》，臺北：國立編譯館，1987-3。

31. 周法高主編《金文詁林》，沙田：香港中文大學，1975。

32. 周法高主編《金文詁林補》，臺北：中央研究院歷史語言研究所，1982-5。

33. 邱衍文《唐開元禮中喪禮之研究》，臺北：財團法人郁氏印書及講學基金會，1984-1。

34. 邱衍文《中國上古禮制考辨》，臺北：文津出版社，1992-4。

35. 金春峰《周官之成書及其反映的文化與時代新考》，臺北：東大圖書公司，1993-11。

36. 姜伯勤《敦煌社會文書導論》，臺北：新文豐出版公司，1992-12。

37. 侯家駒《周禮研究》，臺北：聯經出版事業公司，1987-6。

38. 高明士《日本古代學制與唐制的比較研究》，臺北：學海出版社，1986-12。

39. 高明士《唐代東亞教育圈的形成——東亞世界形成史的一側面》，臺北：國立編譯館中華叢書編審委員會，1984-1。

40. 高明士《戰後日本的中國史研究（修訂版）》，臺北：文海學術思想研究發展文教基金會，1996-3。

41. 夏長樸《兩漢儒學研究》，臺北：國立臺灣大學文學院，1978-2。

42. 徐平章《荀子與兩漢儒學》，臺北：文津出版社，1988-2。

43. 徐復觀《周官成立之時代及其思想性格》，臺北：臺灣學生書局，1980-5。

44. 徐復觀《中國經學史的基礎》，臺北：臺灣學生書局，1982-5。

45. 章群《唐代祠祭論稿》，臺北：學海出版社，1996-6。

46. 章景明《先秦喪服制度考》，臺北：臺灣中華書局，1986-9。

47. 章權才《魏晉南北朝隋唐經學史》，廣州：廣東人民出版社，1996-8。

48. 許倬雲《西周史（增訂版）》，臺北：聯經出版事業公司，1990-2。

49. 許道勳、趙克堯《唐玄宗傳》，北京：人民出版社，1993-1。

50. 康樂《從西郊到南郊——國家祭典與北魏政治》，新莊：稻禾出版社，1995-1。

51. 康有為《新學偽經考》，點校本，北京：中華書局，1956-3。

52. 常金倉《周代禮俗研究》，臺北：文津出版社，1993-2。

53. 張晉藩主編《中國法制史研究綜述（1949～1989）》，北京：中國人民公安大學出版社，1990-6。

54. 張晉藩《中國古代法律制度》，北京：中國廣播電視出版社，1992-11。

55. 張鶴泉《周代祭祀研究》，臺北：文津出版社，1993-5。

56. 黃枝連《東亞的禮義世界——中國封建王朝與朝鮮半島關係形態論》，北京：中國人民大學，1994-12。

57. 陳水逢《中國文化之東漸與唐代政教對日本王朝時代的影響》，臺北：嘉新水泥公司文教基金會，1966-10。

58. 陳玉龍等《漢文化論綱》，北京：北京大學出版社，1993-6。

59. 陳戍國《先秦禮制研究》，長沙：湖南教育出版社，1991-12。

60. 陳戍國《秦漢禮制研究》，長沙：湖南教育出版社，1993-12。

61. 陳戍國《魏晉南北朝禮制研究》，長沙：湖南教育出版社，1995-7。

62. 陳祖言《張說年譜》，沙田：中文大學出版社，1984。

63. 陳飛龍《孔孟荀禮學之研究》，臺北：文史哲出版社，1982-3。

64. 陳剩勇《中國第一王朝的崛起——中華文明和國家起源之謎破譯》，長沙：湖南出版社，1994-5。

65. 陶希聖《中國法制之社會史的考察》，臺北：食貨出版社，1979-12。

66. 陶希聖《中國政治思想史》，臺北：食貨出版社，1982-5。

67. 曾資生著，陶希聖編校《中國政治制度史‧第四冊‧隋唐五代》，臺北：啟業書局，1979-10。

68. 馮天瑜《元典——本文與闡釋》，臺北：文津出版社，1993-4。

69. 馮友蘭《中國哲學史新編‧第一冊（1980修訂本）》，北京：人民出版社，1992-5。

70. 彭林《《周禮》主體思想與成書年代研究》，北京：中國社會科學出版社，1991-9。

71. 程樹德《九朝律考》，點校本，北京：中華書局，1988-4。

72. 傅佩榮《儒道天論發微》，臺北：臺灣學生書局，1985-10。

73. 雷家驥《隋唐中央權力結構及其演進》，臺北：東大圖書公司，1995-2。

74. 楊向奎《宗周社會與禮樂文明》，北京：人民出版社，1992-5。

75. 楊樹藩《唐代政制史》，臺北：正中書局，1967-3。

76. 楊曉魯《中國音樂與傳統禮儀文化》，長春：吉林教育出版社，1994-12。

77. 寧欣《唐代選官研究》，臺北：文津出版社，1995-9。

78. 廖名春《荀子新探》，臺北：文津出版社，1994-2。

79. 鄒昌林《中國古禮研究》，臺北：文津出版社，1992-9。

80. 劉虹《中國選士制度史》，長沙：湖南教育出版社，1992-9。

81. 劉海峰《唐代教育與選舉制度綜論》，臺北：文津出版社，1991-7。

82. 錢穆《先秦諸子繫年》，臺北：東大圖書公司，1986-2。

83. 錢穆《（修訂重版）四書釋義》，臺北：臺灣學生書局，1990-3。

84. 戴君仁《春秋辨例》，臺北：國立編譯館中華叢書編審委員會，1964-10。

85. 蕭公權《中國政治思想史》，臺北：中國文化大學出版部，1985-7。

86. 韓國磐《中國古代法制史研究》，北京：人民出版社，1993-7。

87. 薩孟武《儒家政論衍義——先秦儒家政治思想的體系及其演變》，臺北：東大圖書公司，1982-6。

88. 簡博賢《今存三國兩晉經學遺籍考》，臺北：三民書局，1986-2。

89. 羅龍治《進士科與唐代的文學社會》，臺北：國立臺灣大學文學院，1971-12。

90. 嚴耕望《唐僕尚丞郎表》，南港：中央研究院歷史語言研究所，1956-4。

91. （英）Denis Twitchett 編，張榮芳主譯，高明士總校訂《劍橋中國史·第三冊·隋唐篇（上）》，臺北：南天書局，1987-9。

（二）外　文

1. （日）川勝義雄《六朝貴族制社會の研究》，東京：岩波書店，1982-12。

2. （日）井上光貞等編《日本歷史大系 1·原始、古代》，東京：山川出版社，1984-9。

3. （日）內藤虎次郎《內藤湖南全集·第十一卷·支那史學史》，東京：筑摩書房，1969-11。

4. （日）加藤常賢《禮の起源と其發達》，東京：中文館書店，1933-4。

5. （日）西晉一郎、小系夏次郎《禮の意義と構造》，東京：畝傍書房，1941-9。

6. （日）池田末利《中國古代宗教史研究——制度と思想》，東京：東海大學出版會，1981-2。

7. （日）林泰輔《周公と其時代》，東京：大倉書店，1915-9。

8. （日）金谷治《秦漢思想史研究》，京都：平樂寺書店，1992-10。

9. （日）茂在寅男等《遣唐使研究と史料》，東京：東海大學出版會，1987-4。

10. （日）宮崎市定《宮崎市定全集 6·九品官人法の研究》，東京：岩波書店，1992-8。

11. （日）唐代史研究會編《東アジア文化圈の成立をめぐって》，東京：刀水書房，1978-3。

12. （日）栗原圭介《中國古代樂論の研究》，東京：大東文化大學東洋研究所，1978-3。

13. （日）堀敏一《中國と古代東アジア世界——中華世界と諸民族》，東京：岩波書店，1993-12。

14. （日）藤川正數《魏晉時代における喪服禮の研究》，東京：敬文社，1960-3。

15. （日）藤川正數《漢代における禮學の研究（增訂版）》，東京：風間書房，1985-6。

16. （日）礪波護《唐代政治社會史研究》，京都：同朋社，1986-2。

17. （美）Howard J. Wechsler, *Offerings of Jade and Silk: Ritual and Symbol in the Legitimation of the T'ang Dynasty*, New Haven: Yale University Press, 1985.

期刊與單篇論文：（包含學位論文）

（一）中　文

1. 期刊與單篇論文

1. 王文錦〈儀禮〉，收入楊伯峻主編《經書淺談》，北京：中華書局，1984-7。

2. 王文錦〈禮記〉，收入楊伯峻主編《經書淺談》。

3. 王立民〈唐律的禮法關係透視〉，收入中國儒學與法律文化研究會編《儒學與法律文化》，上海：復旦大學出版社，1992-9。

4. 王占通〈論違禮是唐律的刑事責任依據〉,《社會科學戰線》1987-4,1987-10。

5. 王冠英〈周初的王位紛爭和周公制禮〉,《北京師範大學學報(社會科學版)》1987-1,1987-1。

6. 王國維〈釋禮〉,收入氏著《觀堂集林》,北京:中華書局,1959-6。

7. 王夢鷗〈禮記思想體系試探〉,《國立政治大學學報》4,1961-12。

8. 王禮卿〈禮說〉,《孔孟月刊》1-9,1963-5。

9. 孔德成〈論儒家之「禮」〉,《幼獅學報》1-1,1958-10。

10. 孔德成〈儀禮十七篇之淵源及傳授〉,《東海學報》8-1,1967-6。

11. 孔德成〈禮記成書時代及其在經典中之性質〉,《孔孟月刊》18-11,1980-7。

12. 孔德成〈儒家的禮教〉,《孔孟月刊》25-12,1987-8。

13. 孔德成〈孔子的禮學〉,《孔孟月刊》26-12,1988-7。

14. 毛漢光〈隋唐政權中的蘭陵蕭氏〉,收入氏著《中國中古社會史論》,臺北:聯經出版事業公司,1988-2。

15. 甘懷真〈鄭玄、王肅天神觀的探討〉,《史原》15,1986-4。

16. 田倩君〈釋禮〉,《中國文字》17,1965-9。

17. 史景成〈周禮成書年代考〉,《大陸雜誌》32-5、6、7,1966-3、4。

18. (日)池田溫〈古代日本攝取中國典籍問題〉,收入中央研究院國際漢學會議論文集編輯委員會編《中央研究院國際漢學會議論文集·歷史考古組》上冊,臺北:中央研究院,1981-10。

19. 朱正義、林開甲〈關於禮記的成書時代及編撰人〉,《複印報刊資料·歷史學》1991-12,1991-12(原刊於《渭南師專學報(綜合版)》1991-3、4,1991)。

20. 朱世龍〈說禮〉,《人生》14-8,1957-9。

21. 牟潤孫〈唐初南北學人論學之異趣及其影響〉,收入氏著《注史齋叢稿》,臺北:臺灣商務印書館,1990-6。

22. 任育才〈唐代銓選制度述論〉,收入氏著《唐史研究論集》,臺北:鼎文書局,1975-10。

23. 沈文倬〈略論禮典的實行和《儀禮》書本的撰作〉,《文史》15、16,,1982-9、11。

24. 沈文倬〈從漢初今文經的形成說兩漢今文《禮》的傳授〉,收入尹達主編《紀念顧頡剛學術論文集》上冊,成都:巴蜀書社,1990-4。

25. 沈剛伯〈法家的淵源、演變及其影響〉,收入氏著《沈剛伯先生文集》上集,臺北:中央日報出版部,1982-10。

26. 沈剛伯〈秦、漢的儒〉,收入氏著《沈剛伯先生文集》上集。

27. 沈剛伯〈從古代禮、刑的運用探討法家的來歷〉,收入氏著《沈剛伯先生文集》上集。

28. 汪籛〈唐高宗王武二后廢立之爭〉，收入氏著《汪籛隋唐史論稿》，北京：中國社會科學出版社，1981-1。

29. 汪籛〈唐玄宗安定皇位的政策和姚崇的關係——玄宗朝政治史發微之一〉，收入氏著《汪籛隋唐史論稿》。

30. 汪籛〈唐玄宗時期吏治與文學之爭——玄宗朝政治史發微之二〉，收入氏著《汪籛隋唐史論稿》。

31. 邢義田〈從「如故事」和「便宜行事」看漢代行政中的經常與權變〉，收於氏著《秦漢史論稿》，臺北：東大圖書公司，1987-6。

32. 杜正勝〈中原國家的起源及早期的發展〉，收入氏著《古代社會與國家》，臺北：允晨文化實業公司，1992-10。

33. 杜正勝〈封建與宗法〉，收入氏著《古代社會與國家》。

34. 杜正勝〈夏代考古與早期國家〉，收入氏著《古代社會與國家》。

35. 杜正勝〈五服制的族群結構與倫理〉，收入氏著《古代社會與國家》。

36. 杜廼松〈從列鼎制度看「克己復禮」的反動性〉，《考古》1976-1，1976-1。

37. 杜維明〈從既驚訝又榮幸到迷惑而費解——寫在敬答何炳棣教授之前〉，《二十一世紀》8，1991-12。

38. 杜維明〈「仁」與「禮」之間的創造緊張性〉，收入氏著《人性與自我修養》，臺北：聯經出版事業公司，1992-6。

39. 杜維明〈作為人性化過程的「禮」〉，收入氏著《人性與自我修養》。

40. 李杜〈禮記言禮的本源及其與人生政制的關係〉，《人生》26-8，1963-9。

41. 李濟〈殷虛出土青銅禮器之總檢討〉，收入中央研究院歷史語言研究所中國上古史編輯委員會編《中國上古史待定稿‧第二本，殷商編》，臺北：中央研究院歷史語言研究所中國上古史編輯委員會，1985-4。

42. 李曰剛〈禮記名實考述〉，收入李曰剛等《三禮研究論集》，臺北：黎明文化事業公司，1981-1。

43. 李澤厚〈孔子的再評價〉，收入氏著《中國古代思想史論》，中和：谷風出版社，1986-12。

44. 李樹桐〈開元盛世之研究〉，收入氏著《唐史研究》，臺北：臺灣中華書局，1979-6。

45. 呂佛庭〈釋禮〉，《臺中商專學報》1，1969-6。

46. 吳車〈左傳禮學的根本精神〉，《勤益學報》6，1988-11。

47. 吳車〈左傳論禮之重要性〉，《靜宜人文學報》3，1991-6。

48. 吳虞〈禮論〉，《新青年》3-3，1917-5。

49. 吳巨卿〈讀禮記要〉，《天然》1-12，1980-12。

50. 吳浩坤〈孔子論三代禮制淺析〉，收入氏著《古史探索與古籍研究》，臺北：貫雅文化事業公司，1990-12。

51. 吳賢哲〈從禮經看禮的起源、功用及其在中國文化史上的地位〉,《孔子研究》1996-2,1996-6。

52. 何炳棣〈「克己復禮」眞詮——當代新儒家杜維明治學方法的初步檢討〉,《二十一世紀》8,1991-12。

53. 何炳棣〈答劉述先教授——再論「克己復禮」的詮釋〉,《二十一世紀》10,1992-4

54. 何炳棣〈原禮〉,《二十一世紀》11,1992-6。

55. 何炳棣〈答孫國棟教授〈「克己復禮爲仁」爭論平議〉〉,《二十一世紀》13,1992-10。

56. 余英時〈「君尊臣卑」下的君權與相權〉,收入氏著《歷史與思想》,臺北:聯經出版事業公司,1976-9。

57. 余英時〈古代知識階層的興起與發展〉,收入氏著《中國知識階層史論（古代篇）》,臺北:聯經出版事業公司,1980-8。

58. 余英時〈東漢政權之建立與士族大姓之關係〉,收入氏著《中國知識階層史論（古代篇）》。

59. 余英時〈漢晉之際士之新自覺與新思潮〉,收入氏著《中國知識階層史論（古代篇）》。

60. 余英時〈名教危機與魏晉士風的演變〉,收入氏著《中國知識階層史論（古代篇）》。

61. 屈萬里〈經書（八種）解題〉,收入氏著《屈萬里先生全集12·古籍導讀》,臺北:聯經出版事業公司,1984-7。

62. 屈萬里〈仁字涵義之史的觀察〉,收入氏著《屈萬里先生全集14·書傭論學集》,臺北:聯經出版事業公司,1984-7。

63. 林咏榮〈我國固有法上禮與刑合一作用及其新評價〉,《法學叢刊》50、51,1968-4、7。

64. 林咏榮〈一元化的禮法觀〉,收入謝冠生、查良鑑主編《中國法制史論集》,臺北:中華法學協會、中國文化大學法律研究所,1968-8。

65. 林聰舜〈「禮」世界的建立——賈誼對禮法秩序的追求〉,《清華學報》新23-2,1993-6。

66. 林麗眞〈從隋志之著錄看魏晉清談及學術之跡象〉,《國立編譯館館刊》14-2,1985-12。

67. 林麗雪〈白虎通「三綱」說與儒法之辨〉,《書目季刊》17-3,1982-12。

68. 林耀曾〈唐宋喪禮禮數之比較研究〉,《高雄師院學報》6,1977-11。

69. 卓秀巖〈子游禮學〉,《成功大學學報（人文·社會篇）》24,1990-2。

70. 卓秀巖〈子貢禮學〉,收入國立高雄師範大學國文學系、國文研究所編《第一屆先秦學術國際研討會論文集》,高雄:國立高雄師範大學國文學系、國文研究所,1992-4。

71. 卓秀巖〈子夏禮學〉，《成功大學學報（人文・社會篇）》28，1993-11。

72. 卓秀巖〈子路禮學〉，《成功大學學報（人文・社會篇）》30，1995-11。

73. 周予同〈「六經」與孔子的關係問題〉，《復旦學報（社會科學版）》1979-1，1979-1

74. 周予同〈從孔子到孟荀──戰國時的儒家派別和儒經傳授〉，收入中國孔子基金會學術委員會編《近四十年來孔子研究論文選編》，濟南：齊魯書社，1987-7。

75. 周東平〈論睿宗朝的政治改革與開元之治的關係〉，《廈門大學學報（哲學社會科學版）》1990-2，1990-4。

76. 邱衍文〈禮學述聞〉，《臺北師專學報》3，1974-12。

77. 金中樞〈北宋科舉制度研究（上）〉，收入《宋史研究集・第十一輯》，臺北：國立編譯館中華叢書編審委員會，1979-7。

78. 金中樞〈北宋科舉制度研究（下）〉，收入《宋史研究集・第十二輯》，臺北：國立編譯館中華叢書編審委員會，1980-2。

79. 金景芳〈論儒法〉，收入氏著《古史論集》，濟南：齊魯書社，1981-7。

80. 金景芳〈論禮治與法治〉，收入氏著《古史論集》。

81. 金景芳〈關於荀子的幾個問題〉，收入氏著《古史論集》。

82. 金景芳〈周禮〉，收入楊伯峻主編《經書淺談》。

83. （日）金子修一〈關於唐代後半的郊祀和帝室宗廟〉，收入中國唐代學會主編《第二屆國際唐代學術會議論文集》下冊，臺北：文津出版社，1993-6。

84. 洪業〈儀禮引得序〉，收入氏著《洪業論學集》，臺北：明文書局，1982-7。

85. 洪業〈禮記引得序──兩漢禮學源流考〉，收入氏著《洪業論學集》。

86. 姜亦剛〈《禮記》成書於西漢考〉，《齊魯學刊》1990-2，1990-3。

87. 姜伯勤〈唐禮與敦煌發現的書儀──《大唐開元禮》與開元時期的書儀〉，收入氏著《敦煌藝術宗教與禮樂文明》，北京：中國社會科學出版社，1996-11。

88. 姜伯勤〈唐貞元、元和間禮的變遷──兼論唐禮的變遷與敦煌元和書儀文書〉，收入氏著《敦煌藝術宗教與禮樂文明》。

89. 姜伯勤〈沙州儺禮考〉，收入氏著《敦煌藝術宗教與禮樂文明》。

90. 柯金虎〈晉代離亂引發喪服爭議之商榷〉，收入國立政治大學文理學院編《政大文史哲論集》，臺北：國立政治大學文理學院，1992-6。

91. 柳詒徵〈中國禮俗史發凡〉，《學原》1-1，1947-5。

92. 姚瀛艇〈宋儒關於《周禮》的爭議〉，收入林慶彰編《中國經學史論文選集》下冊，臺北：文史哲出版社，1993-3（原刊於《史學月刊》1982-3，1982-5）。

93. 高明〈原禮〉，收入氏著《高明經學論叢》，臺北：黎明文化事業公司，1978-7。

94. 高明〈禮記概說〉，收入氏著《高明經學論叢》。

95. 高明〈孔子之禮論〉，收入李曰剛等《三禮研究論集》。

96. 高煒〈龍山時代的禮制〉，收入慶祝蘇秉琦考古五十五年論文集編輯組編《慶

祝蘇秉琦考古五十五年論文集》，北京：文物出版社，1989-8。

97. 高明士〈唐代私學的發展〉，《國立臺灣大學文史哲學報》20，1971-6。

98. 高明士〈唐代的釋奠禮制及其在教育上的意義〉，《大陸雜誌》61-5，1980-11。

99. 高明士〈從天下秩序看古代的中韓關係〉，收入中華民國韓國研究學會編《中韓關係史論集》，臺北：中華民國韓國研究學會，1983-12。

100. 高明士〈論漢武帝、武則天晚年的自救措施〉，收入傅樂成教授紀念論文集編輯委員會編《傅樂成教授紀念論文集‧中國史新論》，臺北：臺灣學生書局，1985-8。

101. 高明士〈政治與法治〉，收入王仲孚等《中國文明發展史》上冊，蘆洲：國立空中大學，1988-5。

102. 高明士〈治國平天下〉，收入王壽南主編《中國文明的精神》第一冊，臺北：財團法人廣播電視事業發展基金會，1990-7。

103. 高明士〈從律令制度論隋代的立國政策〉，收入中國唐代學會編輯委員會編《唐代文化研討會論文集》，臺北：文史哲出版社，1991-7。

104. 高明士〈隋代的制禮作樂——隋代立國政策研究之二〉，收入黃約瑟、劉健明主編《隋唐史論集》，香港：香港大學亞洲研究中心，1993。

105. 高明士〈論武德到貞觀禮的成立——唐朝立國政策的研究之一〉，收入中國唐代學會主編《第二屆國際唐代學術會議論文集》下冊，臺北：文津出版社，1993-6。

106. 高明士〈皇帝制度下的廟制系統——以秦漢至隋唐作為考察中心〉，《國立臺灣大學文史哲學報》40，1993-6。

107. 高明士〈論倭給隋的「無禮」國書事件——兼釋隋代的天下秩序〉，收入鄭樑生編《中國與亞州國家關係史學術研討會論文集》，淡水：淡江大學歷史學系，1993-10。

108. 高明士〈中國律令與日本律令〉，《臺大歷史學報》21，1997-12。

109. 高明士〈時代區分論與隋唐史教學——秦漢至隋唐為「中古」的初步看法〉，收入氏著《戰後日本的中國史研究（修訂版）》，臺北：文海學術思想研究發展文教基金會，1996-3。

110. 高明士〈從律令制論開皇、大業、武德、貞觀的繼受關係〉，收入中國唐代學會編輯委員會編《第三屆中國唐代文化學術研討會論文集》，臺北：中國唐代學會，1997-6。

111. 唐長孺〈魏晉玄學之形成及其發展〉，收入氏著《魏晉南北朝史論叢》，北京：生活‧讀書‧新知三聯書店，1955-7。

112. 唐長孺〈東漢末期的大姓名士〉，收入氏著《魏晉南北朝史論拾遺》，北京：中華書局，1983-5。

113. 唐長孺〈士族的形成與升降〉，收入氏著《魏晉南北朝史論拾遺》。

114. 馬育良〈漢初政治與賈誼的禮治思想〉，《孔子研究》1993-4，1993-12。

115. 孫國棟〈「克己復禮為仁」爭論平議〉，《二十一世紀》12，1992-8。

116. 晁福林〈春秋時期禮的發展與社會觀念的變遷〉，《複印報刊資料·中國古代史（一）》1994-12，1995-1（原刊於《北京師範大學學報（社會科學版）》1994-5，1994-9）。

117. （日）島田翰〈皕宋樓藏書源流攷〉，收入（清）陸心源編《皕宋樓藏書志·續志》書首，十萬卷樓刊本，臺北：廣文書局，1968-3。

118. 徐復觀〈釋論語的「仁」〉，收入氏著《（新版）學術與政治之間》，臺北：臺灣學生書局，1985-4。

119. 徐復觀〈荀子政治思想的解析〉，收入氏著《（新版）學術與政治之間》。

120. 徐復觀〈中國孝道思想的形成、演變，及其在歷史中的諸問題〉，收入氏著《中國思想史論集》，臺北：臺灣學生書局，1988-2。

121. 徐復觀〈以禮為中心的人文世紀之出現，及宗教之人文化〉，收入氏著《中國人性論史——先秦篇》，臺北：臺灣商務印書館，1990-12。

122. 徐復觀〈周初宗教中人文精神的躍動〉，收入氏著《中國人性論史——先秦篇》。

123. 翁之鏞〈禮刑合於法私議〉，收入謝冠生、查良鑑主編《中國法制史論集》。

124. 章炳麟〈喪服依開元禮議〉，收入氏著《章太炎全集（五）》，上海：上海人民出版社，1985-2。

125. 章權才〈禮的起源和本質〉，《學術月刊》1963-8，1963-8。

126. 許志剛〈周代的禮與周代貴族的性格〉，《孔子研究》1989-1，1989-3。

127. 許清雲〈儀禮概述〉，收入李曰剛等《三禮研究論集》。

128. 郭沫若〈周官質疑〉，收入氏著《金文叢攷》，東京：文求堂書店，1932-8。

129. 郭沫若〈青銅器時代〉，收入氏著《郭沫若全集·歷史編·第一卷》，北京：人民出版社，1982-9。

130. 郭沫若〈孔墨的批判〉，收入氏著《郭沫若全集·歷史編·第二卷·十批判書》，北京：人民出版社，1982-9。

131. 郭沫若〈前期法家的批判〉，收入氏著《郭沫若全集·歷史編·第二卷·十批判書》

132. 郭沫若〈儒家八派的批判〉，收入氏著《郭沫若全集·歷史編·第二卷·十批判書》。

133. 郭紹林〈論唐代社會對皇權的制約機制〉，《複印報刊資料·中國古代史（一）》1995-12，1996-1（原刊於《中國史研究》1995-3，1995-8）。

134. 張亨〈荀子的禮法思想試論〉，《臺大中文學報》2，1988-11。

135. 張亨〈荀子禮論篇非取自大小戴禮記辨〉，《大陸雜誌》42-2，1971-1。

136. 張文昌〈敬老優齒——試探唐代的優老措施〉，《史原》20，1997-5。

137. 張永儁〈「禮」的人文理想與人道關懷〉，收入沈清松編《詮釋與創造——傳統中華文化及其未來發展》，臺北：聯合報系文化基金會，1995-1。

138. 張光直〈中國遠古時代儀式生活的若干資料〉，《中央研究院民族學研究所集刊》9，1960-3。

139. 張光直〈中國青銅時代〉，收入氏著《中國青銅時代》，臺北：聯經出版事業公司，1983-4。

140. 張光直〈從夏商周三代考古論三代關係與中國國家的形成〉，收入氏著《中國青銅時代》。

141. 張光直〈商代的巫與巫術〉，收入氏著《中國青銅器時代（第二集）》，臺北：聯經出版事業公司，1990-11。

142. 張光直〈從商周青銅器談文明與國家的起源〉，收入氏著《中國青銅時代（第二集）》。

143. 張光裕〈儀禮兼用今古文不始於鄭玄考〉，《書目季刊》2-1，1967-9。

144. 張志哲〈中國經學史分期意見評述〉，收入林慶彰編《中國經學史論文選集》上冊（原刊於《史學月刊》1988-3，1988-5）。

145. 張希清〈宋代貢舉科目述論〉，收入鄧廣銘、漆俠編《國際宋史研討會論文選集》，保定：河北大學出版社，1992-8。

146. 張秉權〈殷代的祭祀與巫術〉，收入中央研究院歷史語言研究所中國上古史編輯委員會編《中國上古史待定稿・第二本，殷商編》。

147. 張寅成〈鄭玄六天說之研究〉，《史原》15，1986-4。

148. 張端穗〈仁與禮——道德自主與社會制約〉，收入黃俊傑主編《中國文化新論・思想篇二・天道與人道》，臺北：聯經出版事業公司，1982-11。

149. 張端穗〈左傳對禮與刑的看法及其意義〉，收入氏著《左傳思想探微》，臺北，學海出版社，1987-1。

150. 張慶禎〈禮與法〉，《大陸雜誌》16-8，1958-4。

151. 黃侃〈禮學略説〉，收入氏著《黃侃論學雜著》，樹林：漢京文化事業公司，1984-7。

152. 黃俊傑〈思想史方法論的兩側面〉，收入黃氏編譯之《史學方法論叢》，臺北：臺灣學生書局，1984-10。

153. 黃清連〈兩唐書酷吏傳析論〉，《輔仁歷史學報》5，1993-12。

154. 黃源盛〈從法思想史的觀點看荀子的禮法思想方法〉，《法學叢刊》32-1，1987-1。

155. 梅仲協〈禮法一元論〉，《法令月刊》4-6，1953-6。

156. 梅仲協〈法與禮〉，收入謝冠生、查良鑑主編《中國法制史論集》。

157. 陳祚龍〈唐代軍禮講武儀式之梗概暨玄宗尚武立威之一斑〉，《文藝復興》53，1974-6。

158. 陳家秀〈論荀子禮法思想的特色——以實證主義之方法論爲探討中心〉，《臺北師院學報》3，1990-6。

159. 陳寅恪〈隋唐制度淵源略論稿〉，收入氏著《陳寅恪先生文集（二）》，臺北，里仁書局，1982-9。

160. 陳寅恪〈唐代政治史述論稿〉，收入氏著《陳寅恪先生文集（三）》，臺北：里仁書局，1982-9。

161. 陳連慶《〈周禮〉成書年代的新探索〉，收入《中國歷史文獻研究（二）》，武昌：華中師範大學出版社，1986-8。

162. 陳顧遠〈「刑」與「禮」之史的觀察〉，收入氏著《陳顧遠法律文集》上，臺北：陳顧遠文集出版委員會，1982-9。

163. 陳顧遠〈「法」與「禮」之史的觀察〉，收入氏著《陳顧遠法律文集》上。

164. 陳顧遠〈軍法起源與兵刑合一──中國法制史上一個觀察〉，收入氏著《陳顧遠法律文集》上。

165. 陶希聖〈服制之構成〉，《食貨月刊》復刊 1-9，1971-12。

166. 馮友蘭〈儒家對於婚喪祭禮之理論〉，收入氏著《三松堂學術文集》，北京：北京大學出版社，1984-12。

167. 馮友蘭〈論孔子〉，收入中國孔子基金會學術委員會編《近四十年來孔子研究論文選編》。

168. 賀凌虛〈周禮的來歷及其成書年代〉，《革命思想》35-4，1973-10。

169. 華友根〈叔孫通為漢定禮樂制度及其意義〉，《複印報刊資料·中國古代史（一）》1995-5，1995-6（原刊於《學術月刊》1995-2，1995-2）。

170. 喬衍琯〈江蘇省立國學圖書館圖書總目讀後記〉，收入江蘇省立國學圖書館編《江蘇省立國學圖書館圖書總目》，民國 22 年至 25 年國學圖書館編印本，臺北：廣文書局影印版，1970-6。

171. 傅樂成〈漢法與漢儒〉，收入氏著《漢唐史論集》，臺北：聯經出版事業公司，1977-9。

172. 雷慶、鄭顯文〈貞觀時期的禮制改革〉，《複印報刊資料·魏晉南北朝隋唐史》1993-6，1993-7（原刊於《松遼學刊（社會科學版）》1993-2，1993-5）。

173. 楊群〈從考古發現看禮和禮制的起源與發展〉，《孔子研究》1990-3，1990-9。

174. 楊寬〈「鄉飲酒禮」與「饗禮」新探〉，收入氏著《古史新探》，北京：中華書局，1965-10。

175. 楊寬〈「冠禮」新探〉，收入氏著《古史新探》。

176. 楊天宇〈《儀禮》簡述〉，收入氏著《儀禮譯注》，上海：上海古籍出版社，1994-7。

177. 楊志剛〈中國禮學史發凡〉，《複印報刊資料·中國哲學與哲學史》1996-1，1996-3（原刊於《復旦學報（社會科學版）》1995-6，1995-11）。

178. 楊伯峻〈《經書淺談》導言〉，收入楊伯峻主編《經書淺談》。

179. 楊日然〈從先秦禮法思想的變遷看荀子禮法思想的特色及其歷史意義〉，《社會科學論叢》23，1975-4。

180. 楊向奎〈說「禮」〉,《責善半月刊》1-6,1940-5。

181. 楊向奎〈周禮內容的分析及其制作時代〉,收入氏著《繹史齋學術文集》,上海:上海人民出版社,1983-5。

182. 楊素珍〈荀子「禮」論與其政治思想的關聯〉,《孔孟月刊》34-2、3,1995-10、11。

183. 楊連生〈荀子禮論之研究〉,《國立臺灣師範大學國文研究所集刊》17,1973-6。

184. 臺靜農〈論唐代士風與文學〉,收入氏著《靜農論文集》,臺北:聯經出版事業公司,1989-10。

185. 趙瀾〈《大唐開元禮》初探——論唐代禮制的演化歷程〉,《復旦學報(社會科學版)》1994-5,1994-9。

186. 趙瀾〈武則天時代的禮儀與政治〉,《福建學刊》1998-2,1998-4。

187. 趙光賢〈論孔子學說中「仁」與「禮」的關係〉,《北京師範大學學報(社會科學版)》1985-1,1985-1。

188. 趙雅博〈先秦論禮〉,《中華文化復興月刊》19-8,1986-8。

189. 趙雅博〈我國古籍有關禮之研究〉,《中國國學》16,1988-11。

190. 趙駿河〈孔子的「仁」與「禮」〉,《孔子研究》1996-2,1996-6。

191. 趙儷生〈有關孔子思想中「仁」「禮」關係的一點辨析〉,《孔子研究》1986-1,1986-3。

192. 蒙文通〈從社會制度及政治制度論周官成書年代〉,《圖書集刊》1,1942-3。

193. 潘重規〈儒家禮學之精義〉,《人生》22-4,1961-7。

194. 鄭均〈春秋時代「禮」未成書考〉,《中華文化復興月刊》18-8,1985-8。

195. 鄭顯文〈唐代禮學的社會變革〉,《人文雜誌》1995-2,1995-3。

196. 蔡仁厚〈禮的涵義與功能〉,收入劉述先編《儒家倫理研討會論文集》,新加坡:東西哲學研究所,1987。

197. 蔡尚思〈孔子的禮學體系〉,《孔子研究》1989-3,1989-9。

198. 蔡章麟〈法道德與禮之關係〉,《大陸雜誌》2-12,1951-6。

199. 蔡學海〈建安年代的正統觀〉,《國立編譯館館刊》14-1,1985-6。

200. 劉述先〈從方法論的角度論何炳棣教授對「克己復禮」的解釋〉,《二十一世紀》9,1992-2。

201. 劉述先〈再談「克己復禮真詮」——答何炳棣教授〉,《二十一世紀》11,1992-6。

202. 劉俊文〈唐律與禮的關係試析〉,《北京大學學報(哲學社會科學版)》1983-5,1983-10。

203. 劉俊文〈唐律與禮的密切關係例述〉,《北京大學學報(哲學社會科學版)》1984-5,1984-9。

204. 劉俊文〈論唐代後期法制的變化〉《北京大學學報(哲學社會科學版)》1986-2,

1986-3。

205. 劉起釪〈《周禮》是春秋時周魯衛鄭官制的產物〉,《中國文哲研究通訊》3-3,1993-9。

206. 劉師培〈西漢周官師說考〉,收入氏著《劉申叔先生遺書(一)》,寧武南氏校本,臺北:華世出版社,1975-4。

207. 劉師培〈逸禮考〉,收入氏著《劉申叔先生遺書(一)》。

208. 劉師培〈古政原始論〉,收入氏著《劉申叔先生遺書(二)》。

209. 劉健明〈論北門學士〉,收入中國唐史學會編《中國唐史學會論文集》,西安:三秦出版社,1989-1。

210. 劉健明〈論唐玄宗時期的集賢院〉,收入黃約瑟、劉健明主編《隋唐史論集》。

211. 劉德漢〈三禮概述〉,收入李曰剛等《三禮研究論集》。

212. 劉澤華、張分田〈孔穎達的道論與治道〉,《孔子研究》1991-3,1991-9。

213. 霍存福〈論《唐律》「義疏」的法律功能〉,《吉林大學社會科學學報》1987-4,1987-7。

214. 盧明〈禮的研究〉,《中國國學》3,1975-1。

215. 閻守誠〈論張說與宇文融之爭〉,《晉陽學刊》1989-4,1989-7。

216. 錢遜〈孔子仁禮關係新釋〉,《孔子研究》1990-4,1990-12。

217. 錢穆〈兩漢博士家法考〉,收入氏著《兩漢經學今古文平議》,臺北:東大圖書公司,1971-8。

218. 錢穆〈周官著作時代考〉,收入氏著《兩漢經學今古文平議》。

219. 錢穆〈周公與中國文化〉,收入氏著《中國學術思想史論叢(一)》,臺北:東大圖書公司,1976-6。

220. 錢穆〈論春秋時代人知道德精神〉,收入氏著《中國學術思想史論叢(一)》。

221. 錢穆〈略論魏晉南北朝學術文化與當時門第之關係〉,收入氏著《中國學術思想史論叢(三)》,臺北:東大圖書公司,1977-7。

222. 繆鳳林〈談談禮教〉,《國風半月刊》3,1932-9。

223. 韓長耕〈關於《大唐六典》行用問題〉,《中國史研究》1983-1,1983-2。

224. 韓國磐〈南北朝隋唐與百濟新羅的往來〉,《複印報刊資料·中國古代史(一)》1994-5,1994-6(原刊於《歷史研究》1994-2,1994-4)。

225. 韓學宏〈荀子「法後王」思想研究〉,《中華學苑》40,1990-8。

226. 羅宗濤〈談禮〉,《孔孟月刊》13-2,1974-10。

227. 羅香林〈唐代天可汗制度考〉,收入氏著《唐代文化史》,臺北:臺灣商務印書館,1974-6。

228. 羅倬漢〈論禮樂之起源〉,《學原》1-7,1947-11。

229. 嚴北溟〈論「仁」——孔子哲學的核心及其幅射線〉,收入中國孔子基金會學

術委員會編《近四十年來孔子研究論文選編》。

230. 嚴耕望〈夏代故居與二里頭文化〉，收入氏著《嚴耕望史學論文選集》，臺北：聯經出版事業公司，1991-5。

231. 嚴耕望〈略論唐六典之性質與施行問題〉，收入氏著《嚴耕望史學論文選集》。

232. 顧立三〈左傳中之禮〉，《國立政治大學歷史學報》11，1994-1。

233. 顧頡剛〈「周公制禮」的傳說和《周官》一書的出現〉，《文史》6，1979-6。

234. 顧曉鳴〈對「禮」的文化機制本身的批判〉，《復旦學報（社會科學版）》1988-3，1988-5。

2. 學位論文

1. 王毓秀《張說研究》，臺北：國立臺灣大學中國文學研究所碩士論文，1981-6。

2. 王德權《唐代官制中的散官與散位》，臺北：國立臺灣大學歷史學研究所碩士論文，1989-6。

3. 甘懷眞《唐代京城社會與士大夫禮儀之研究》，臺北：國立臺灣大學歷史學研究所博士論文，1993-12。

4. 白慕唐《左傳中關於禮的史料之分析》，臺北：國立臺灣大學歷史學研究所（一般史組）碩士論文，1972-6。

5. （韓）朴炳奭《中國歷代易姓革命之正當化思想》，臺北：國立政治大學政治研究所博士論文，1989-1。

6. 吳萬居《宋代三禮學研究》，臺北：國立政治大學中國文學研究所博士論文，1995-6。

7. （韓）金相範《唐代封禪研究》，臺北：中國文化大學史學研究所碩士論文，1994-6。

8. 唐兆君《《白虎通》禮制思想研究》，新莊：輔仁大學中國文學研究所碩士論文，1994-6。

9. 孫瑞琴《魏晉士人論禮——以喪服議爲中心之探索》，臺北：國立政治大學中國文學研究所碩士論文，1989-5。

10. 張長臺《唐代喪禮研究》，臺北：私立東吳大學中國文學研究所博士論文，1990-6。

11. 張寅成《西漢的宗廟與郊祀》，臺北：國立臺灣大學歷史研究所碩士論文，1985-6。

12. 張雙英《周禮所表現之社會觀》，臺北：國立政治大學中國文學研究所碩士論文，1978-6。

13. 黃源盛《漢代春秋折獄之研究》，臺北：國立中興大學法律學研究所碩士論文，1983-5。

14. 閆隆庭《大小戴記與荀子關係之探索》，臺北：國立政治大學中國文學研究所碩士論文，1976-5。

15. 蕭公彥《禮學之內涵與北宋禮學之發展》，臺北：國立臺灣大學歷史學研究所碩士論文，1988-5。

（二）外文期刊與單篇論文

1. （日）大津透〈天皇制と律令・禮の繼受——衣服令・喪葬令をめぐる覺書〉收入（日）池田溫編《日中文化交流史叢書2・法律制度》，東京：大修館書店，1997-1。

2. （日）大隅清陽〈唐の禮制と日本〉，收入（日）池田溫編《古代を考える唐と日本》，東京：吉川弘文館，1992-6。

3. （日）丸山裕美子〈假寧令と節日——古代社會の習俗と文化〉，收入（日）池田溫編《中國禮法と日本律令制》，東京：東方書店，1994-4。

4. （日）小島祐馬〈中國古代の祭祀と禮樂〉，收入氏著《古代中國研究》，東京：筑摩書房，1968-11。

5. （日）戶崎哲彥〈唐代における禘祫論爭とその意義〉，《東方學》80，1990-7。

6. （日）內藤乾吉〈唐六典の行用に就いて〉，收入氏著《中國法制史考證》，東京：有斐閣，1963-3。

7. （日）內藤虎次郎〈支那中古の文化〉，收入氏著《內藤湖南全集・第十卷》，東京：筑摩書房，1969-6。

8. （日）古瀨奈津子〈儀式における唐禮の繼受——奈良末～平安初期の變化を中心に〉，收入（日）池田溫編《中國禮法と日本律令制》。

9. （日）加賀榮治〈「禮」經典の定立をめぐって〉，《中國關係論說資料》32-1下，1990（原刊於《人文論究（北海道教育大學)》50，1990-3）。

10. （日）北村良和〈前漢末の改禮について〉，《日本中國學會報》33，1981-10。

11. （日）田村實造〈唐帝國の世界性〉，《史林》52-1，1969-1。

12. （日）池田溫〈大唐開元禮解說〉，收入《大唐開元禮》書末，東京：古典研究會，1972-11。

13. （日）池田溫〈大唐開元禮第二版附記〉，收入《大唐開元禮》書末，東京：古典研究會，1981-8。

14. （日）池田溫〈唐令と日本令——〈唐令拾遺補〉編纂によせて〉，收入氏編《中國禮法と日本律令制》。

15. （日）池田溫〈唐・日喪葬令の一考察——條文排列の相異を中心として〉，《法制史研究》45，1996-3。

16. （日）宇野精一〈支那古刑私見〉，收入氏著《宇野精一著作集・第二卷・中國古典學の展開》，東京：明治書院，1986-8。

17. （日）宇野精一〈周禮に見える禮に就いて〉，收入氏著《宇野精一著作集・第二卷・中國古典學の展開》。

18. （日）宇野精一〈周禮の制作年代について〉，收入氏著《宇野精一著作集・

第二卷・中國古典學の展開》。

19. （日）宇野精一〈『儀禮』についての二三の問題〉，收入氏著《宇野精一著作集・第二卷・中國古典學の展開》。

20. （日）宇野精一〈南北朝禮學の一斑〉，收入氏著《宇野精一著作集・第二卷・中國古典學の展開》。

21. （日）吉田孝等〈九〜一〇世紀の日本〉，收入《岩波講座・日本通史・第 5 卷》，東京：岩波書店，1995-2。

22. （日）西岡市祐〈『大唐開元禮』「薦新于太廟」の儀禮復元〉，《國學院中國學會報》40，1994-12。

23. （日）西脇常記〈唐代葬俗研究序説——特に埋葬法について〉，《東洋學術研究》18-3，1979-6。

24. （日）西嶋定生〈皇帝支配の成立〉，收入氏著《中國古代國家と東アジア世界》，東京：東京大學出版會，1983-8。

25. （日）西嶋定生〈漢代の即位儀禮〉，收入氏著《中國古代國家と東アジア世界》。

26. （日）貝塚茂樹〈禮〉，收入氏著《貝塚茂樹著作集・第五卷・中國古代の傳承》，東京：中央公論社，1976-9。

27. （日）尾形勇〈中國の即位儀禮〉，收入（日）井上光貞等編《日本古代史講座 9・東アジアにおける儀禮と國家》，東京：學生社，1982-10。

28. （日）貝塚茂樹〈威儀——周代貴族生活の理念とその儒教化〉，收入氏著《貝塚茂樹全集・第五卷・中國古代の傳承》。

29. （日）坂本太郎〈儀式と唐禮〉，收入氏著《坂本太郎著作集・第七卷・律令制度》，東京：吉川弘文館，1989-3。

30. （日）武内義雄〈禮の倫理思想〉，收入氏著《武内義雄全集・第三卷・儒教篇二》，東京：角川書店，1979-1。

31. （日）松丸道雄、竹内康浩〈西周金文中の法制史料〉，收入（日）滋賀秀三編《中國法制史——基本資料の研究》，東京：東京大學出版會，1993-2。

32. （日）服部武〈禮に見はれた古代支那人の精神〉，《東方學報（東京）》8，1938-1。

33. （日）金子修一〈中國——郊祀と宗廟と明堂及び封禪〉，收入（日）井上光貞等編《日本古代史講座 9・東アジアにおける儀禮と國家》。

34. （日）金子修一〈唐代の大祀・中祀・小祀について〉，《高知大學學術研究報告・人文科學》25-2，1976-10。

35. （日）金子修一〈中國古代における皇帝祭祀の一考察〉，《史學雜誌》87-2，1978-2。

36. （日）金子修一〈魏晉より隋唐に至る郊祀・宗廟の制度について〉，《史學雜

誌》 88-10，1979-10。

37. （日）金子修一〈則天武后の明堂について──その政治的性格の檢討〉，收入（日）唐代史研究會編《律令制──中國朝鮮の法と國家》，東京：汲古書院，1986-2。

38. （日）金子修一〈唐代皇帝祭祀の二つの事例──太宗貞觀一七年の場合と玄宗開元一一年の場合〉，收入（日）栗原益男先生古稀記念論集編集委員會編《中國古代の法と社會──栗原益男先生古稀記念論集》，東京：汲古書院，1988-7。

39. （日）金子修一〈唐代皇帝祭祀の親祭と有司攝事〉，《東洋史研究》47-2，1988-9。

40. （日）金子修一〈唐太宗～睿宗の郊廟親祭について──唐代における皇帝の郊廟親祭〉，收入（日）唐代史研究會編《中國の都市と農村》，東京：汲古書院，1992-7。

41. （日）金子修一〈唐玄宗の謁廟の禮について〉，《山梨大學教育學部研究報告》42，1992。

42. （日）金子修一〈玄宗朝の皇帝親祭について〉，收入（日）池田溫編《中國禮法と日本律令制》。

43. （日）妹尾達彥〈唐代の科舉制度と長安の合格禮儀〉，收入（日）唐代史研究會編《律令制──中國朝鮮の法と國家》。

44. （日）妹尾達彥〈唐長安城の儀禮空間──皇帝儀禮の舞台を中心に〉，《東洋文化》72，1992-3。

45. （日）津田左右吉〈禮記及び大戴禮記の編纂時代について〉，收入氏著《津田左右吉全集・第十六卷，儒教の研究一》，東京：岩波書店，1965-1。

46. （日）津田左右吉〈「周官」の研究〉，收入氏著《津田左右吉全集・第十七卷・儒教の研究二》，東京：岩波書店，1965-2。

47. （日）神矢法子〈漢魏晉南朝における「王法」について〉，《史淵》114，1977-3。

48. （日）神矢法子〈晉時代における王法と家禮〉，《東洋學報》60-1、2，1978-11。

49. （日）神矢法子〈後漢時代における「過禮」をめぐって──所謂「後漢末風俗」再考の試みとして〉，《九州大學東洋學論集》7，1979-3。

50. （日）神矢法子〈晉時代における違禮審議──その嚴禮主義的性格〉，《東洋學報》67-3、4，1986-3。

51. （日）侯野太郎〈七十弟子關係資料としての檀弓篇〉，收入（日）池田末利博士古稀記念事業會實行委員編《池田末利博士古稀記念・東洋學論集》，廣島：池田末利博士古稀記念事業會，1980-9。

52. （日）狩野直喜〈禮經と漢制〉，《東方學報（京都）》10-2，1939-7。

53. （日）栗原圭介〈經典に見える「禮」の概念〉，收入（日）池田末利博士古

稀記念事業會實行委員編《池田末利博士古稀記念‧東洋學論集》。

54. （日）栗原圭介〈禮と思想史的知見〉，《中國關係論說資料》第 31 號第 1 分冊（上），1989（原刊於《大東文化大學紀要（人文科學）》27，1989）。

55. （日）菊池克美〈神祇令における法繼受の問題〉，收入（日）池田溫編《中國禮法と日本律令制》。

56. （日）彌永貞三〈古代の釋奠について〉，收入氏著《日本古代の政治と史料》，東京，高科書店，1988-12。

57. （日）藤川正數〈唐代における母親主義的服紀改制について〉，《東方學》16，1958-6。

58. （日）藤川正數〈魏晉時代の喪服禮說と開元禮との關係〉，收入氏著《魏晉時代における喪服禮の研究》，東京：敬文社，1960-3。

59. Chen Jo-shui（陳弱水），"Empress Wu and Proto-Feminist Sentiments in T'ang China", in F. P. Brandauer & Chun-chieh Huang eds., *Imperial Rulership and Culture Change in Traditional China*, Seattle: University of Washington Press, 1994.

60. （英）David McMullen, "Bureaucrats and Cosmology: the Ritual Code of T'ang China." in D. Cannadine and S. Price ed., *Rituals of Royalty: Power and Ceremonial in Traditional Societies*, Cambridge: Cambridge University Press, 1987.

後　記

　　在本書完成書稿的列印，與儲存電子檔案的那一剎那，心中感覺自己彷彿回到十多年前碩士班研究生的時代。

　　1997 年夏天，當時已經遵照師囑，完成碩士論文口試稿的初步修改，從噴墨列印表機列印出來的那一瞬間，心中頓覺湧念萬千，五味雜陳。因為接下來便是拿到影印店影印裝訂，製作成論文的口試本，以便送交口試委員審查，之後再安排學位論文的口試。當時面對這一疊自覺厚重的論文列印稿，想想自己屈坐在電腦螢幕之前，努力敲打鍵盤，不知耗費多少時間與腦力，希望能將思索多時的想法，擠壓成至少能夠讓人讀懂的文字。雖然寫作期間常常不斷反問自己，為何要受此身心煎熬，但是牢騷過後，自己卻又無從選擇地，繼續進行文字製造工程。這本論文稿，除了必須解決歷史的學術問題外，連帶也要終結修業年限所帶來的畢業壓力。更令人害怕的事情，當然是眼前的這份稿子，究竟能不能在口試場上過關？心中不斷揣度口試委員會提出什麼樣子的問題，我又該如何回答？如果碰到一個讓我啞口無言，進退失據的問題，我究竟該怎麼辦？現在回想起來，雖然瞭解那是一個成長的過程與磨練，但自己仍不免喜於重溫年少青澀的可愛與單純。

　　當下面對這疊由雷射印表機列印出來，即將送交出版編輯的書稿，心中滋味當然與年少時迥異。不過心中還是思索著：如果讀者問我為何挑選這個題目，為何如此進行探討，為什麼做出這般結論？面對十多年前就已經回答的老問題，我現在又會做出什麼樣的反應？其實經過時間的淬煉，自己心中早已有譜，而且比起十多年前，現在的答案或許更加圓融，照顧層面更加周全。但是我還是覺得，十多年前懵懂摸索出來的答案，雖嫌樸拙，不過已經道盡初衷。大巧不工，過多的修飾，反倒不像當年的我。

　　正是基於這樣的心態，面對十多年前所完成的習作，我並未大刀闊斧地進行篇章的改寫或論點的修訂，除了改正錯落與潤飾文字外，僅僅補充了當年應能看到，卻未處理的幾個小問題，基本理路與參考資料仍一如過去。就算是這樣，並不代表我現在對於多年前的舊作十分滿意。或許我還想保留一個學習心路的「歷史軌跡」，以作為自己孜孜於歷史工作的紀念。當年對於《大唐開元禮》，乃至於國家禮典，研究成果相當罕見，亦未有專著進行探討。管見所及，我的習作，或許是學界對於《開元禮》的第一部專論研究，當然這有可能是我的夜郎自大。既然是自大狂妄之作，姑存其貌以接受批評，自然是我眼下的選擇。至於研究層面的擴展與論點的演繹，進而提出更多的學術課題與研究成果，那是我目前應該進行的工作。因此希望各位先進方家，不以拙作鄙陋為忤，並多予批評指教為荷。

　　雖然只是年少時的習作，但是沒有背後的許多推手，不可能讓這本論文順利完成。首先要感謝業師高明士教授，自進入臺大之後，高老師一路給予提點與教正，並且多方啟發，使得不知禮法真諦的我，能夠逐步向前，領略學海。同時高老師將其從事多年的禮典研究，轉由我這個資質魯鈍的學生來承繼後續，方能有此成果面世。雖然不能比及高老師的眼界，但終盼能不辱師恩。邱添生老師與陳弱水老師，多年來承蒙提攜照拂，對於論點視角與研究困境，多有深具意義之教示，本書當中俱不敢沒其訓誨，在此亦敬致謝忱。在身旁關心我的師長親人，以及同窗學友，除了砥礪學習外，在人生的道路上，都給我莫大的鼓勵與安慰。特別是我的家人，無怨無悔地在各方面給予支持，讓我走上一條雖是符合個人興趣，但卻不斷增加家中經濟壓力的道路。這些恩情，實難以言語表達萬一，謹此獻上這本著作，以及虔誠的祝福，以誌內心的感念之情。

張文昌　謹誌於臺中市

2008 年 4 月 24 日初稿

2008 年 5 月 19 日修訂